Mafalda

Mafalda

La filosofía de Mafalda

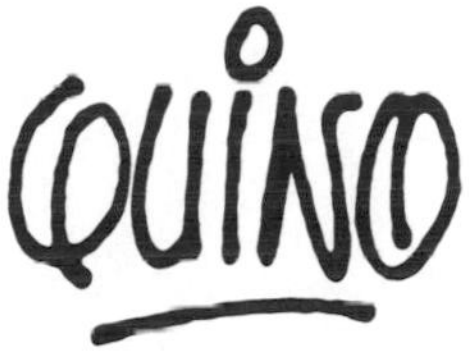

QUINO

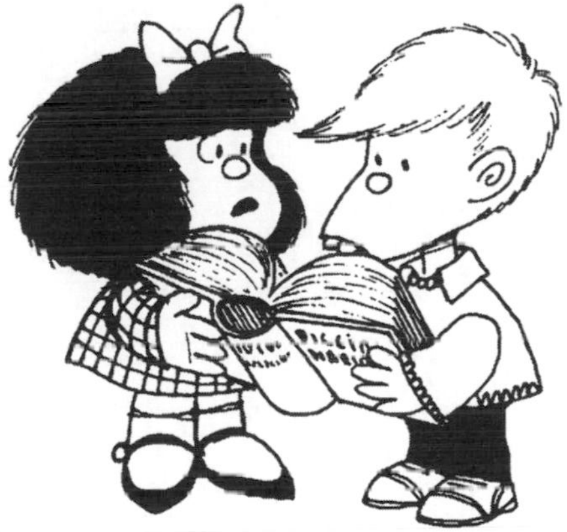

Lumen

Nota editorial

«No tiene importancia lo que yo pienso sobre Mafalda. Lo importante es lo que Mafalda piensa de mí», dijo Cortázar al ser preguntado por su pequeña compatriota. Mafalda es, quizá, la filósofa que mejor supo entender el siglo XX, ayudándonos a las nuevas generaciones a encarar el XXI, pues sus enseñanzas perdurarán tanto como su habilidad para hacernos reír.

Quino, de la mano de ese grupito de niños de ojos y corazones asombrados, fundó una escuela de pensamiento caracterizada por la pluralidad: la bondad curiosa de Miguelito, el materialismo humilde de Manolito, la dulce soberbia de Susanita, la heroicidad tímida de Felipe, el escepticismo ceceoso de Guille, el compromiso caótico y afrancesado de Libertad, y la filosofía humanista de su gran protagonista.

Lo que hace brillar a Mafalda no es solo su humor, su desparpajo, su alegría, su pasión o sus ganas de buscarle las cosquillas al mundo —es famosa su manera de arropar, limpiar y hasta maquillar el globo terráqueo que guarda en su cuarto infantil—. Lo que la hace única, por encima de todo, es su voluntad y su capacidad de explicar lo inexplicable, ya sea la realidad que la circunda o los sentimientos más complejos, de impartir ternura y delicadeza cuando todo a su alrededor se derrumba, y de hablar con un lenguaje simple y sabio.

Según la Real Academia de la Lengua, «filosofía» sería en primer lugar aquel «conjunto de saberes que busca establecer, de manera racional, los principios más generales que organizan y orientan el conocimiento de la realidad, así como el sentido del obrar humano».

Sin embargo, atendiendo a las viñetas que conforman este libro, podríamos quedarnos también con la quinta acepción del término, según la cual la filosofía es la «fortaleza o serenidad de ánimo para soportar las vicisitudes de la vida». Nadie hay más sereno que la niña que odiaba la sopa. Nadie más fuerte que la colegiala que en sueños hablaba con los extraterrestres, preocupada por explicarles por qué la sociedad no funciona y por qué lo que a su juicio nos hace odiarnos a los humanos es nuestra absoluta falta de solidaridad.

Porque Mafalda es también sinónimo de empatía. Su credo es el de la camaradería, y su política, la de la templanza. De ella hemos aprendido que un libro puede ser un mejor amigo, que la única definición de la libertad es la alegría y que incluso para los trámites más indeseables —un examen en la escuela, un cotilleo cruel de un amigo o uno de esos odiosísimos platos de sopa que prepara amorosamente su mamá— hay que tener el coraje y la comprensión suficientes para poder levantarse. Solo así alcanzaremos la felicidad para nosotros mismos, y solo vislumbrando esa felicidad seremos capaces de ayudar a los otros en su búsqueda de la alegría.

¿Mafalda nos ayuda a ser libres? Desde luego. Y además nos recuerda lo importante que resulta no desprenderse nunca de nuestra parte más infantil, ni tampoco de nuestras vulnerabilidades.

Y así, como filósofa de la vulnerabilidad, de lo lúdico y de lo amable, Mafalda se vuelve Sócrates en una suerte de banquete platónico, acompañada por todos sus convidados: niños que juegan a los *cowboys* y cantan canciones de los Beatles, extasiados por las luces del parque, intrigados por qué les deparará el futuro, y siempre deseosos de inventar nuevos juegos con los que pensar, juntos.

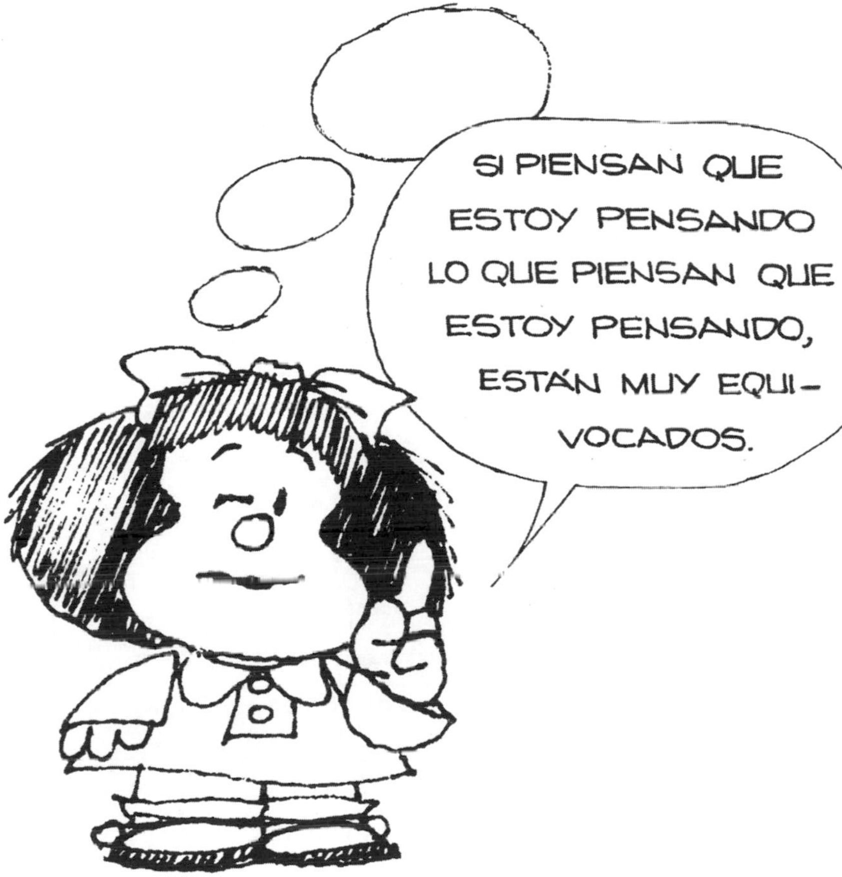
SI PIENSAN QUE ESTOY PENSANDO LO QUE PIENSAN QUE ESTOY PENSANDO, ESTÁN MUY EQUI-VOCADOS.

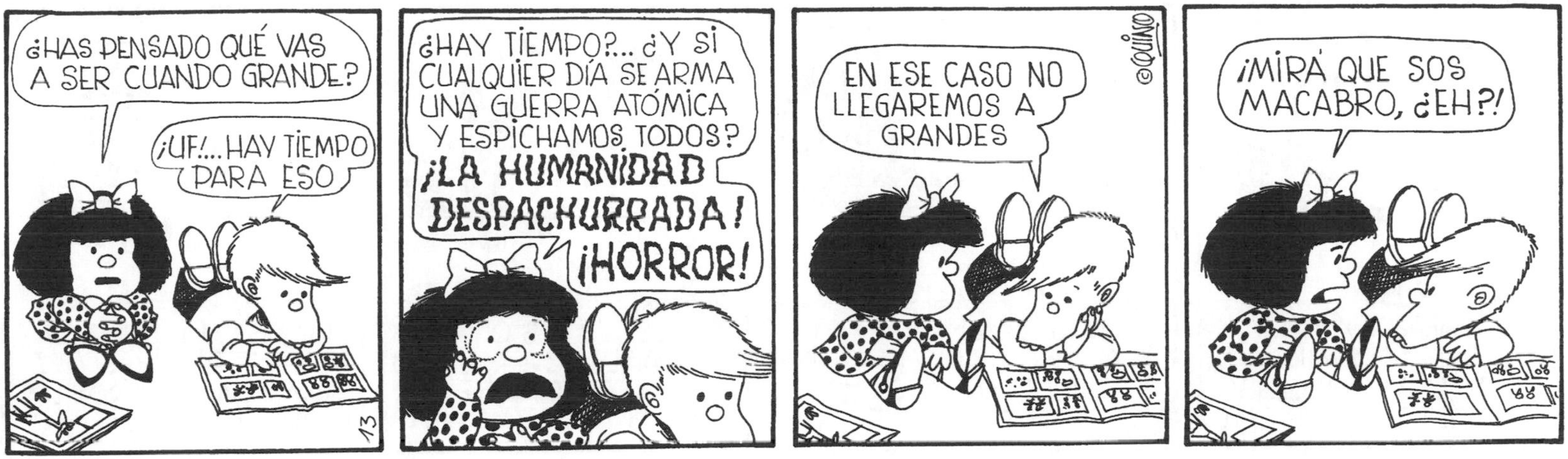
¿HAS PENSADO QUÉ VAS A SER CUANDO GRANDE?
¡UF!... HAY TIEMPO PARA ESO
13
¿HAY TIEMPO?... ¿Y SI CUALQUIER DÍA SE ARMA UNA GUERRA ATÓMICA Y ESPICHAMOS TODOS? ¡LA HUMANIDAD DESPACHURRADA! ¡HORROR!
EN ESE CASO NO LLEGAREMOS A GRANDES
©QUINO
¡MIRÁ QUE SOS MACABRO, ¿EH?!

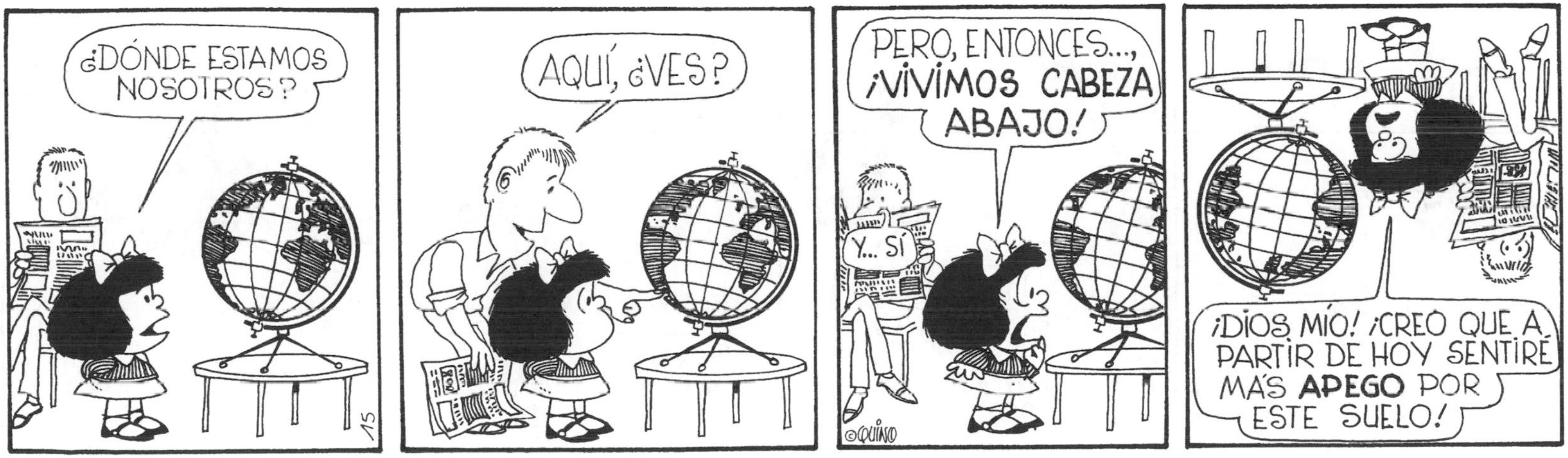
¿DÓNDE ESTAMOS NOSOTROS?
15
AQUÍ, ¿VES?
PERO, ENTONCES..., ¡VIVIMOS CABEZA ABAJO!
Y... SÍ
©QUINO
¡DIOS MÍO! ¡CREO QUE A PARTIR DE HOY SENTIRÉ MÁS APEGO POR ESTE SUELO!

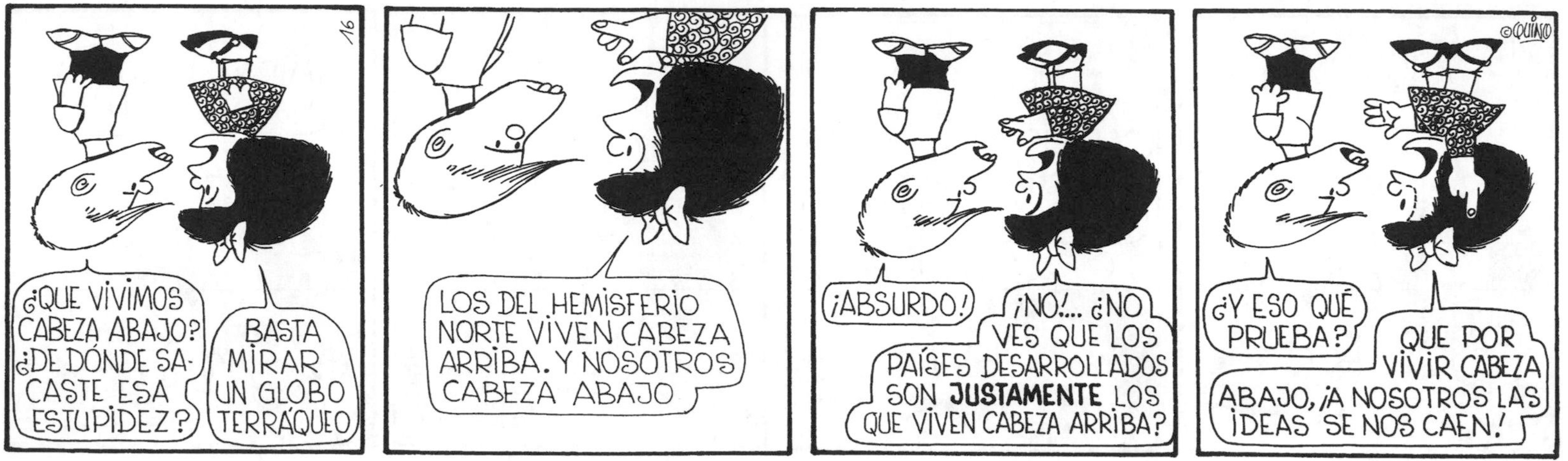
16
¿QUE VIVIMOS CABEZA ABAJO? ¿DE DÓNDE SACASTE ESA ESTUPIDEZ?
BASTA MIRAR UN GLOBO TERRÁQUEO
LOS DEL HEMISFERIO NORTE VIVEN CABEZA ARRIBA. Y NOSOTROS CABEZA ABAJO
¡ABSURDO!
¡NO!... ¿NO VES QUE LOS PAÍSES DESARROLLADOS SON **JUSTAMENTE** LOS QUE VIVEN CABEZA ARRIBA?
©QUINO
¿Y ESO QUÉ PRUEBA?
QUE POR VIVIR CABEZA ABAJO, ¡A NOSOTROS LAS IDEAS SE NOS CAEN!

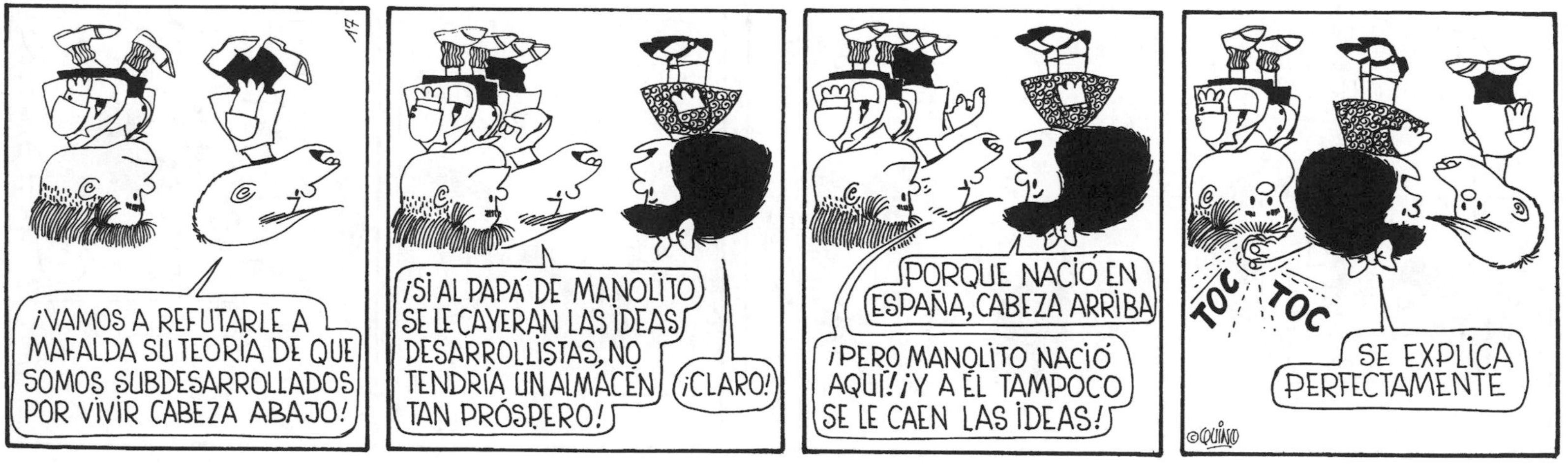
17
¡VAMOS A REFUTARLE A MAFALDA SU TEORÍA DE QUE SOMOS SUBDESARROLLADOS POR VIVIR CABEZA ABAJO!
¡SI AL PAPÁ DE MANOLITO SE LE CAYERAN LAS IDEAS DESARROLLISTAS, NO TENDRÍA UN ALMACÉN TAN PRÓSPERO!
¡CLARO!
PORQUE NACIÓ EN ESPAÑA, CABEZA ARRIBA
¡PERO MANOLITO NACIÓ AQUÍ! ¡Y A ÉL TAMPOCO SE LE CAEN LAS IDEAS!
TOC
TOC
SE EXPLICA PERFECTAMENTE
©QUINO

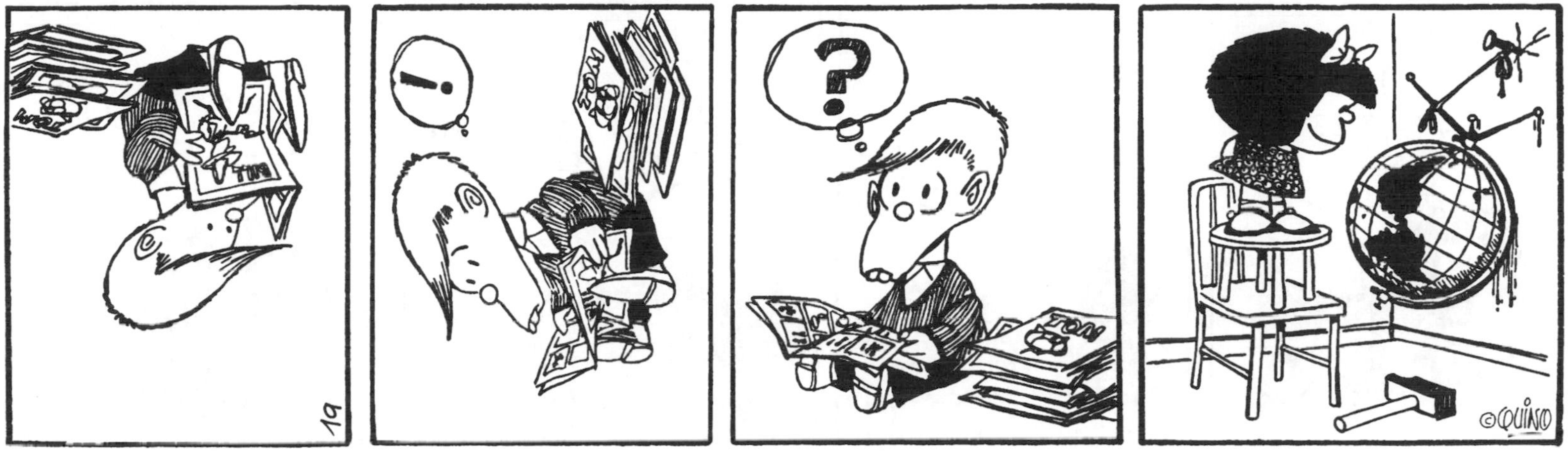
19
TOM
©QUINO

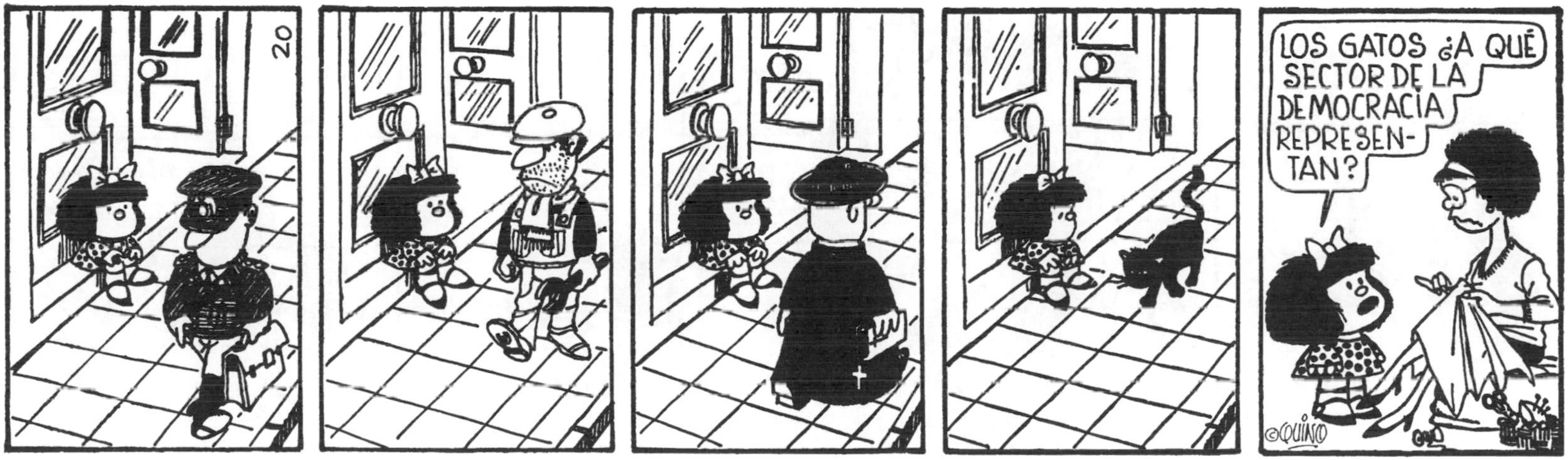
20
LOS GATOS ¿A QUÉ SECTOR DE LA DEMOCRACIA REPRESEN-TAN?
©QUINO

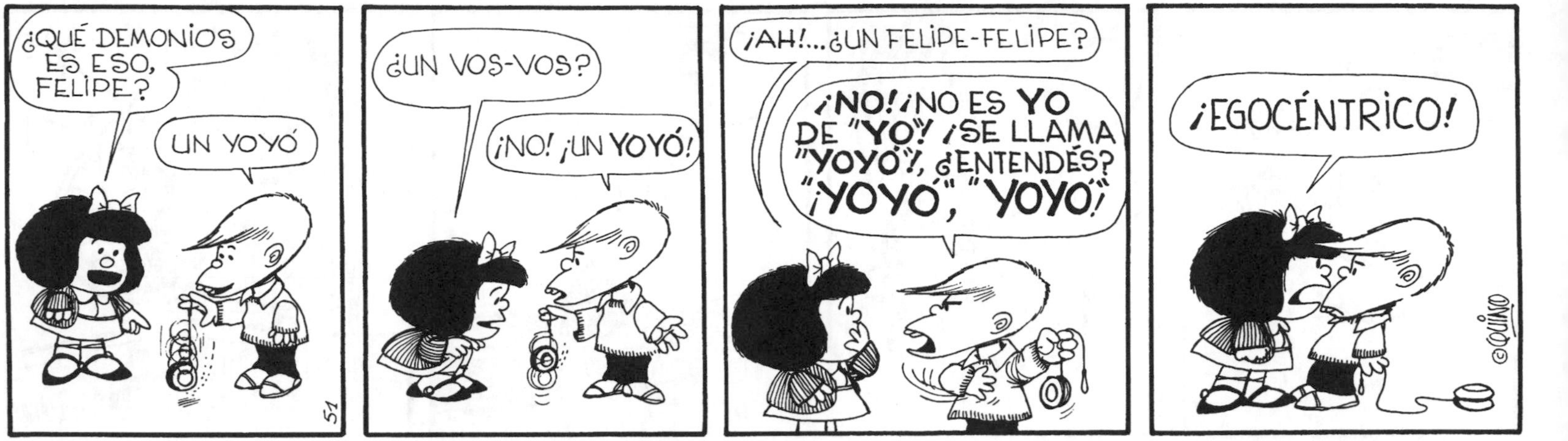
¿QUÉ DEMONIOS ES ESO, FELIPE?
UN YOYÓ
51
¿UN VOS-VOS?
¡NO! ¡UN YOYÓ!
¡AH!... ¿UN FELIPE-FELIPE?
¡NO! ¡NO ES YO DE "YO"! ¡SE LLAMA "YOYÓ"!, ¿ENTENDÉS? ¡"YOYÓ", "YOYÓ"!
¡EGOCÉNTRICO!
©QUINO

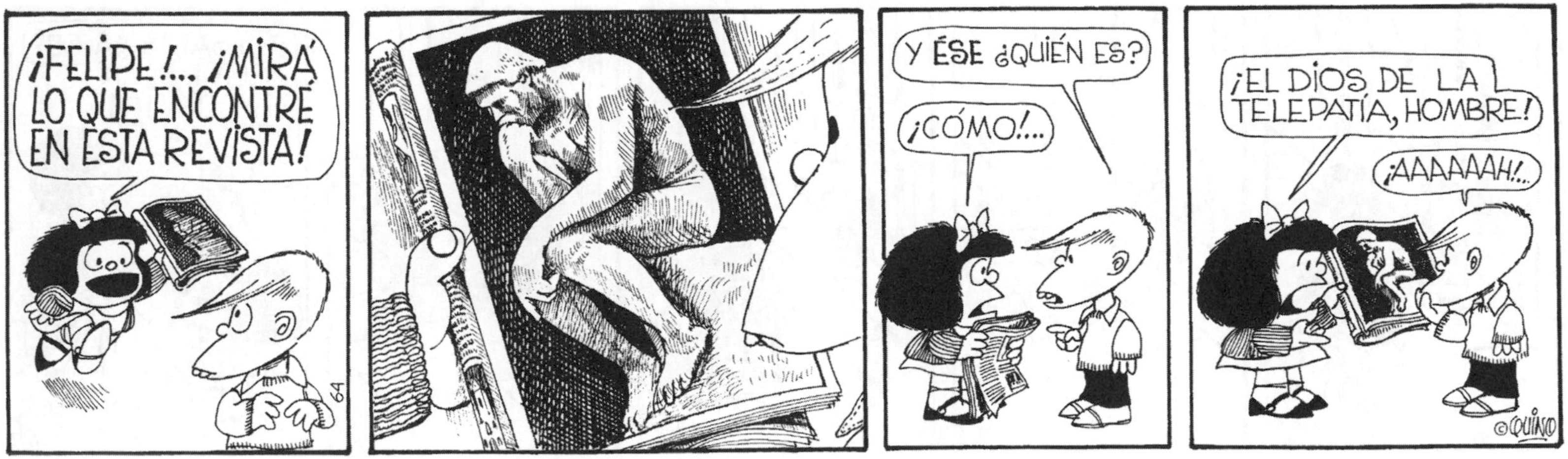
¡FELIPE!... ¡MIRÁ LO QUE ENCONTRÉ EN ESTA REVISTA!
64
Y ÉSE ¿QUIÉN ES?
¡CÓMO!...
¡EL DIOS DE LA TELEPATÍA, HOMBRE!
¡AAAAAAH!...
©QUINO

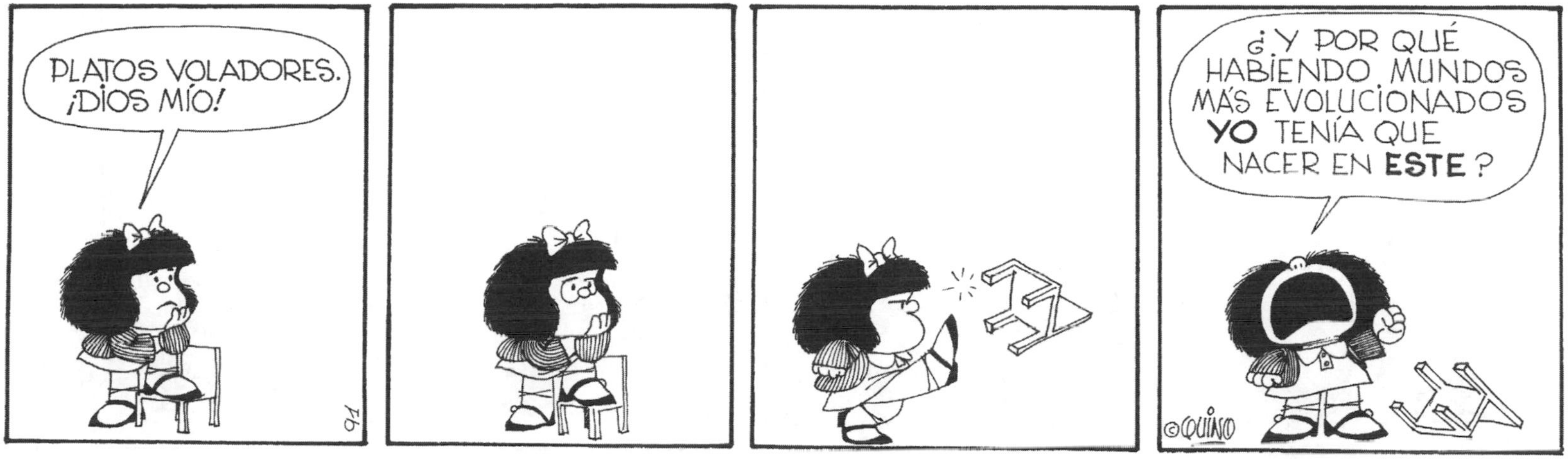
PLATOS VOLADORES. ¡DIOS MÍO!
¿Y POR QUÉ HABIENDO MUNDOS MÁS EVOLUCIONADOS **YO** TENÍA QUE NACER EN **ESTE**?
©QUINO

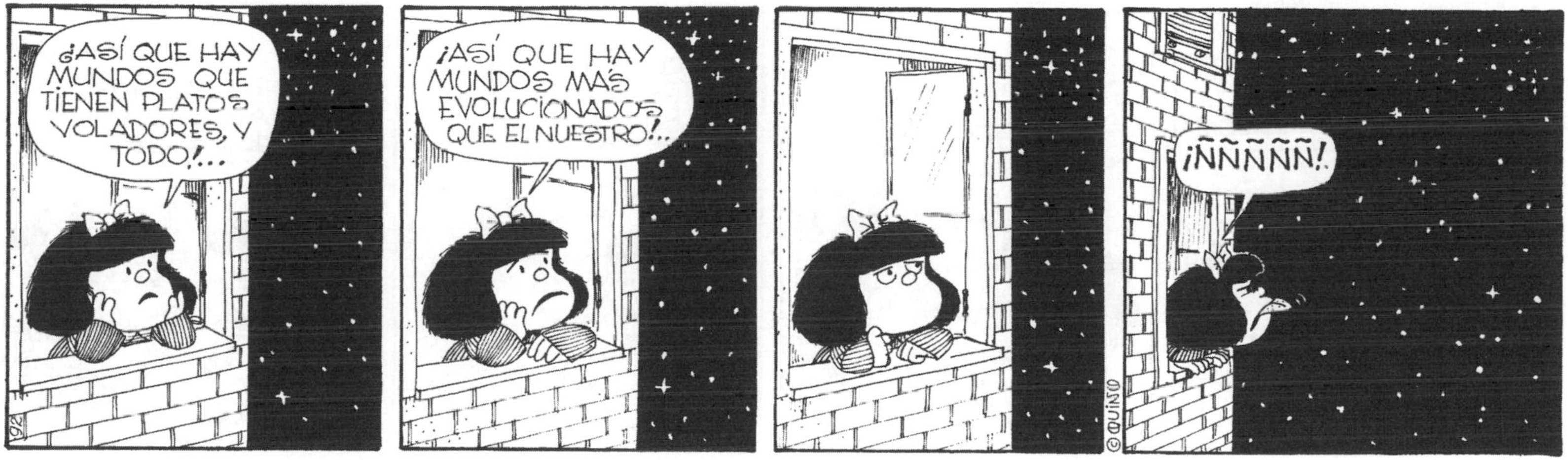
¿ASÍ QUE HAY MUNDOS QUE TIENEN PLATOS VOLADORES, Y TODO!...
¡ASÍ QUE HAY MUNDOS MÁS EVOLUCIONADOS QUE EL NUESTRO!...
¡ÑÑÑÑÑ!

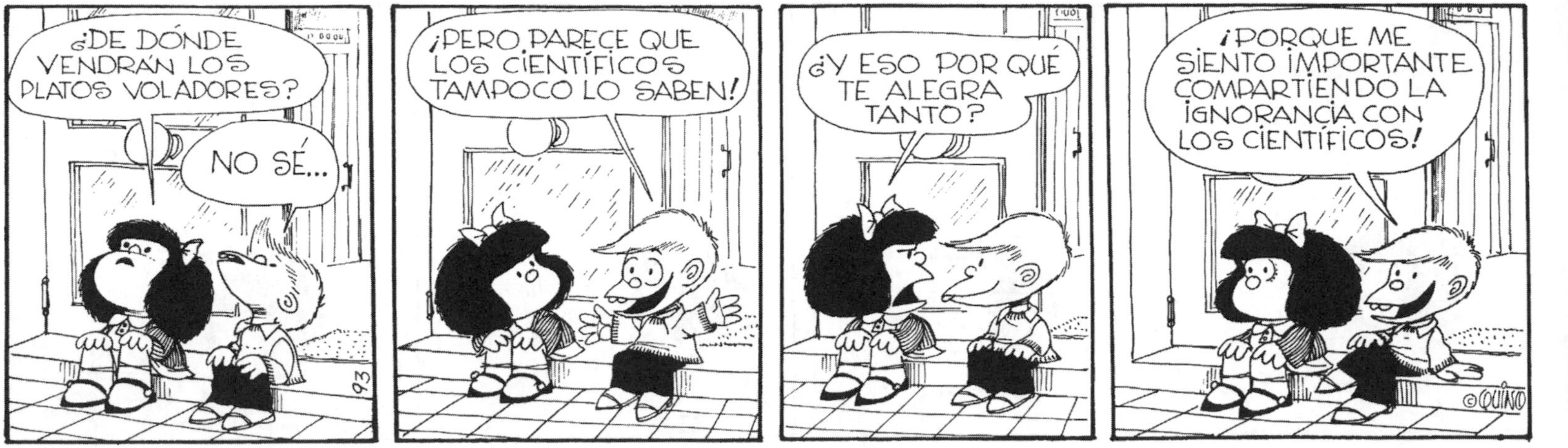
¿DE DÓNDE VENDRÁN LOS PLATOS VOLADORES?
NO SÉ...
¡PERO PARECE QUE LOS CIENTÍFICOS TAMPOCO LO SABEN!
¿Y ESO POR QUÉ TE ALEGRA TANTO?
¡PORQUE ME SIENTO IMPORTANTE COMPARTIENDO LA IGNORANCIA CON LOS CIENTÍFICOS!
93
©QUINO

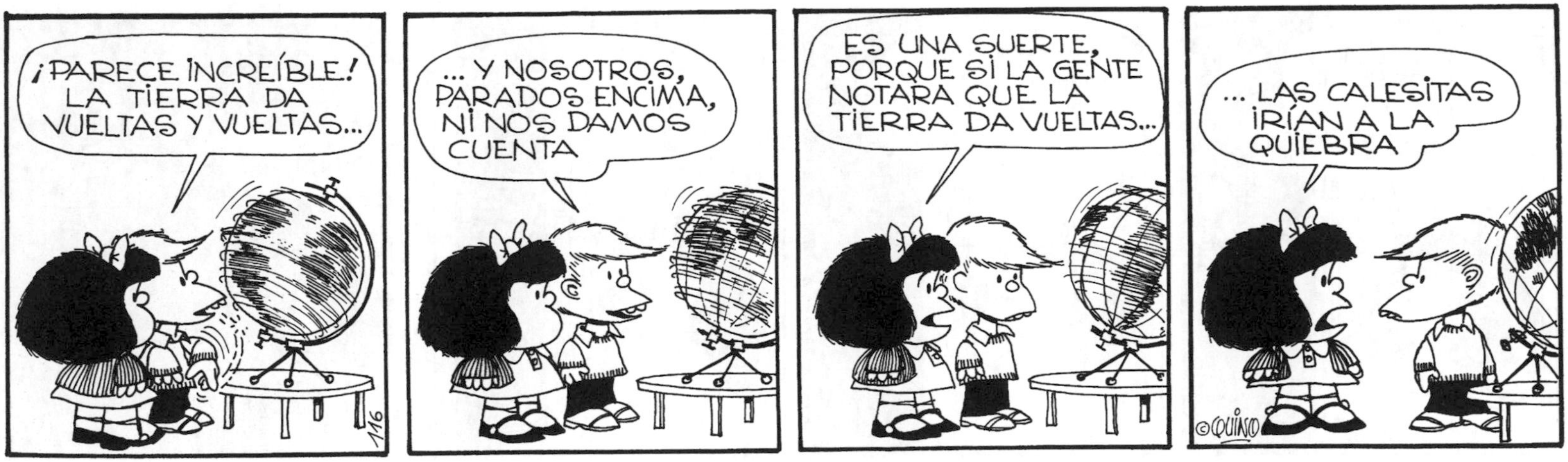
¡PARECE INCREÍBLE! LA TIERRA DA VUELTAS Y VUELTAS...
... Y NOSOTROS, PARADOS ENCIMA, NI NOS DAMOS CUENTA
ES UNA SUERTE, PORQUE SI LA GENTE NOTARA QUE LA TIERRA DA VUELTAS...
... LAS CALESITAS IRÍAN A LA QUIEBRA
116
©QUINO

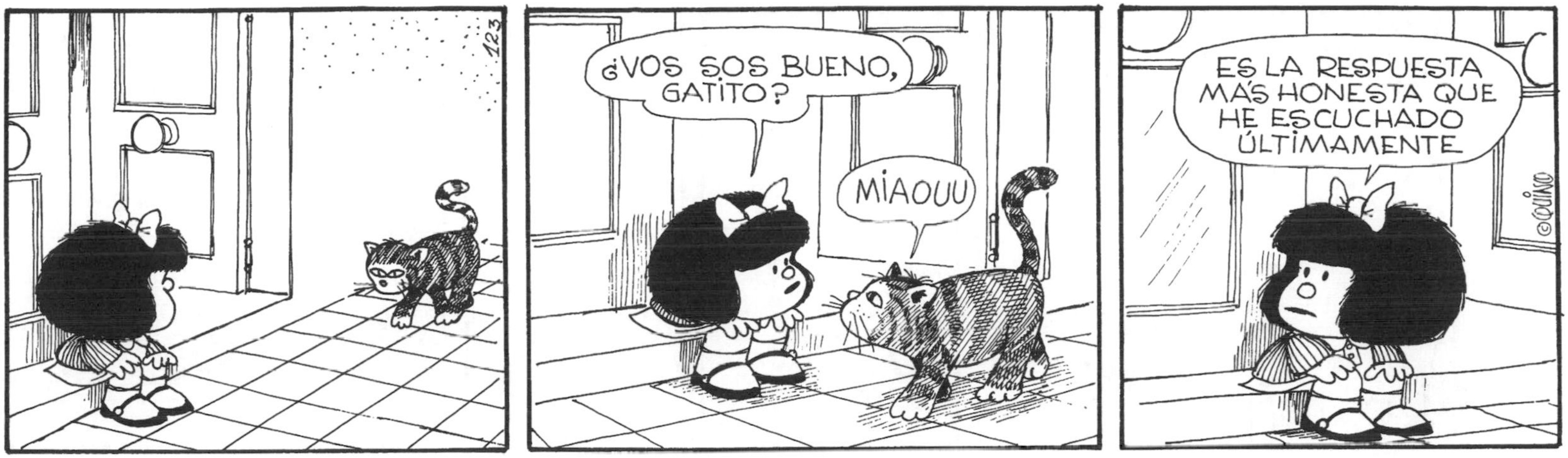

123
¿VOS SOS BUENO, GATITO?
MIAOUU
ES LA RESPUESTA MÁS HONESTA QUE HE ESCUCHADO ÚLTIMAMENTE
©QUINO

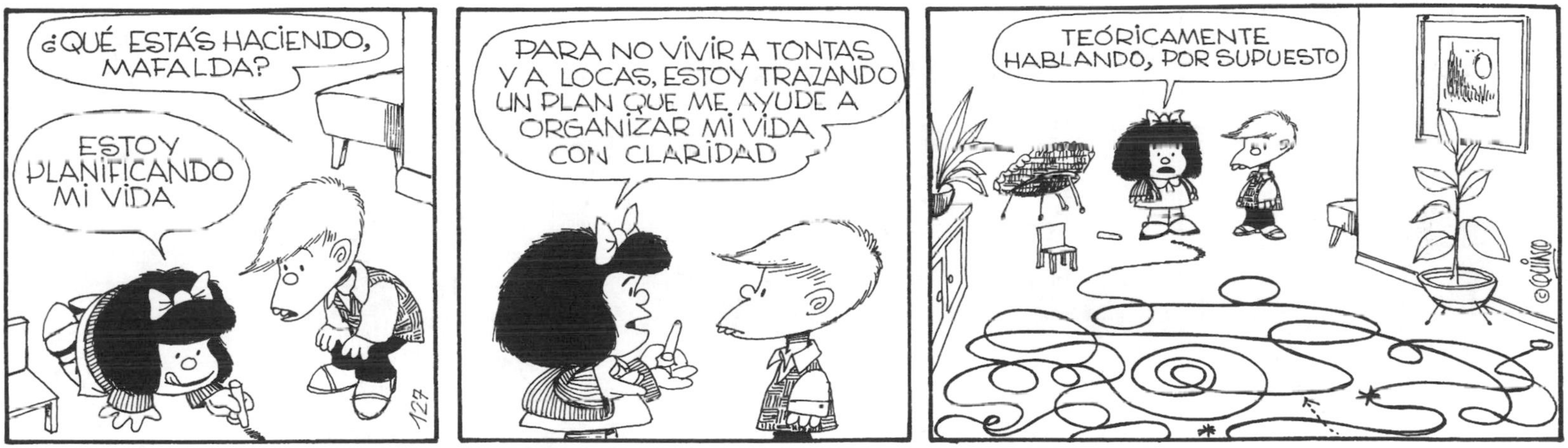

¿QUÉ ESTÁS HACIENDO, MAFALDA?
ESTOY PLANIFICANDO MI VIDA
127
PARA NO VIVIR A TONTAS Y A LOCAS, ESTOY TRAZANDO UN PLAN QUE ME AYUDE A ORGANIZAR MI VIDA CON CLARIDAD
TEÓRICAMENTE HABLANDO, POR SUPUESTO
©QUINO

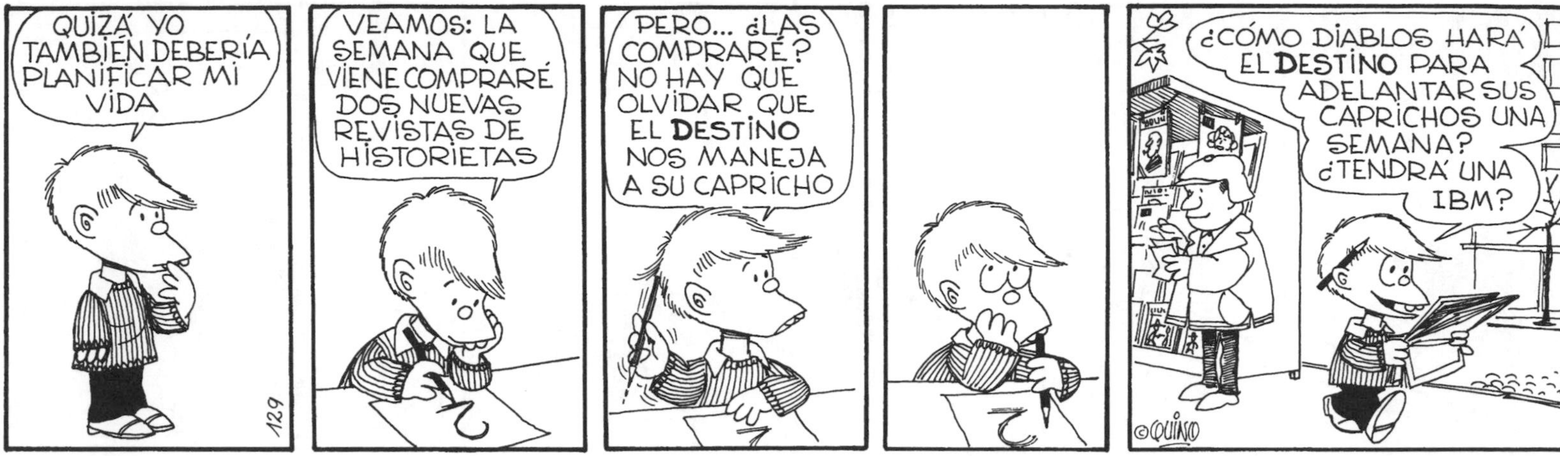
QUIZÁ YO TAMBIÉN DEBERÍA PLANIFICAR MI VIDA
129
VEAMOS: LA SEMANA QUE VIENE COMPRARÉ DOS NUEVAS REVISTAS DE HISTORIETAS
PERO... ¿LAS COMPRARÉ? NO HAY QUE OLVIDAR QUE EL DESTINO NOS MANEJA A SU CAPRICHO
¿CÓMO DIABLOS HARÁ EL DESTINO PARA ADELANTAR SUS CAPRICHOS UNA SEMANA? ¿TENDRÁ UNA IBM?
©QUINO

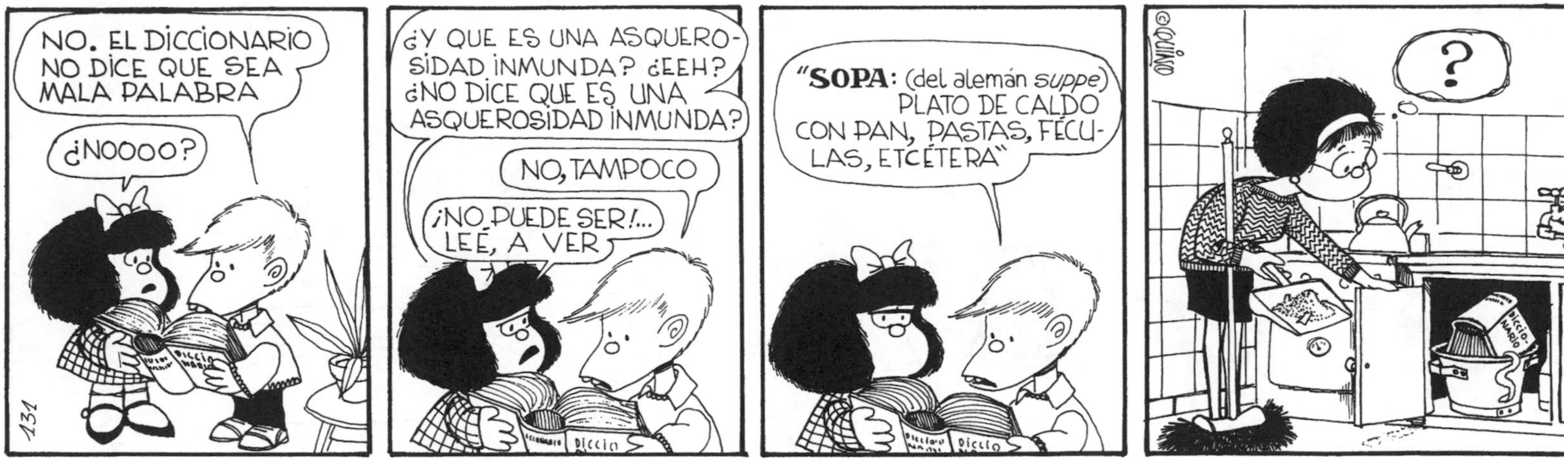
NO. EL DICCIONARIO NO DICE QUE SEA MALA PALABRA
¿NOOOO?
131
¿Y QUE ES UNA ASQUEROSIDAD INMUNDA? ¿EEH? ¿NO DICE QUE ES UNA ASQUEROSIDAD INMUNDA?
NO, TAMPOCO
¡NO PUEDE SER!... LEÉ, A VER
"SOPA: (del alemán suppe) PLATO DE CALDO CON PAN, PASTAS, FÉCULAS, ETCÉTERA"
©QUINO
?

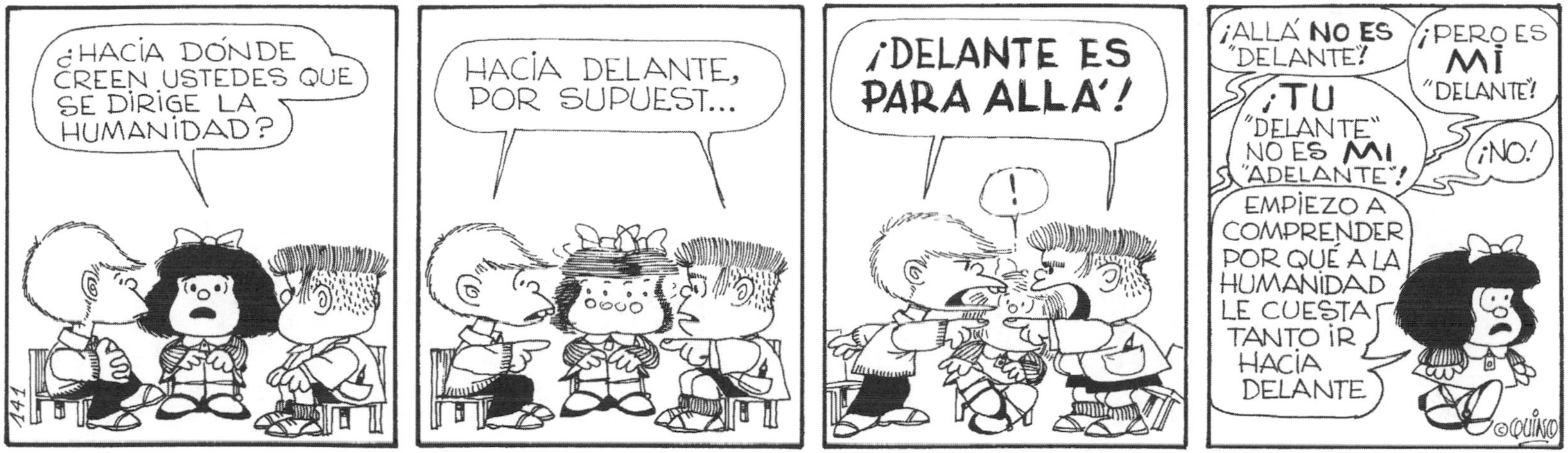
¿HACIA DÓNDE CREEN USTEDES QUE SE DIRIGE LA HUMANIDAD?
141
HACIA DELANTE, POR SUPUEST...
¡DELANTE ES PARA ALLÁ!
!
¡ALLÁ NO ES "DELANTE"!
¡PERO ES MI "DELANTE"!
¡TU "DELANTE" NO ES MI "ADELANTE"!
¡NO!
EMPIEZO A COMPRENDER POR QUÉ A LA HUMANIDAD LE CUESTA TANTO IR HACIA DELANTE
©QUINO

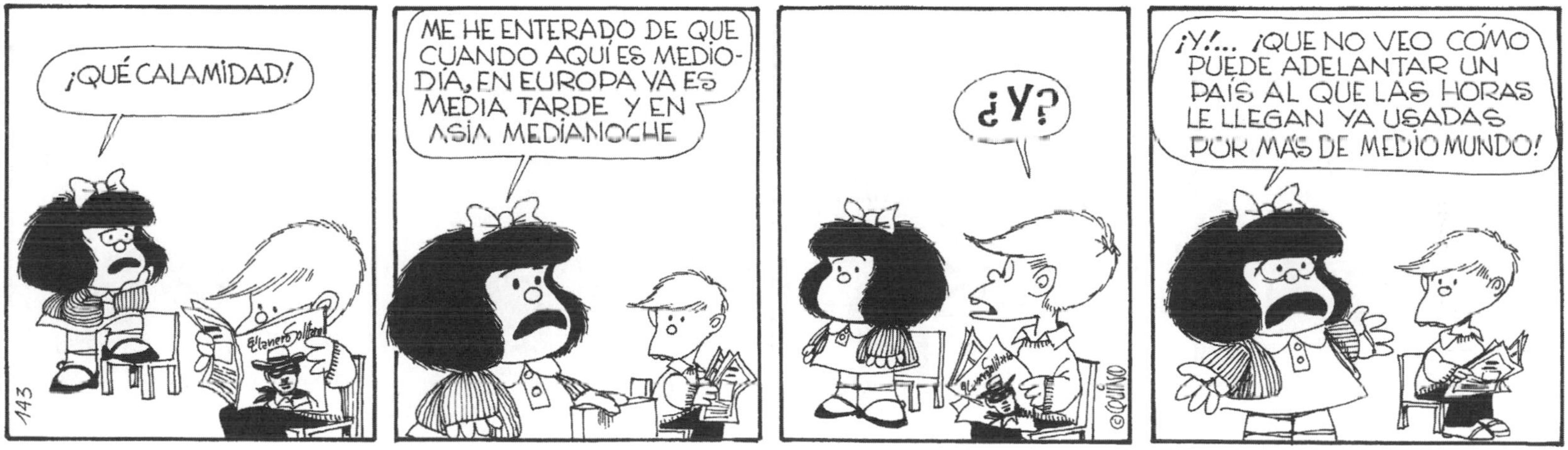
¡QUÉ CALAMIDAD!
143
El Llanero Solitario
ME HE ENTERADO DE QUE CUANDO AQUÍ ES MEDIODÍA, EN EUROPA YA ES MEDIA TARDE Y EN ASIA MEDIANOCHE
¿Y?
©QUINO
¡Y!... ¡QUE NO VEO CÓMO PUEDE ADELANTAR UN PAÍS AL QUE LAS HORAS LE LLEGAN YA USADAS POR MÁS DE MEDIO MUNDO!

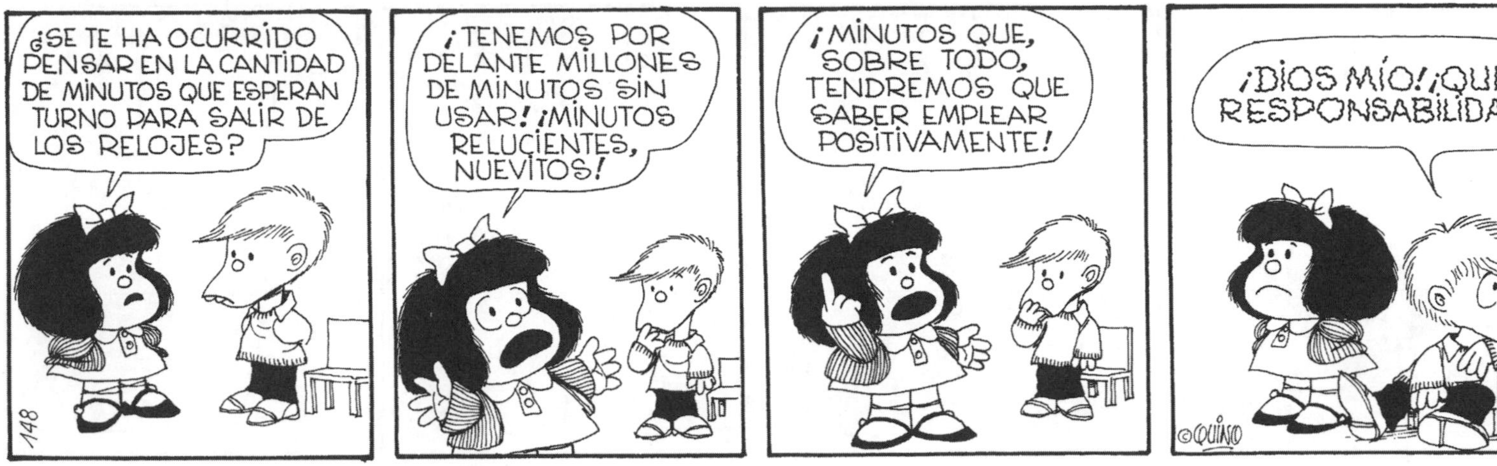
148
¿SE TE HA OCURRIDO PENSAR EN LA CANTIDAD DE MINUTOS QUE ESPERAN TURNO PARA SALIR DE LOS RELOJES?
¡TENEMOS POR DELANTE MILLONES DE MINUTOS SIN USAR! ¡MINUTOS RELUCIENTES, NUEVITOS!
¡MINUTOS QUE, SOBRE TODO, TENDREMOS QUE SABER EMPLEAR POSITIVAMENTE!
¡DIOS MÍO! ¡QUÉ RESPONSABILIDAD!
©QUINO

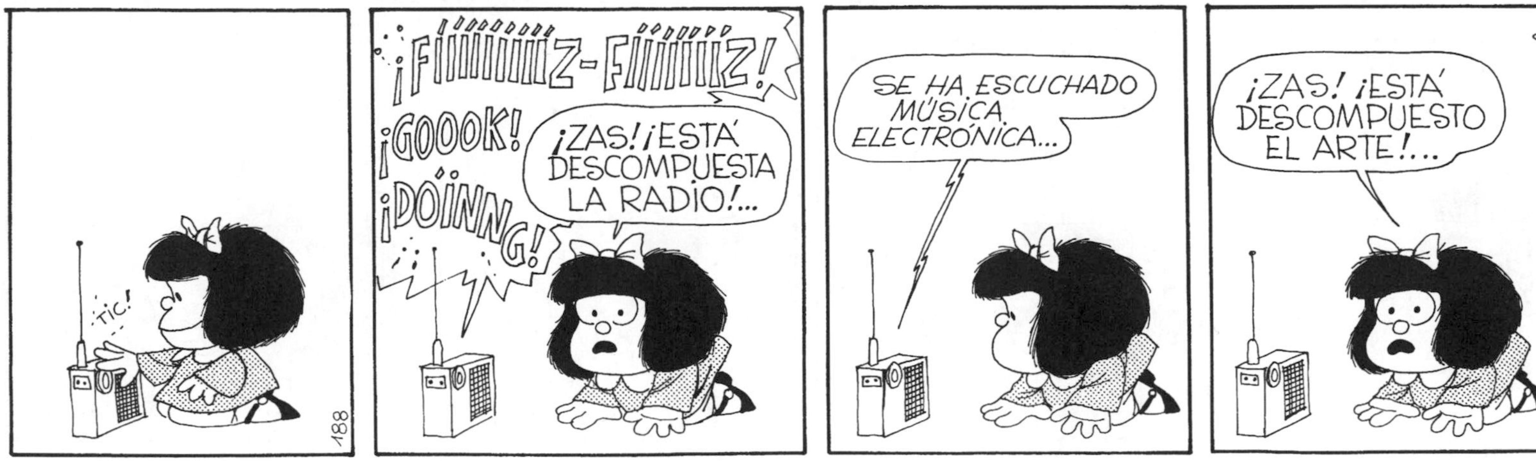
188
TIC!
¡FIIIIIIIIZ-FIIIIIIIZ!
¡GOOOK!
¡DOINNG!
¡ZAS! ¡ESTÁ DESCOMPUESTA LA RADIO!...
SE HA ESCUCHADO MÚSICA ELECTRÓNICA...
¡ZAS! ¡ESTÁ DESCOMPUESTO EL ARTE!...
©QUINO

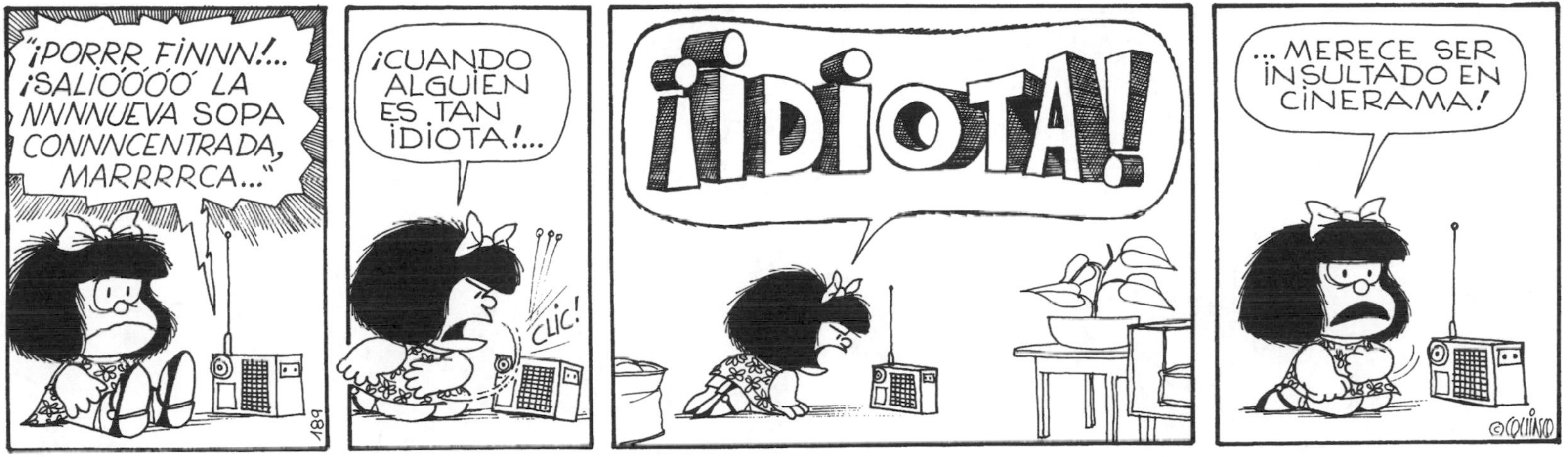
"¡PORRR FINNN!... ¡SALIÓÓÓÓ LA NNNNUEVA SOPA CONNNCENTRADA, MARRRRCA..."
189
¡CUANDO ALGUIEN ES TAN IDIOTA!...
CLIC!
¡IDIOTA!
... MERECE SER INSULTADO EN CINERAMA!
©QUINO

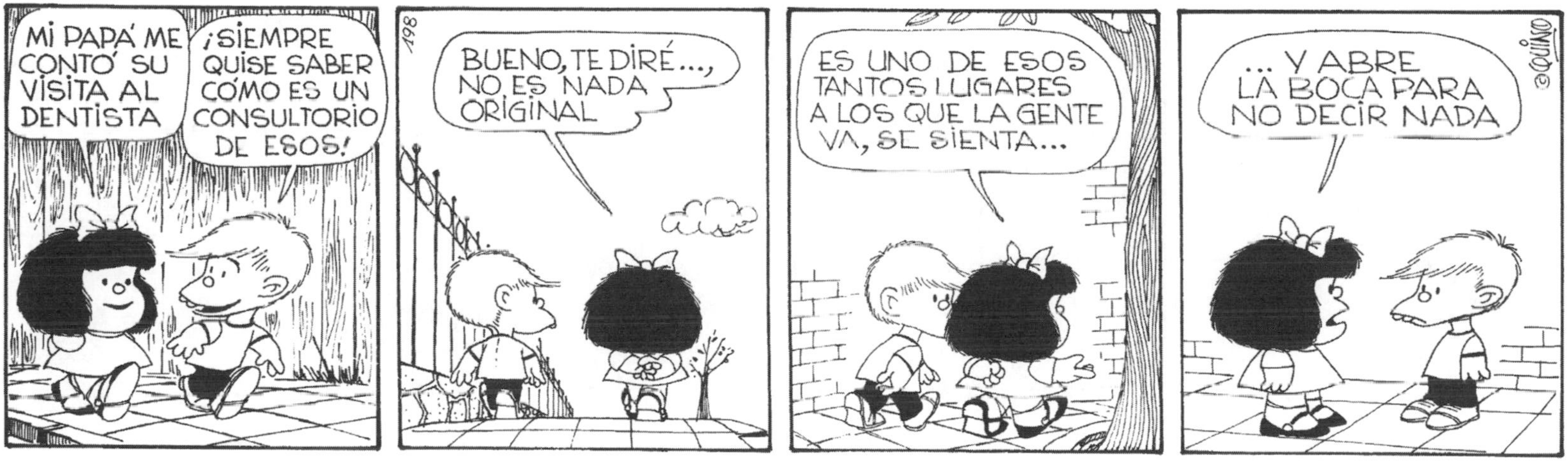
MI PAPÁ ME CONTÓ SU VISITA AL DENTISTA
¡SIEMPRE QUISE SABER CÓMO ES UN CONSULTORIO DE ESOS!
198
BUENO, TE DIRÉ..., NO ES NADA ORIGINAL
ES UNO DE ESOS TANTOS LUGARES A LOS QUE LA GENTE VA, SE SIENTA...
©QUINO
... Y ABRE LA BOCA PARA NO DECIR NADA

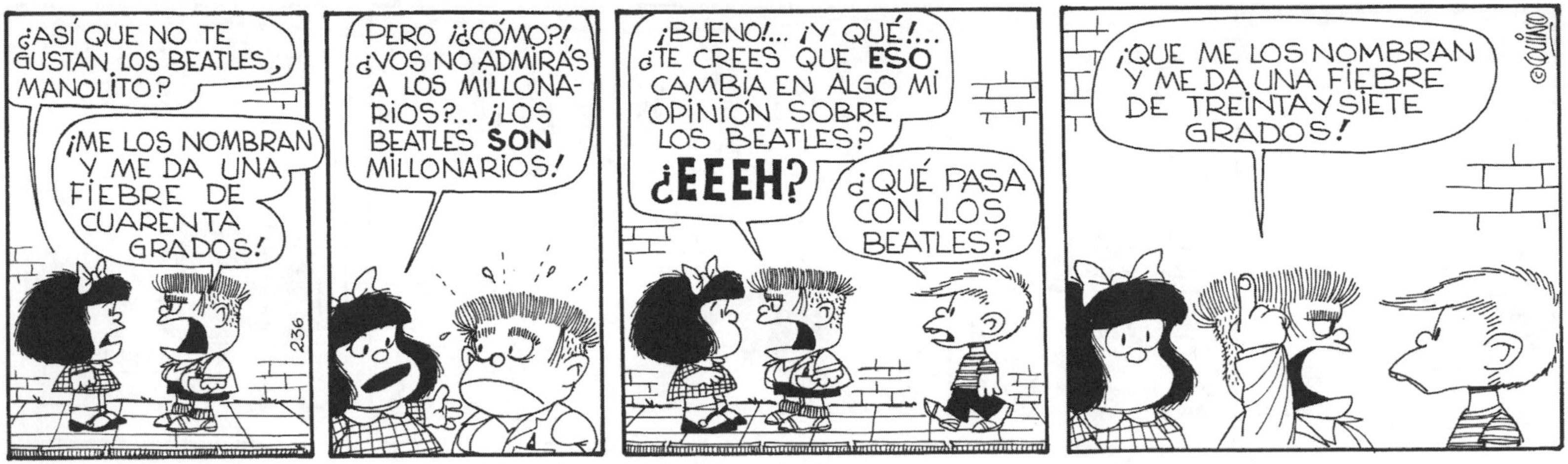
¿ASÍ QUE NO TE GUSTAN LOS BEATLES, MANOLITO?
¡ME LOS NOMBRAN Y ME DA UNA FIEBRE DE CUARENTA GRADOS!
236
PERO ¡¿CÓMO?! ¿VOS NO ADMIRÁS A LOS MILLONARIOS?... ¡LOS BEATLES SON MILLONARIOS!
¡BUENO!... ¡Y QUÉ!... ¿TE CREES QUE ESO CAMBIA EN ALGO MI OPINIÓN SOBRE LOS BEATLES? ¿EEEH?
¿QUÉ PASA CON LOS BEATLES?
¡QUE ME LOS NOMBRAN Y ME DA UNA FIEBRE DE TREINTAYSIETE GRADOS!
©QUINO

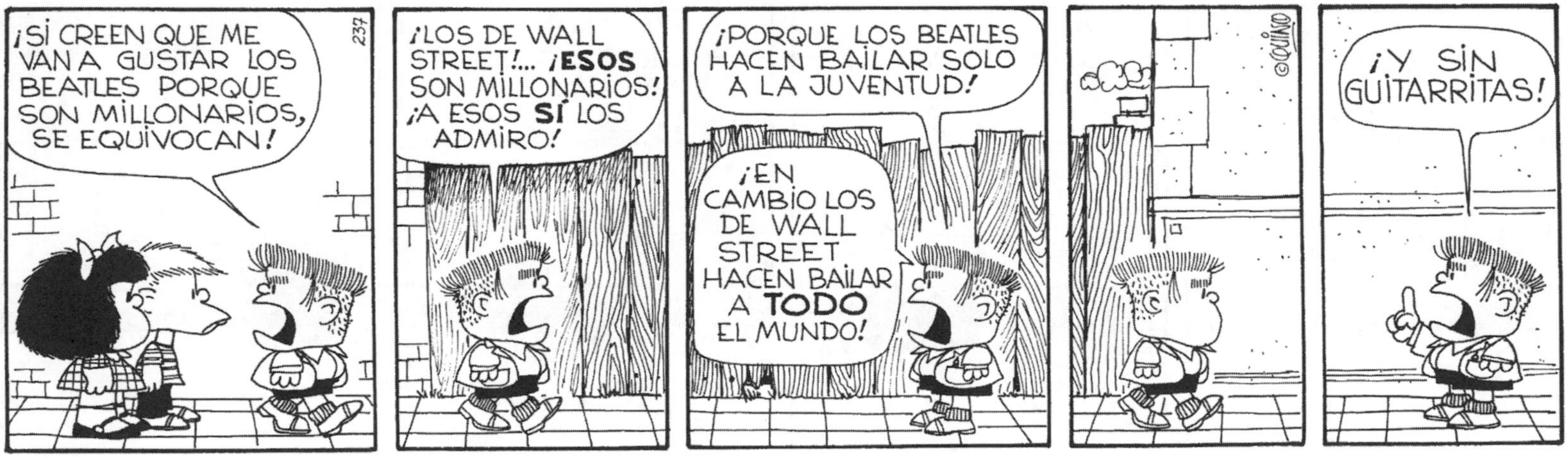
¡SI CREEN QUE ME VAN A GUSTAR LOS BEATLES PORQUE SON MILLONARIOS, SE EQUIVOCAN!
237
¡LOS DE WALL STREET!... ¡ESOS SON MILLONARIOS! ¡A ESOS SÍ LOS ADMIRO!
¡PORQUE LOS BEATLES HACEN BAILAR SOLO A LA JUVENTUD!
¡EN CAMBIO LOS DE WALL STREET HACEN BAILAR A TODO EL MUNDO!
©QUINO
¡Y SIN GUITARRITAS!

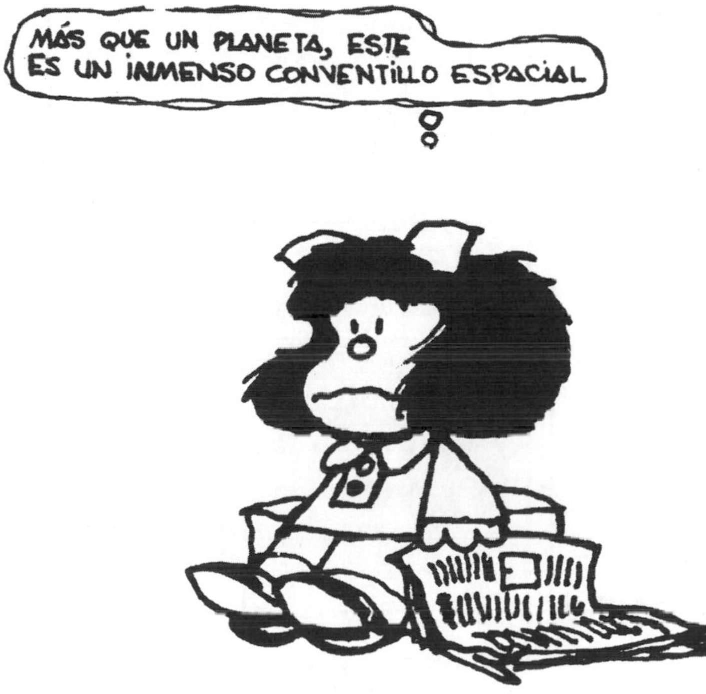
MÁS QUE UN PLANETA, ESTE
ES UN INMENSO CONVENTILLO ESPACIAL

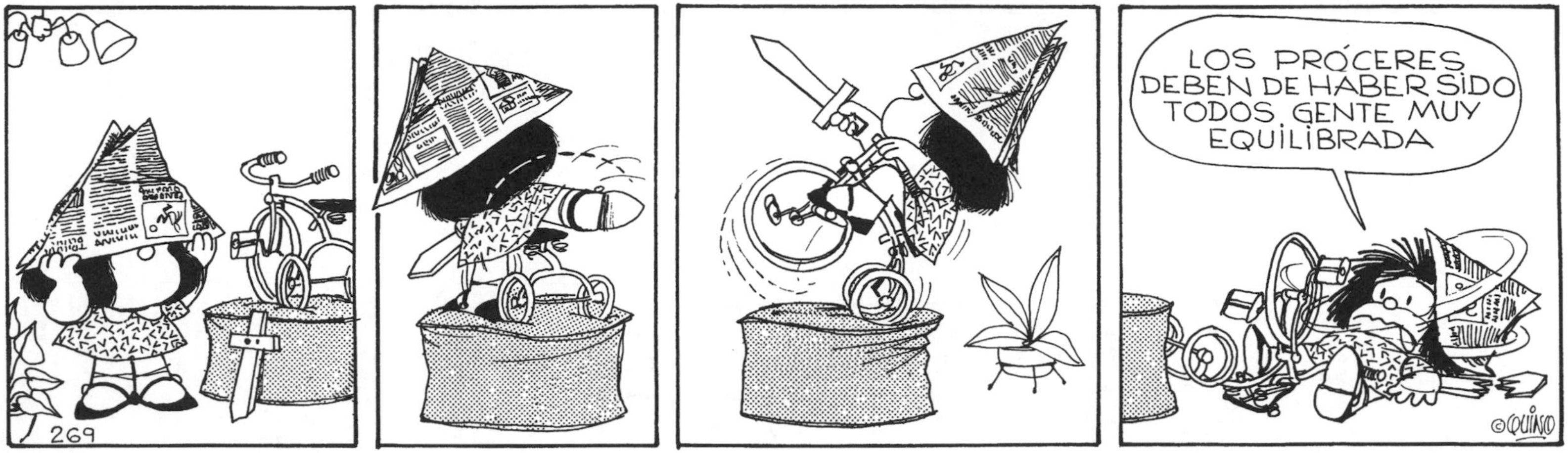
269
LOS PRÓCERES DEBEN DE HABER SIDO TODOS GENTE MUY EQUILIBRADA
©QUINO

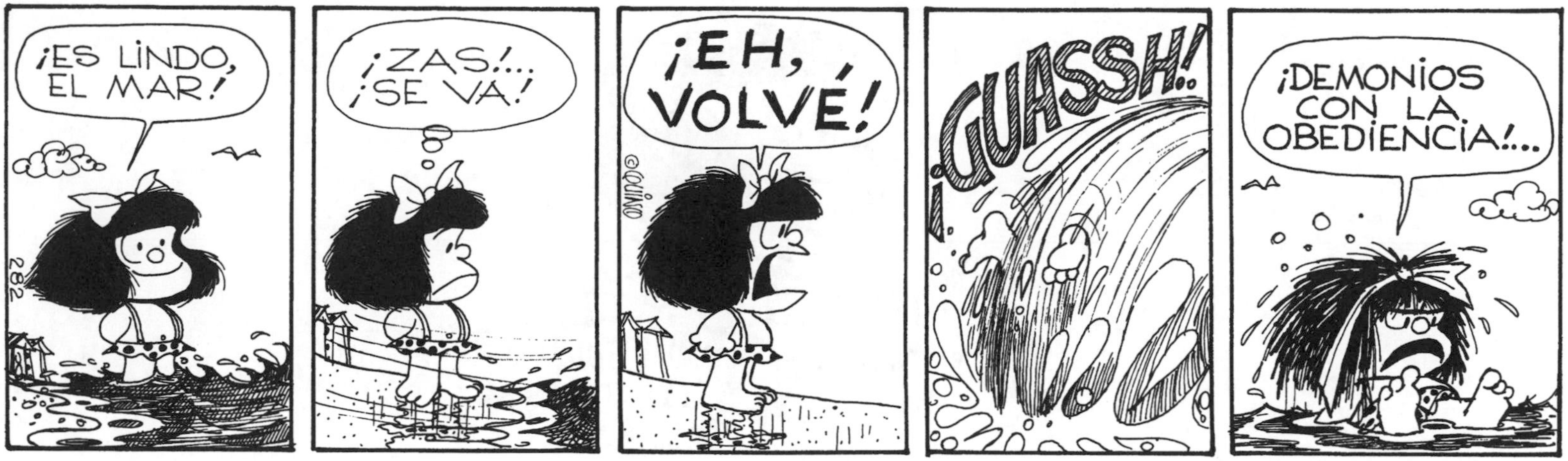
282
¡ES LINDO, EL MAR!
¡ZAS!... ¡SE VA!
¡EH, VOLVÉ!
©QUINO
¡GUASSH!..
¡DEMONIOS CON LA OBEDIENCIA!...

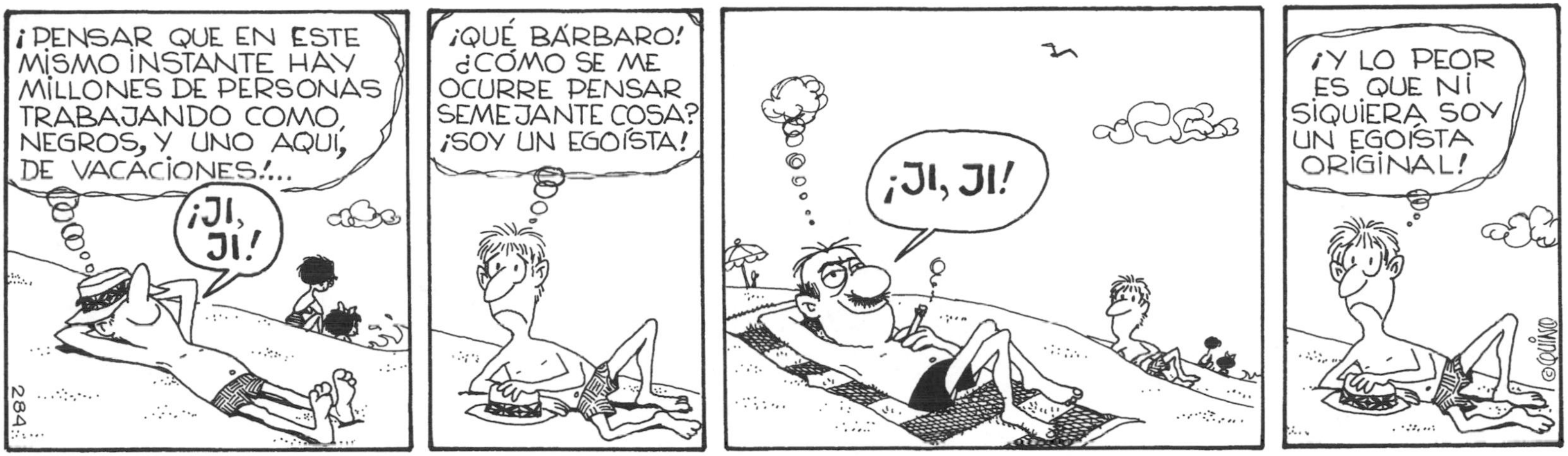
284
¡PENSAR QUE EN ESTE MISMO INSTANTE HAY MILLONES DE PERSONAS TRABAJANDO COMO NEGROS, Y UNO AQUÍ, DE VACACIONES!...
¡JI, JI!
¡QUÉ BÁRBARO! ¿CÓMO SE ME OCURRE PENSAR SEMEJANTE COSA? ¡SOY UN EGOÍSTA!
¡JI, JI!
¡Y LO PEOR ES QUE NI SIQUIERA SOY UN EGOÍSTA ORIGINAL!
© QUINO

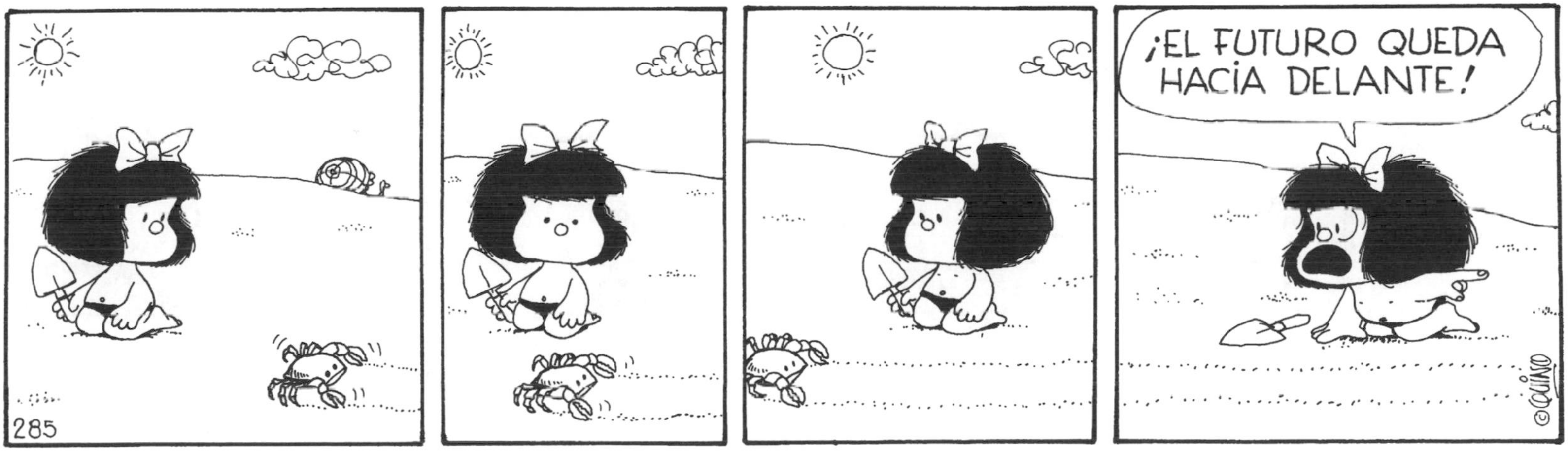
285
¡EL FUTURO QUEDA HACIA DELANTE!
© QUINO

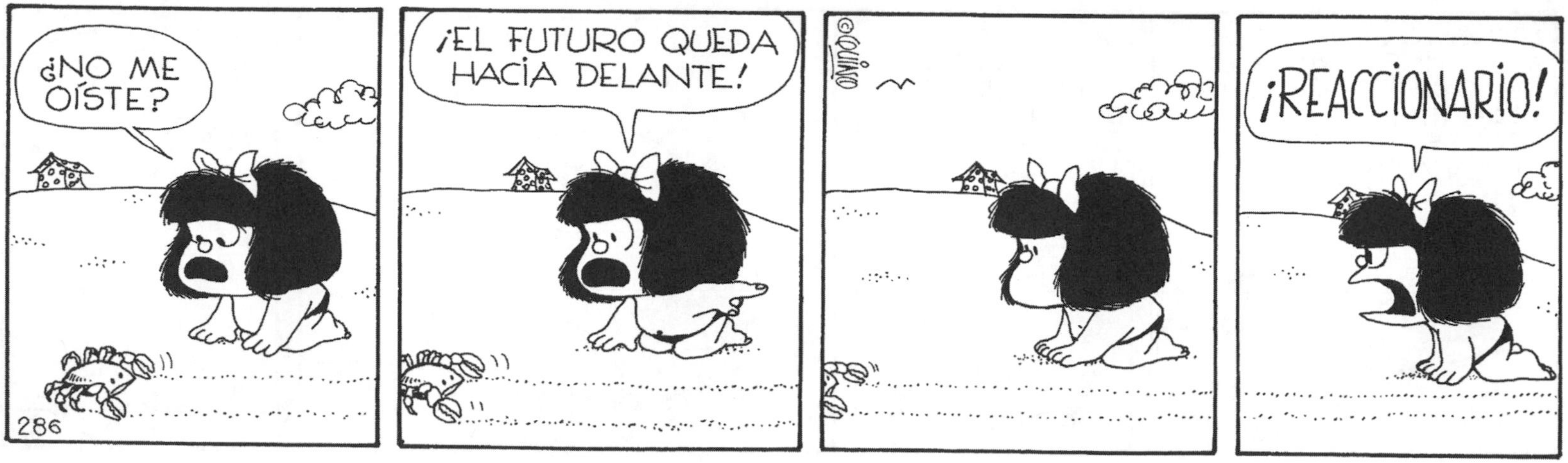
¿NO ME OÍSTE?
¡EL FUTURO QUEDA HACIA DELANTE!
© QUINO
¡REACCIONARIO!
286

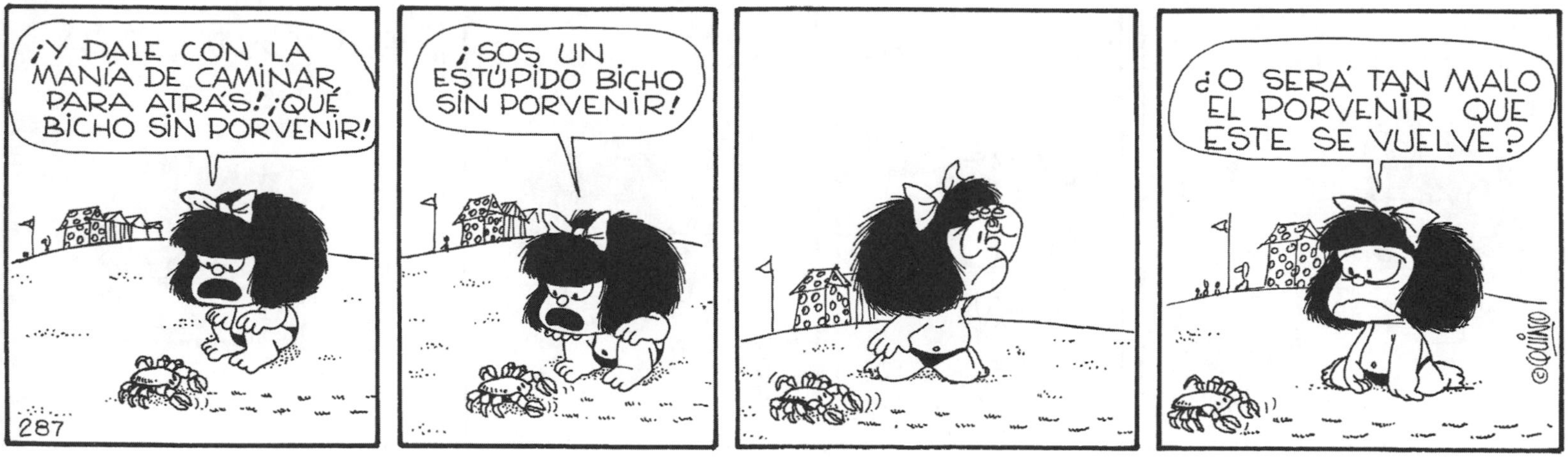
¡Y DALE CON LA MANÍA DE CAMINAR PARA ATRÁS! ¡QUÉ BICHO SIN PORVENIR!
¡SOS UN ESTÚPIDO BICHO SIN PORVENIR!
¿O SERÁ TAN MALO EL PORVENIR QUE ESTE SE VUELVE?
© QUINO
287

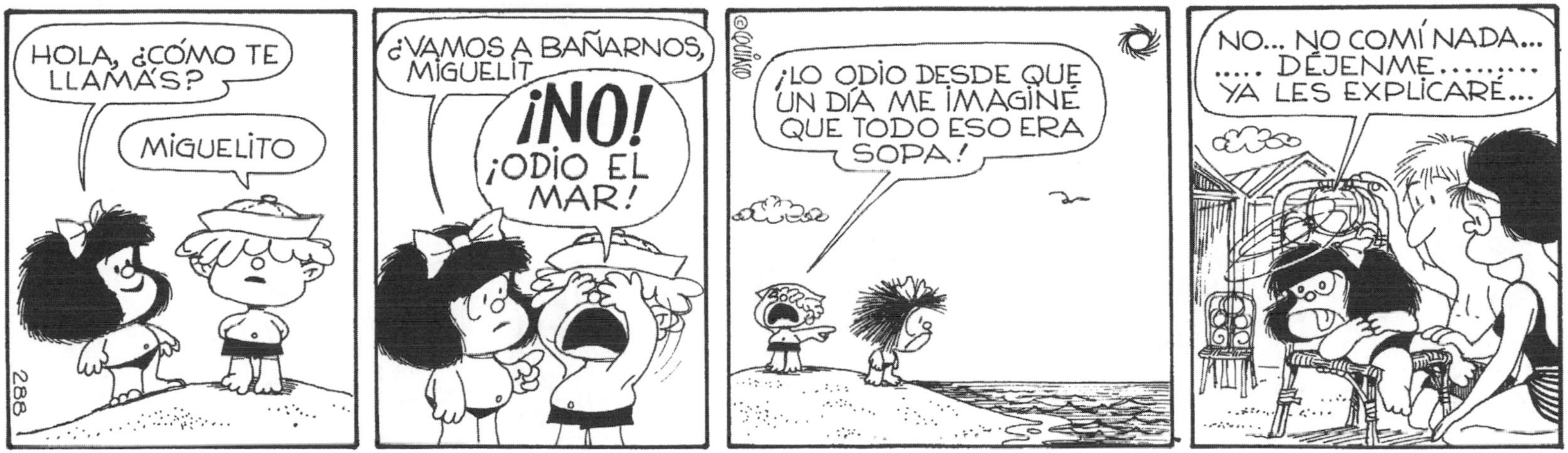
HOLA, ¿CÓMO TE LLAMÁS?
MIGUELITO
¿VAMOS A BAÑARNOS, MIGUELIT
¡NO! ¡ODIO EL MAR!
¡LO ODIO DESDE QUE UN DÍA ME IMAGINÉ QUE TODO ESO ERA SOPA!
NO... NO COMÍ NADA... ..... DÉJENME......... YA LES EXPLICARÉ...

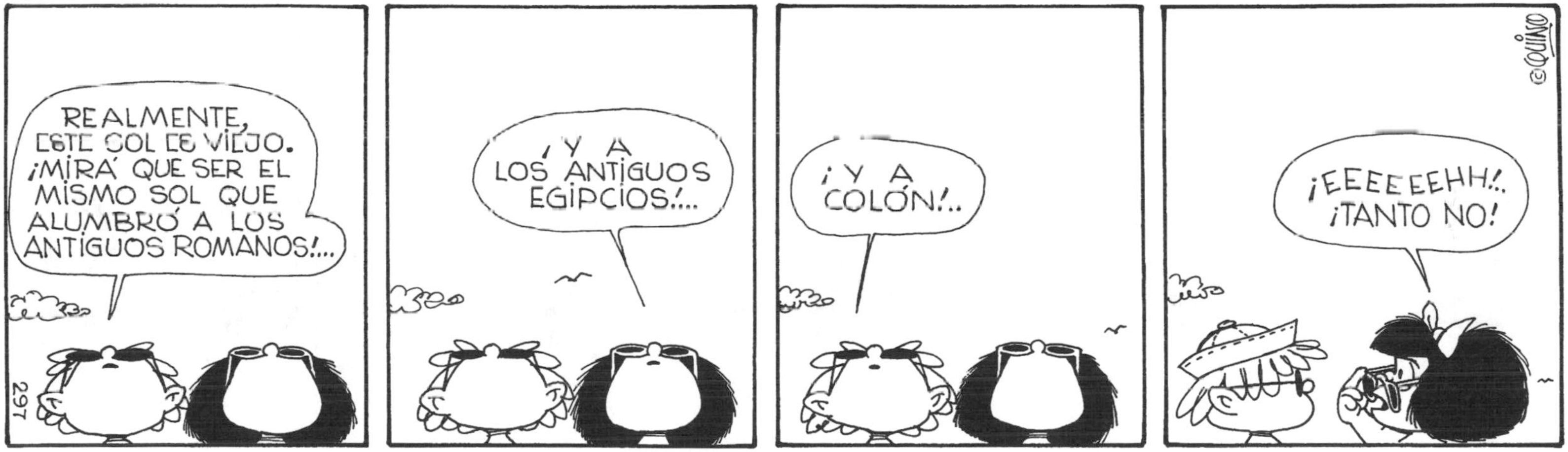
REALMENTE, ESTE SOL ES VIEJO. ¡MIRÁ QUE SER EL MISMO SOL QUE ALUMBRÓ A LOS ANTIGUOS ROMANOS!...
¡Y A LOS ANTIGUOS EGIPCIOS!...
¡Y A COLÓN!..
¡EEEEEEHH!.. ¡TANTO NO!

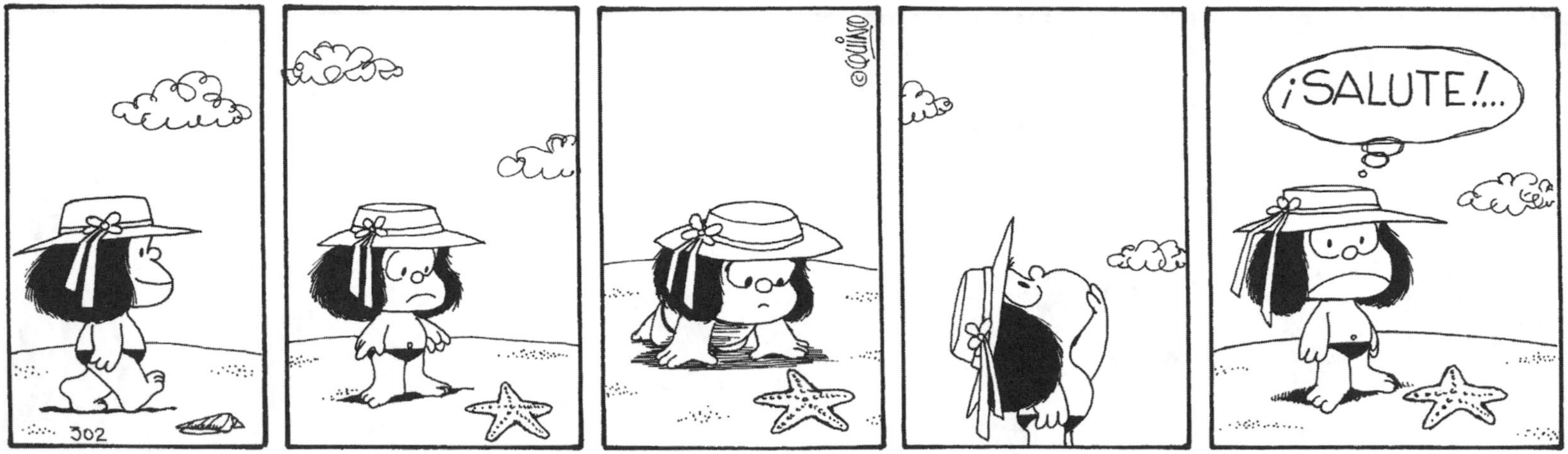
302
©QUINO
¡SALUTE!...

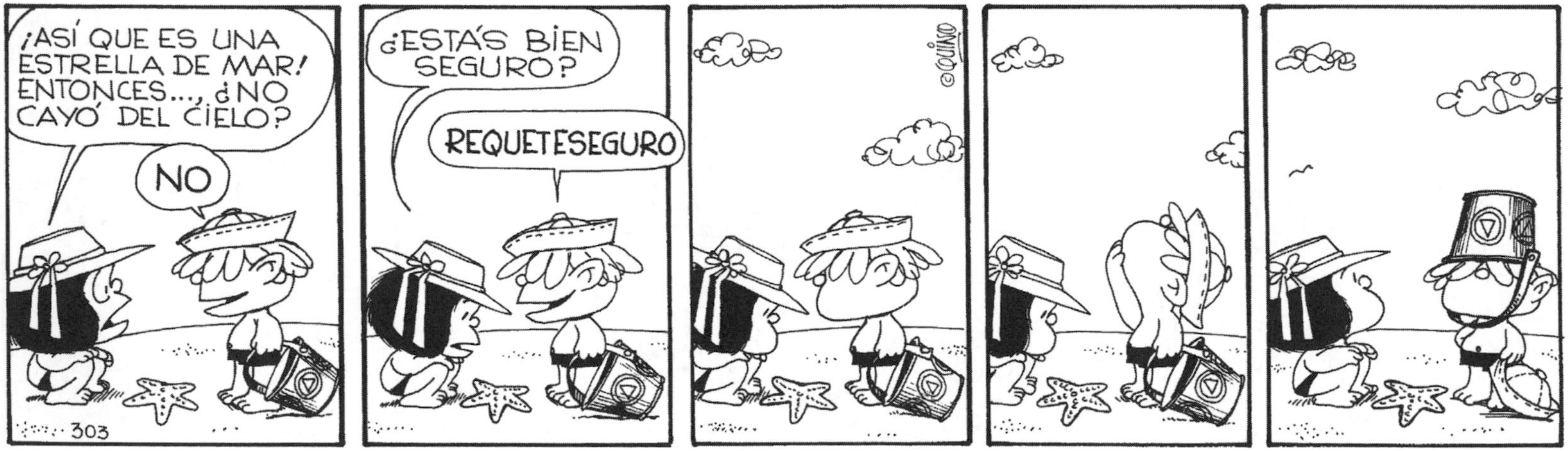
¡ASÍ QUE ES UNA ESTRELLA DE MAR! ENTONCES..., ¿NO CAYÓ DEL CIELO?
NO
303
¿ESTÁS BIEN SEGURO?
REQUETESEGURO
©QUINO

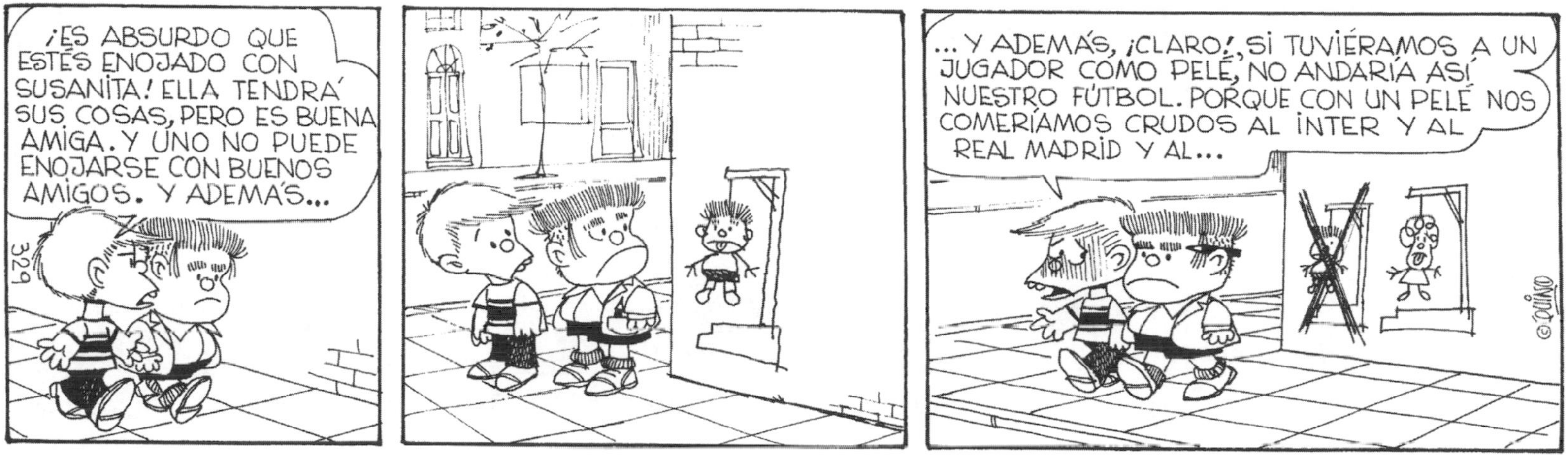
¡ES ABSURDO QUE ESTÉS ENOJADO CON SUSANITA! ELLA TENDRÁ SUS COSAS, PERO ES BUENA AMIGA. Y UNO NO PUEDE ENOJARSE CON BUENOS AMIGOS. Y ADEMÁS...
329
... Y ADEMÁS, ¡CLARO!, SI TUVIÉRAMOS A UN JUGADOR COMO PELÉ, NO ANDARÍA ASÍ NUESTRO FÚTBOL. PORQUE CON UN PELÉ NOS COMERÍAMOS CRUDOS AL INTER Y AL REAL MADRID Y AL...
©QUINO

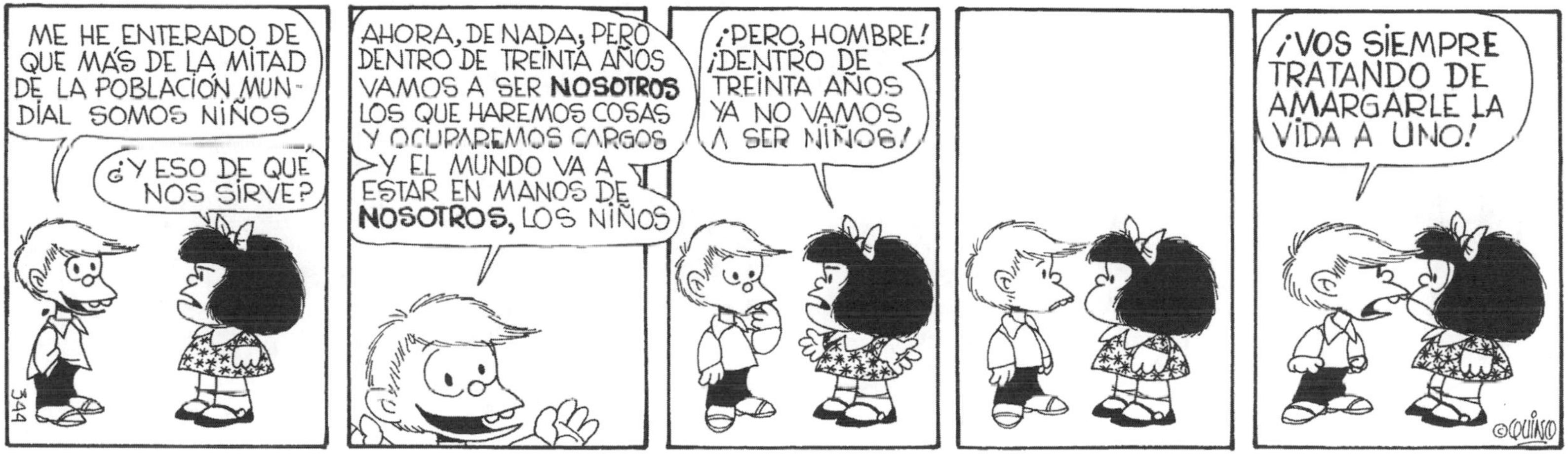
ME HE ENTERADO DE QUE MÁS DE LA MITAD DE LA POBLACIÓN MUNDIAL SOMOS NIÑOS
¿Y ESO DE QUÉ NOS SIRVE?
344
AHORA, DE NADA; PERO DENTRO DE TREINTA AÑOS VAMOS A SER **NOSOTROS** LOS QUE HAREMOS COSAS Y OCUPAREMOS CARGOS
Y EL MUNDO VA A ESTAR EN MANOS DE **NOSOTROS**, LOS NIÑOS
¡PERO, HOMBRE! ¡DENTRO DE TREINTA AÑOS YA NO VAMOS A SER NIÑOS!
¡VOS SIEMPRE TRATANDO DE AMARGARLE LA VIDA A UNO!
©QUINO

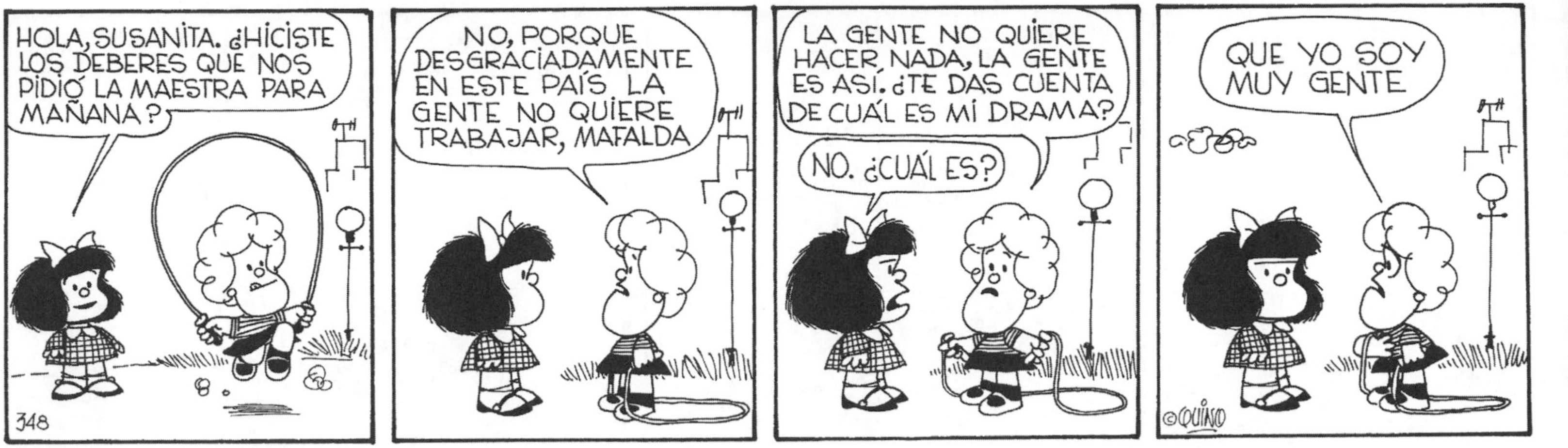
HOLA, SUSANITA. ¿HICISTE LOS DEBERES QUE NOS PIDIÓ LA MAESTRA PARA MAÑANA?
348
NO, PORQUE DESGRACIADAMENTE EN ESTE PAÍS LA GENTE NO QUIERE TRABAJAR, MAFALDA
LA GENTE NO QUIERE HACER NADA, LA GENTE ES ASÍ. ¿TE DAS CUENTA DE CUÁL ES MI DRAMA?
NO. ¿CUÁL ES?
QUE YO SOY MUY GENTE
©QUINO

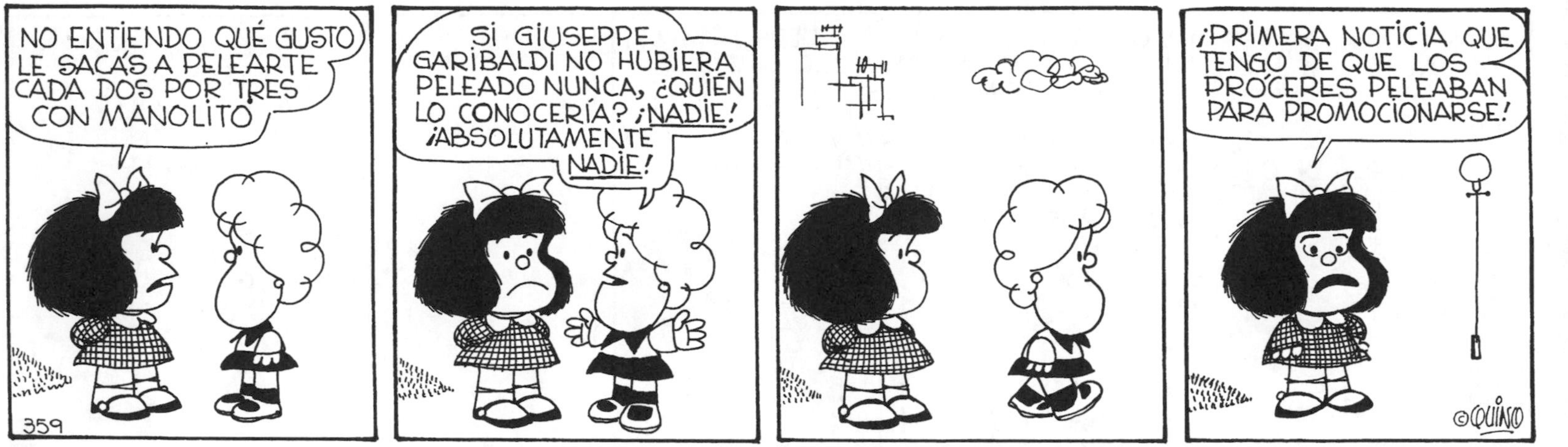
NO ENTIENDO QUÉ GUSTO LE SACÁS A PELEARTE CADA DOS POR TRES CON MANOLITO
359
SI GIUSEPPE GARIBALDI NO HUBIERA PELEADO NUNCA, ¿QUIÉN LO CONOCERÍA? ¡NADIE! ¡ABSOLUTAMENTE NADIE!
¡PRIMERA NOTICIA QUE TENGO DE QUE LOS PRÓCERES PELEABAN PARA PROMOCIONARSE!
©QUINO

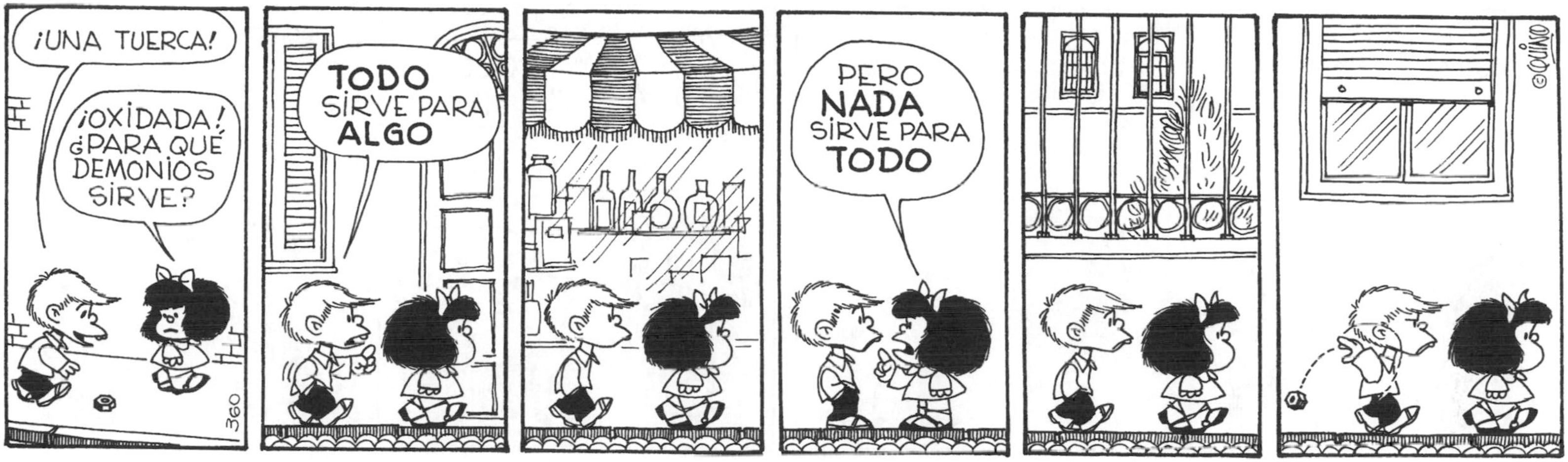
¡UNA TUERCA!
¡OXIDADA! ¿PARA QUÉ DEMONIOS SIRVE?
360
TODO SIRVE PARA ALGO
PERO NADA SIRVE PARA TODO
© QUINO

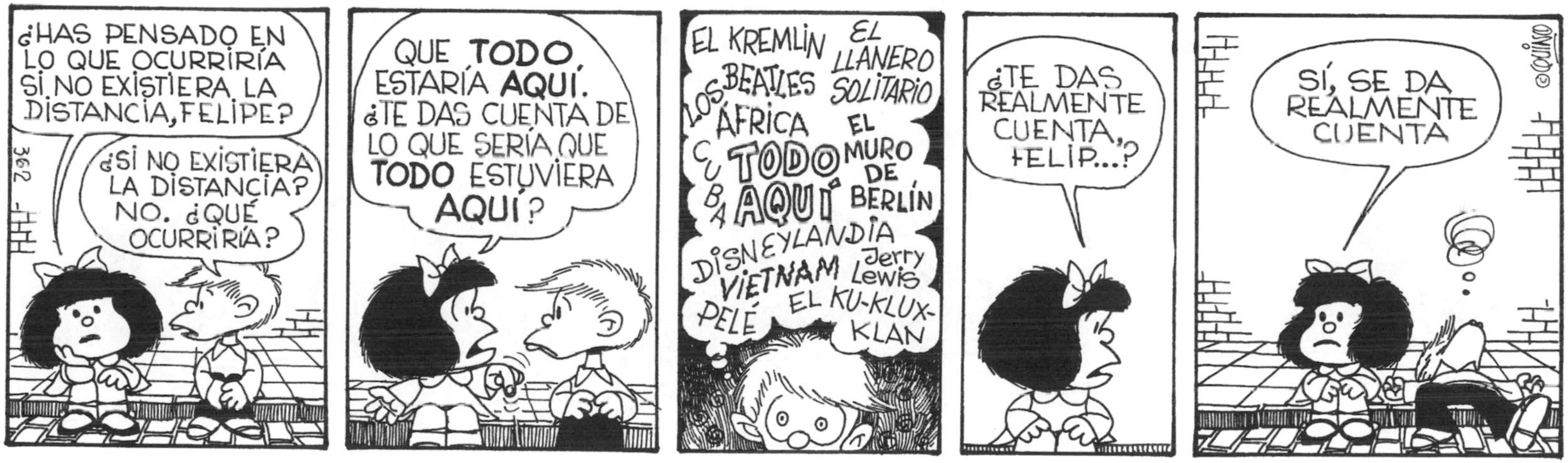
¿HAS PENSADO EN LO QUE OCURRIRÍA SI NO EXISTIERA LA DISTANCIA, FELIPE?
¿SI NO EXISTIERA LA DISTANCIA? NO. ¿QUÉ OCURRIRÍA?
362
QUE TODO ESTARÍA AQUÍ. ¿TE DAS CUENTA DE LO QUE SERÍA QUE TODO ESTUVIERA AQUÍ?
EL KREMLIN
EL LLANERO SOLITARIO
LOS BEATLES
ÁFRICA
CUBA
TODO AQUÍ
EL MURO DE BERLÍN
DISNEYLANDIA
VIETNAM
Jerry Lewis
PELÉ
EL KU-KLUX-KLAN
¿TE DAS REALMENTE CUENTA, FELIP...?
SÍ, SE DA REALMENTE CUENTA
© QUINO

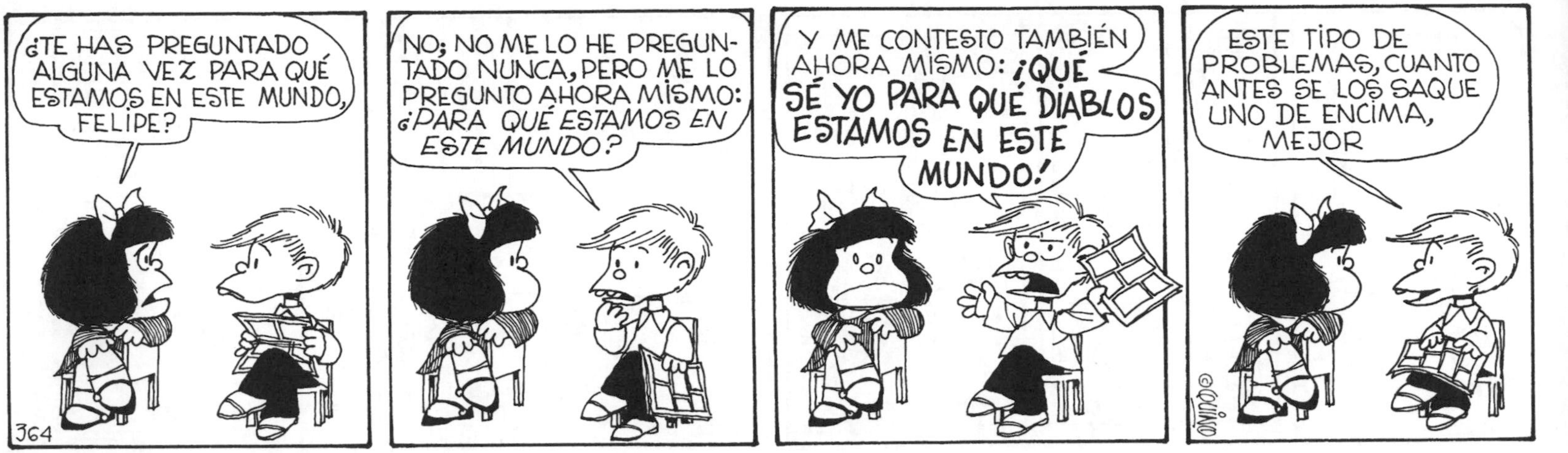
364
¿TE HAS PREGUNTADO ALGUNA VEZ PARA QUÉ ESTAMOS EN ESTE MUNDO, FELIPE?
NO; NO ME LO HE PREGUNTADO NUNCA, PERO ME LO PREGUNTO AHORA MISMO: ¿PARA QUÉ ESTAMOS EN ESTE MUNDO?
Y ME CONTESTO TAMBIÉN AHORA MISMO: ¡QUÉ SÉ YO PARA QUÉ DIABLOS ESTAMOS EN ESTE MUNDO!
ESTE TIPO DE PROBLEMAS, CUANTO ANTES SE LOS SAQUE UNO DE ENCIMA, MEJOR
©QUINO

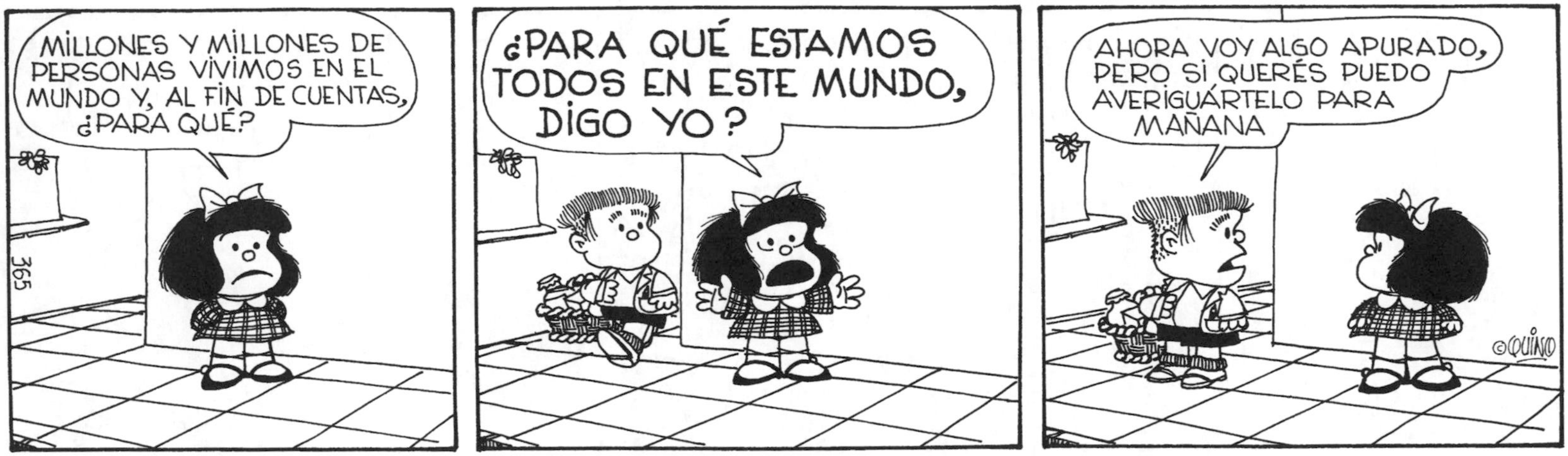
365
MILLONES Y MILLONES DE PERSONAS VIVIMOS EN EL MUNDO Y, AL FIN DE CUENTAS, ¿PARA QUÉ?
¿PARA QUÉ ESTAMOS TODOS EN ESTE MUNDO, DIGO YO?
AHORA VOY ALGO APURADO, PERO SI QUERÉS PUEDO AVERIGUÁRTELO PARA MAÑANA
©QUINO

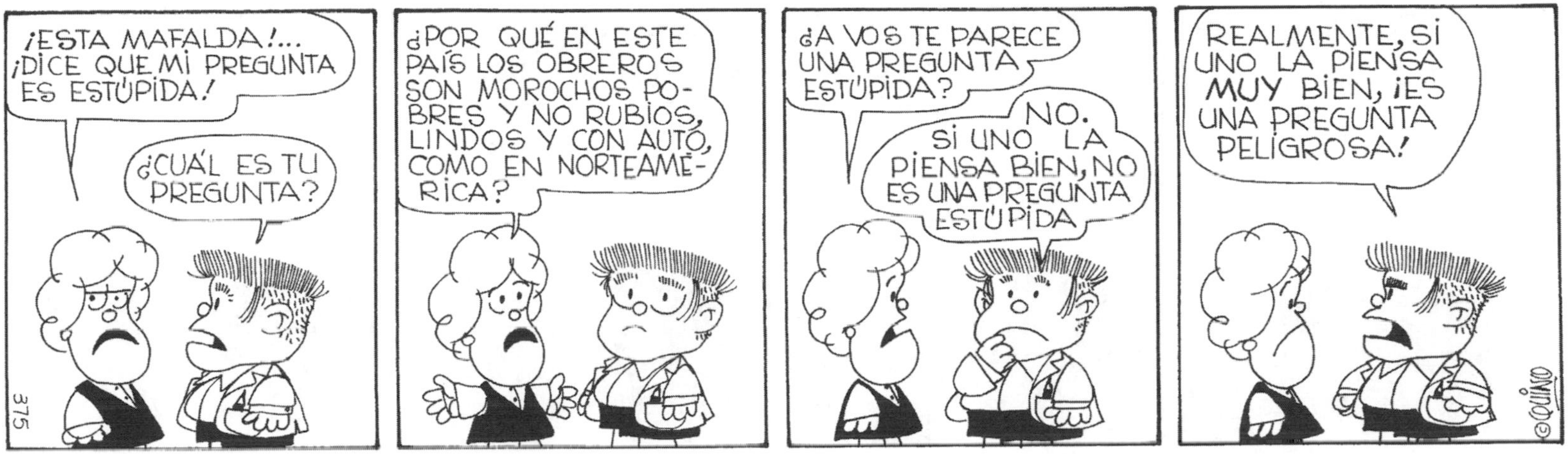
375
¡ESTA MAFALDA!... ¡DICE QUE MI PREGUNTA ES ESTÚPIDA!
¿CUÁL ES TU PREGUNTA?
¿POR QUÉ EN ESTE PAÍS LOS OBREROS SON MOROCHOS POBRES Y NO RUBIOS, LINDOS Y CON AUTO, COMO EN NORTEAMÉRICA?
¿A VOS TE PARECE UNA PREGUNTA ESTÚPIDA?
NO. SI UNO LA PIENSA BIEN, NO ES UNA PREGUNTA ESTÚPIDA
REALMENTE, SI UNO LA PIENSA MUY BIEN, ¡ES UNA PREGUNTA PELIGROSA!
© QUINO

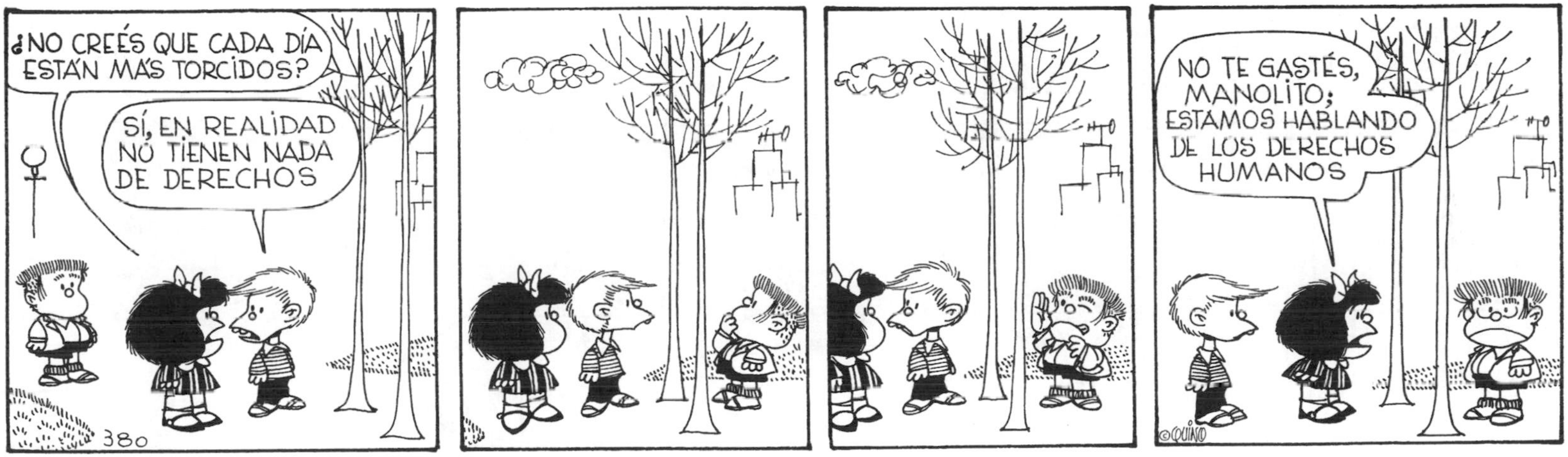
¿NO CREÉS QUE CADA DÍA ESTÁN MÁS TORCIDOS?
SÍ, EN REALIDAD NO TIENEN NADA DE DERECHOS
380
NO TE GASTÉS, MANOLITO; ESTAMOS HABLANDO DE LOS DERECHOS HUMANOS
© QUINO

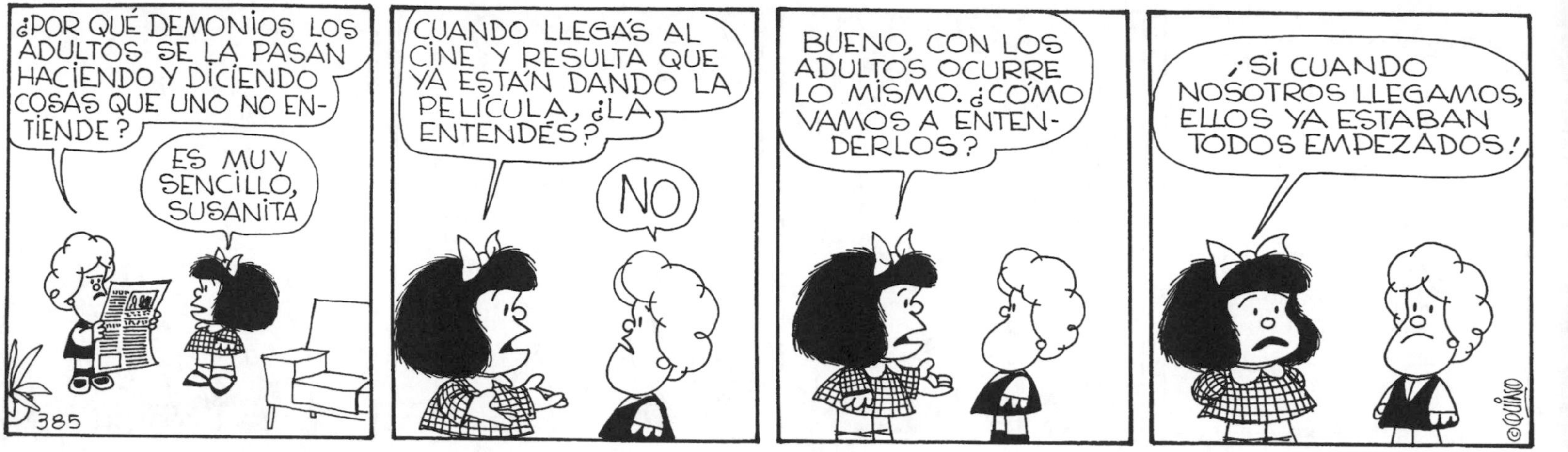
¿POR QUÉ DEMONIOS LOS ADULTOS SE LA PASAN HACIENDO Y DICIENDO COSAS QUE UNO NO EN-TIENDE?
ES MUY SENCILLO, SUSANITA
385
CUANDO LLEGÁS AL CINE Y RESULTA QUE YA ESTÁN DANDO LA PELÍCULA, ¿LA ENTENDÉS?
NO
BUENO, CON LOS ADULTOS OCURRE LO MISMO. ¿CÓMO VAMOS A ENTEN-DERLOS?
¡SI CUANDO NOSOTROS LLEGAMOS, ELLOS YA ESTABAN TODOS EMPEZADOS!
©QUINO

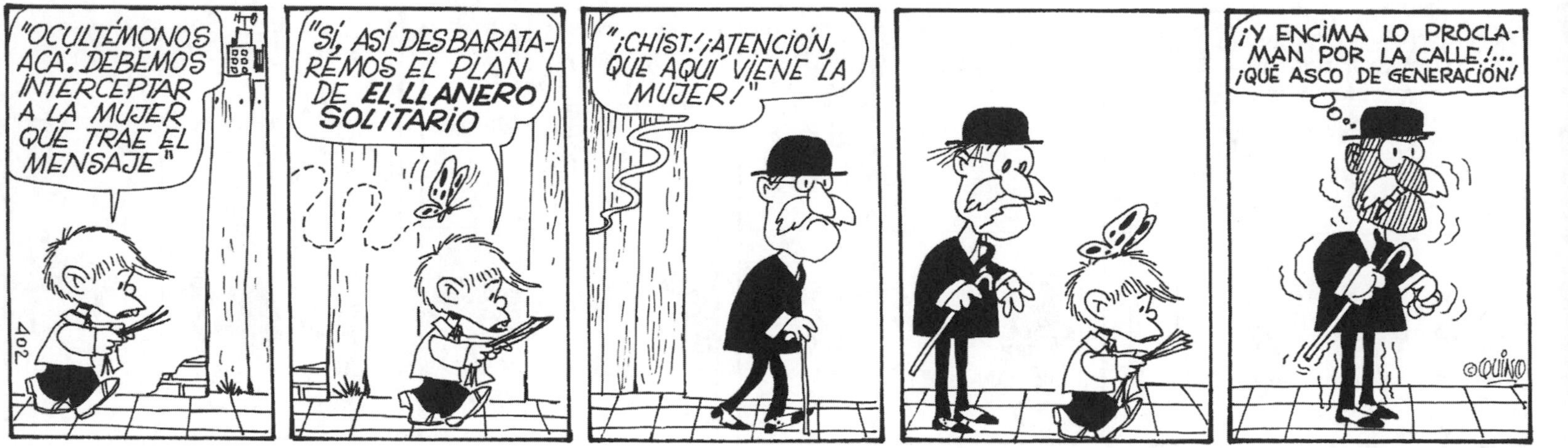
"OCULTÉMONOS ACÁ. DEBEMOS INTERCEPTAR A LA MUJER QUE TRAE EL MENSAJE"
402
"SÍ, ASÍ DESBARATA-RÉMOS EL PLAN DE EL LLANERO SOLITARIO
"¡CHIST! ¡ATENCIÓN, QUE AQUÍ VIENE LA MUJER!"
¡Y ENCIMA LO PROCLA-MAN POR LA CALLE!... ¡QUÉ ASCO DE GENERACIÓN!
©QUINO

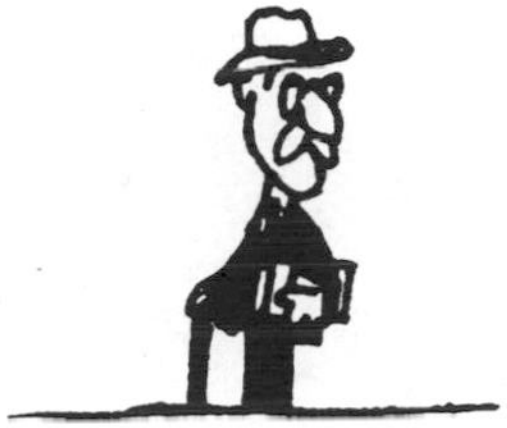

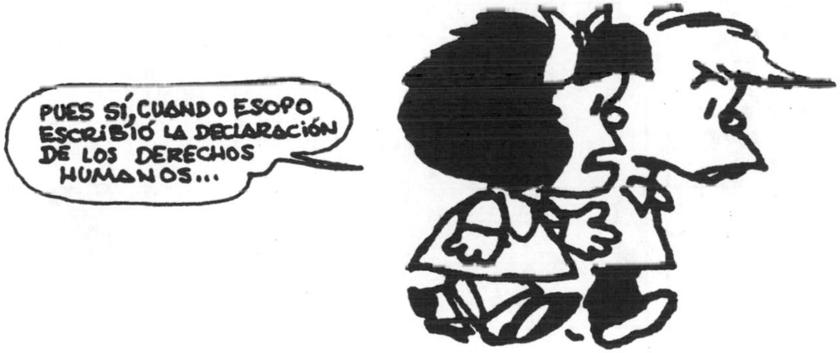
PUES SÍ, CUANDO ESOPO ESCRIBIÓ LA DECLARACIÓN DE LOS DERECHOS HUMANOS...

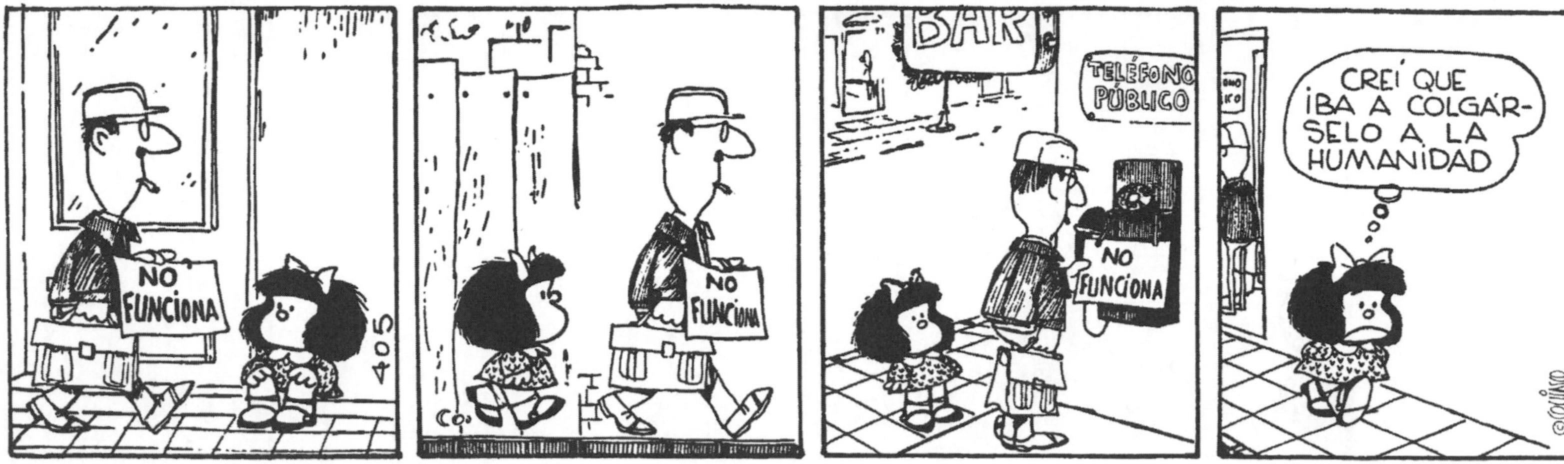
NO FUNCIONA
405
NO FUNCIONA
BAR
TELÉFONO PÚBLICO
NO FUNCIONA
CREÍ QUE IBA A COLGÁRSELO A LA HUMANIDAD
©QUINO

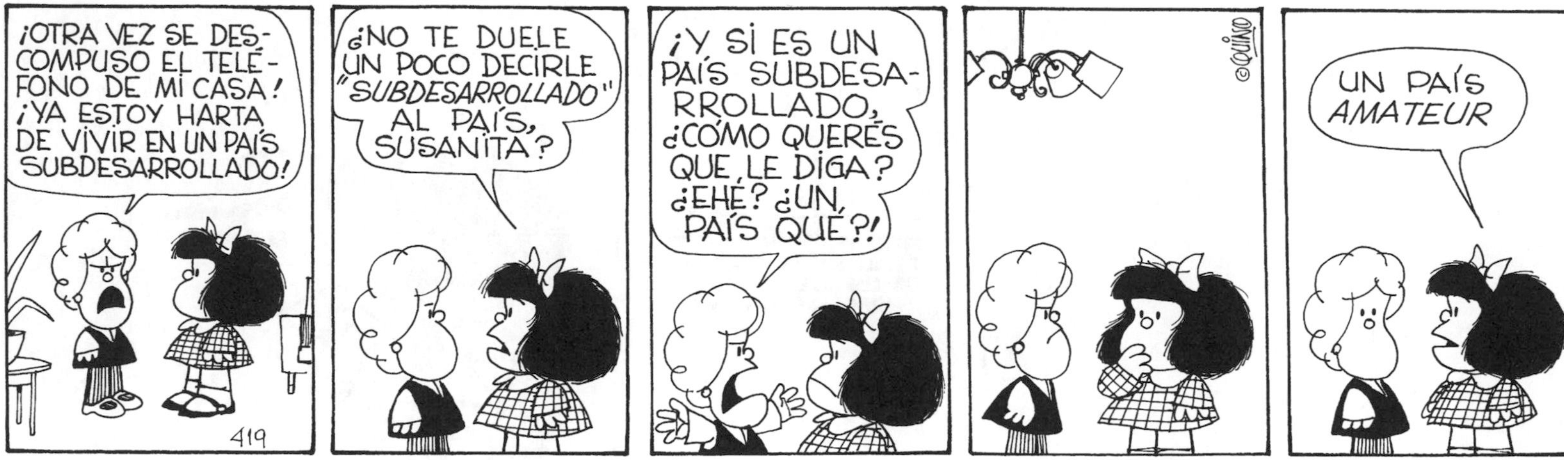
¡OTRA VEZ SE DESCOMPUSO EL TELÉFONO DE MI CASA! ¡YA ESTOY HARTA DE VIVIR EN UN PAÍS SUBDESARROLLADO!
419
¿NO TE DUELE UN POCO DECIRLE "SUBDESARROLLADO" AL PAÍS, SUSANITA?
¡Y SI ES UN PAÍS SUBDESARROLLADO, ¿CÓMO QUERÉS QUE LE DIGA? ¿EHÉ? ¿UN PAÍS QUÉ?!
©QUINO
UN PAÍS AMATEUR

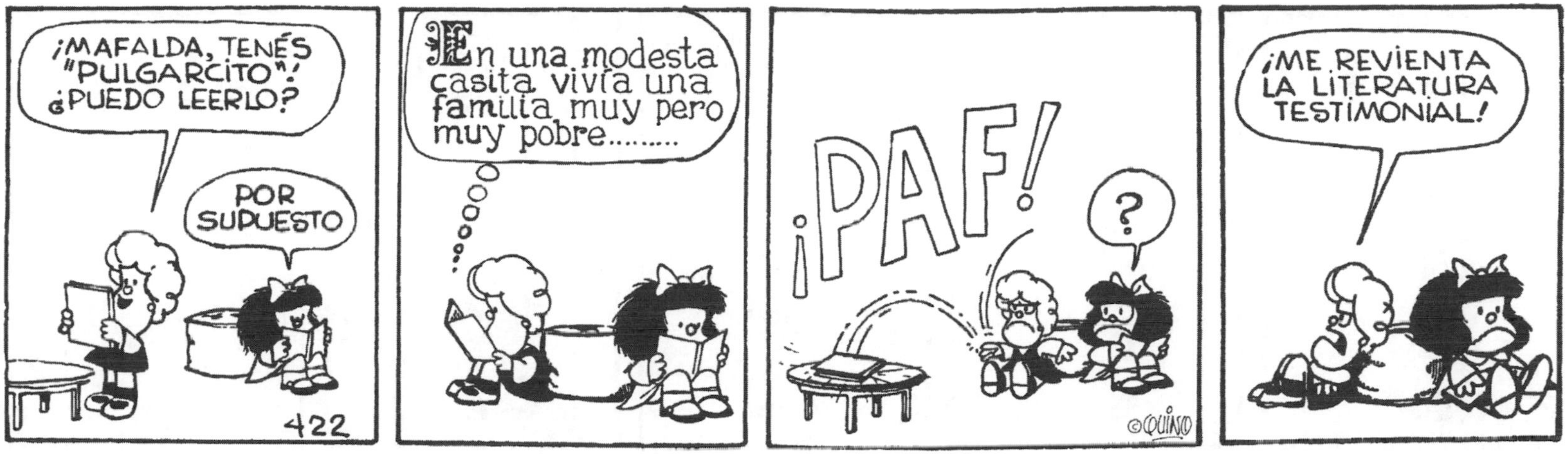

¡MAFALDA, TENÉS "PULGARCITO"! ¿PUEDO LEERLO?
POR SUPUESTO
422
En una modesta casita vivía una familia muy pero muy pobre.........
¡PAF!
?
©QUINO
¡ME REVIENTA LA LITERATURA TESTIMONIAL!

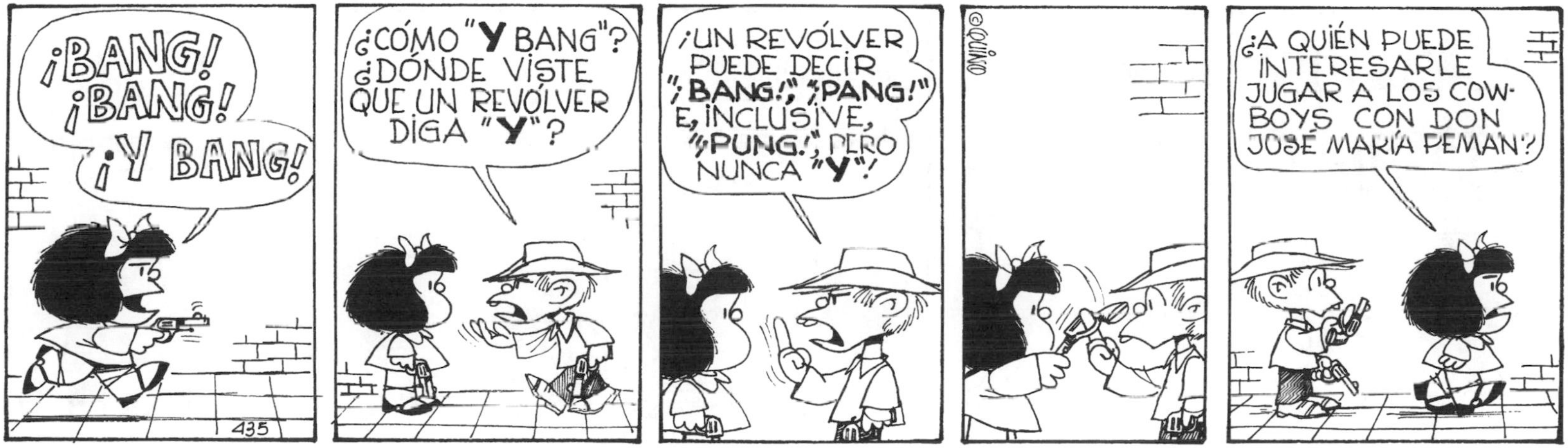

¡BANG! ¡BANG! ¡Y BANG!
435
¿CÓMO "Y BANG"? ¿DÓNDE VISTE QUE UN REVÓLVER DIGA "Y"?
¡UN REVÓLVER PUEDE DECIR "¡BANG!", "¡PANG!" E, INCLUSIVE, "¡PUNG!", PERO NUNCA "Y"!
©QUINO
¿A QUIÉN PUEDE INTERESARLE JUGAR A LOS COW-BOYS CON DON JOSÉ MARÍA PEMÁN?

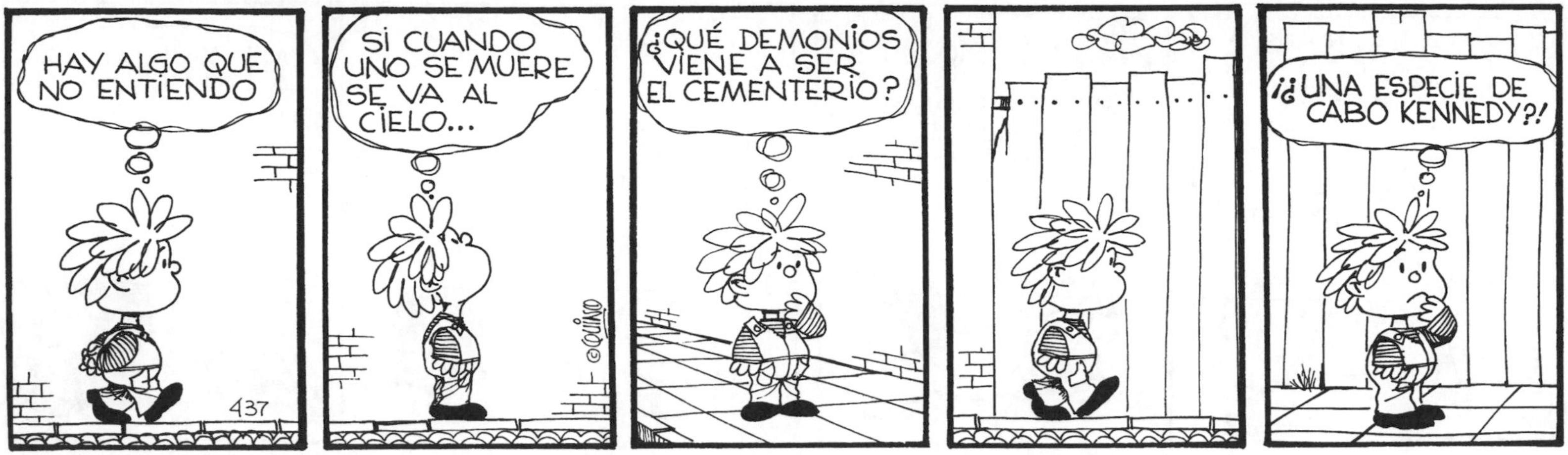
HAY ALGO QUE NO ENTIENDO
437
SI CUANDO UNO SE MUERE SE VA AL CIELO...
©QUINO
¿QUÉ DEMONIOS VIENE A SER EL CEMENTERIO?
¡¿UNA ESPECIE DE CABO KENNEDY?!

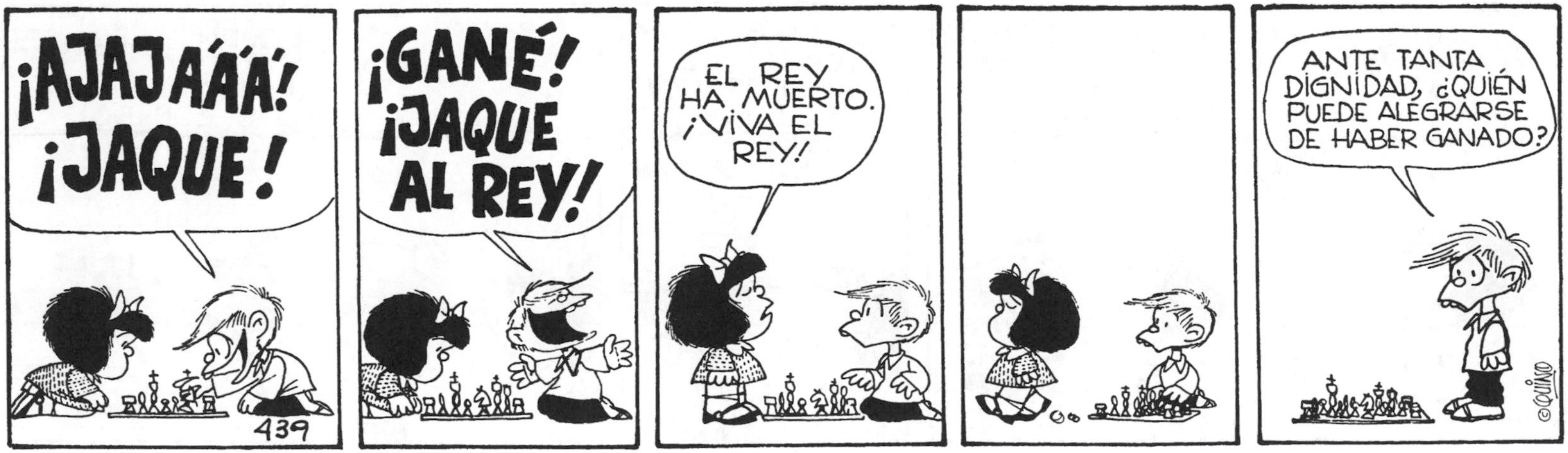
¡AJAJÁÁÁ! ¡JAQUE!
439
¡GANÉ! ¡JAQUE AL REY!
EL REY HA MUERTO. ¡VIVA EL REY!
ANTE TANTA DIGNIDAD, ¿QUIÉN PUEDE ALEGRARSE DE HABER GANADO?
©QUINO

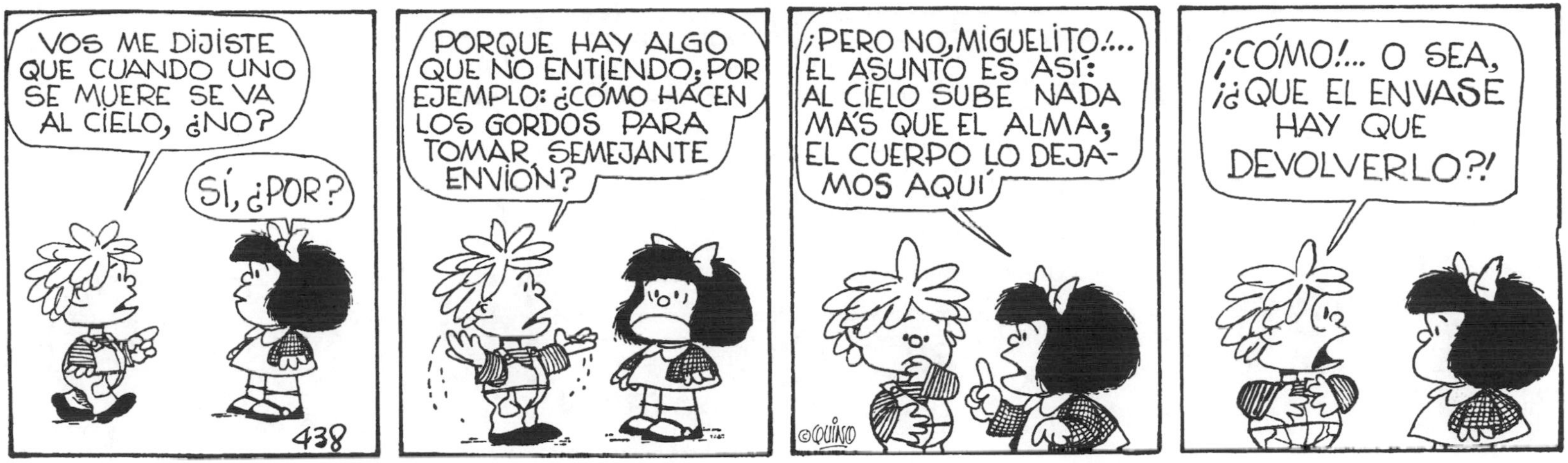
VOS ME DIJISTE QUE CUANDO UNO SE MUERE SE VA AL CIELO, ¿NO?
SÍ, ¿POR?
438
PORQUE HAY ALGO QUE NO ENTIENDO; POR EJEMPLO: ¿CÓMO HACEN LOS GORDOS PARA TOMAR SEMEJANTE ENVIÓN?
¡PERO NO, MIGUELITO!... EL ASUNTO ES ASÍ: AL CIELO SUBE NADA MÁS QUE EL ALMA; EL CUERPO LO DEJAMOS AQUÍ
©QUINO
¡CÓMO!... O SEA, ¡¿QUE EL ENVASE HAY QUE DEVOLVERLO?!

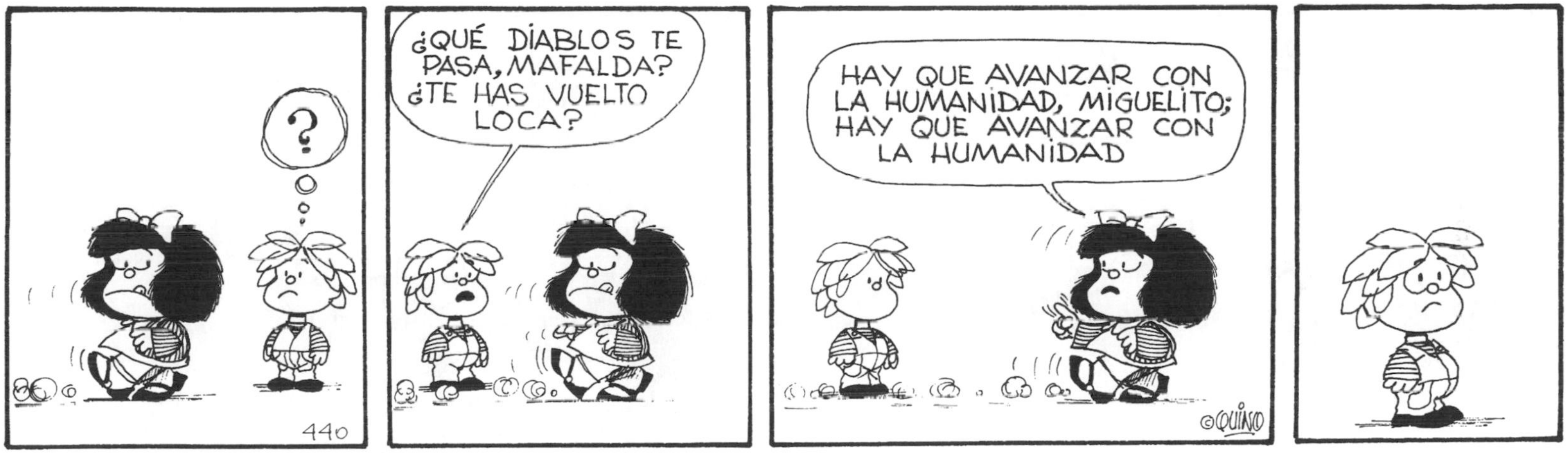
?
440
¿QUÉ DIABLOS TE PASA, MAFALDA? ¿TE HAS VUELTO LOCA?
HAY QUE AVANZAR CON LA HUMANIDAD, MIGUELITO; HAY QUE AVANZAR CON LA HUMANIDAD
©QUINO

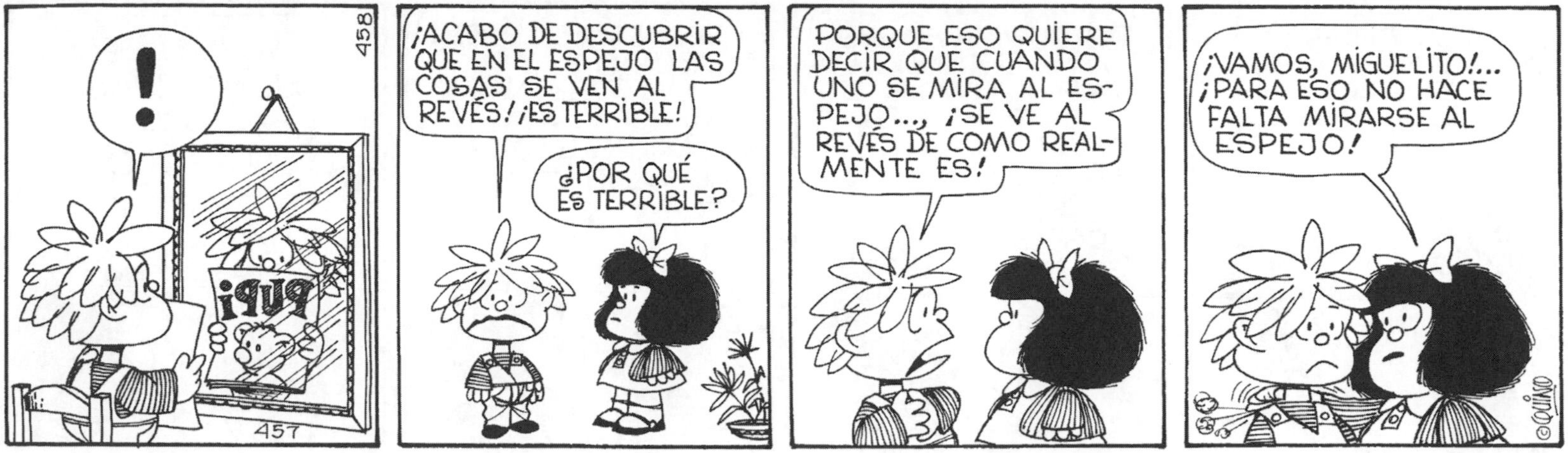
458
!
457
¡ACABO DE DESCUBRIR QUE EN EL ESPEJO LAS COSAS SE VEN AL REVÉS! ¡ES TERRIBLE!
¿POR QUÉ ES TERRIBLE?
PORQUE ESO QUIERE DECIR QUE CUANDO UNO SE MIRA AL ESPEJO..., ¡SE VE AL REVÉS DE COMO REALMENTE ES!
¡VAMOS, MIGUELITO!... ¡PARA ESO NO HACE FALTA MIRARSE AL ESPEJO!
©QUINO

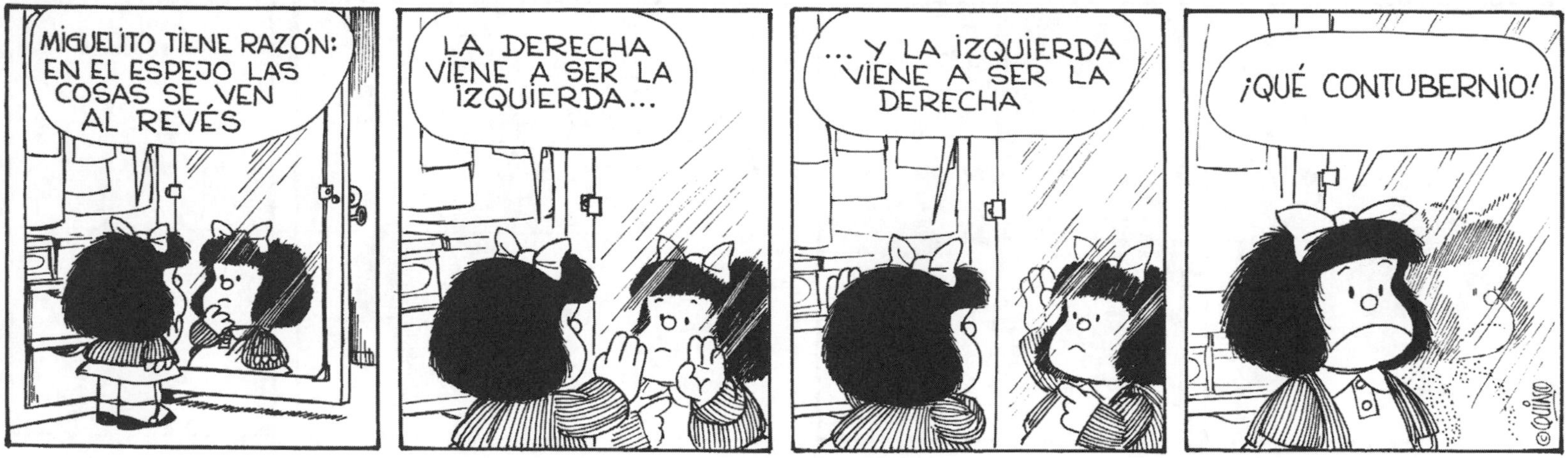
MIGUELITO TIENE RAZÓN: EN EL ESPEJO LAS COSAS SE VEN AL REVÉS
LA DERECHA VIENE A SER LA IZQUIERDA...
... Y LA IZQUIERDA VIENE A SER LA DERECHA
¡QUÉ CONTUBERNIO!
©QUINO

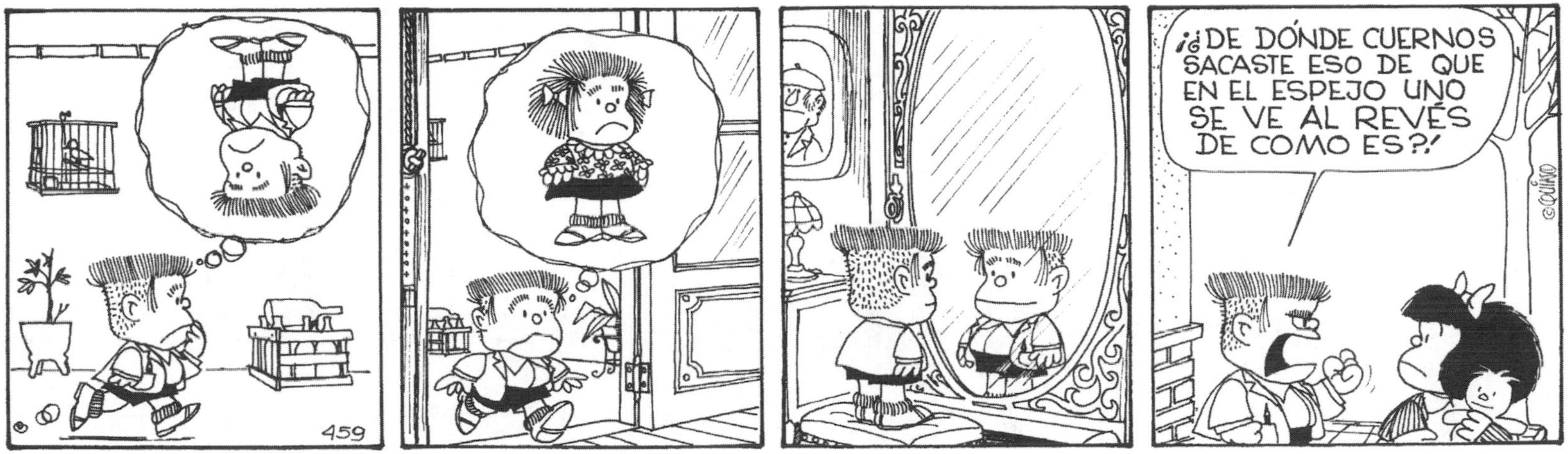
459
¡¿DE DÓNDE CUERNOS SACASTE ESO DE QUE EN EL ESPEJO UNO SE VE AL REVÉS DE COMO ES?!
©QUINO

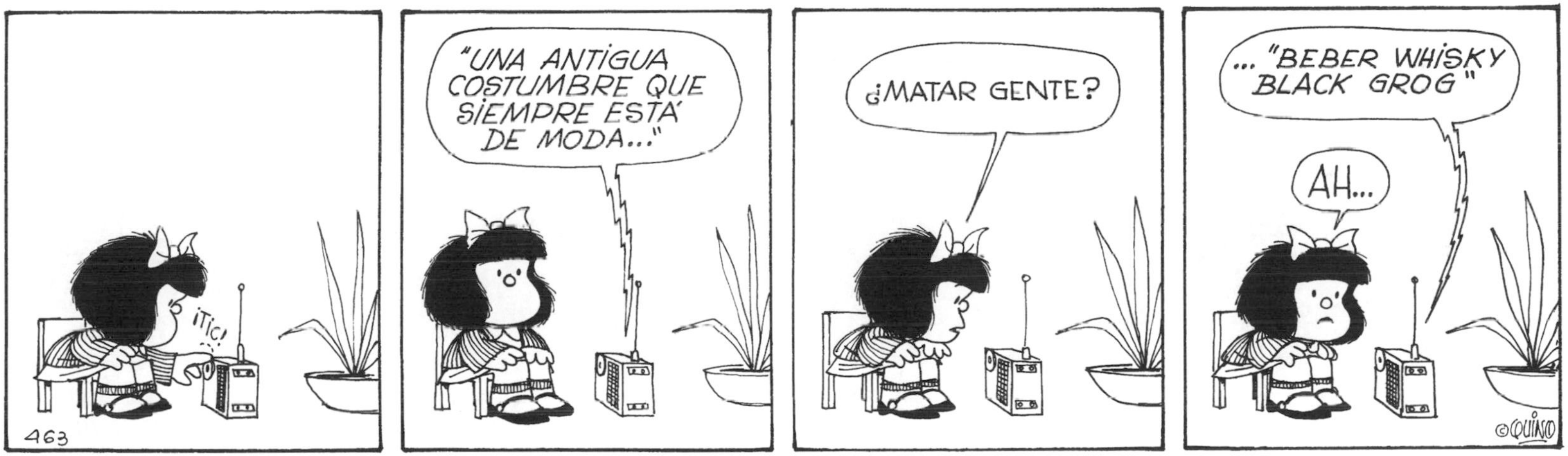
463
¡TIC!
"UNA ANTIGUA COSTUMBRE QUE SIEMPRE ESTÁ DE MODA..."
¿MATAR GENTE?
..."BEBER WHISKY BLACK GROG"
AH...
©QUINO

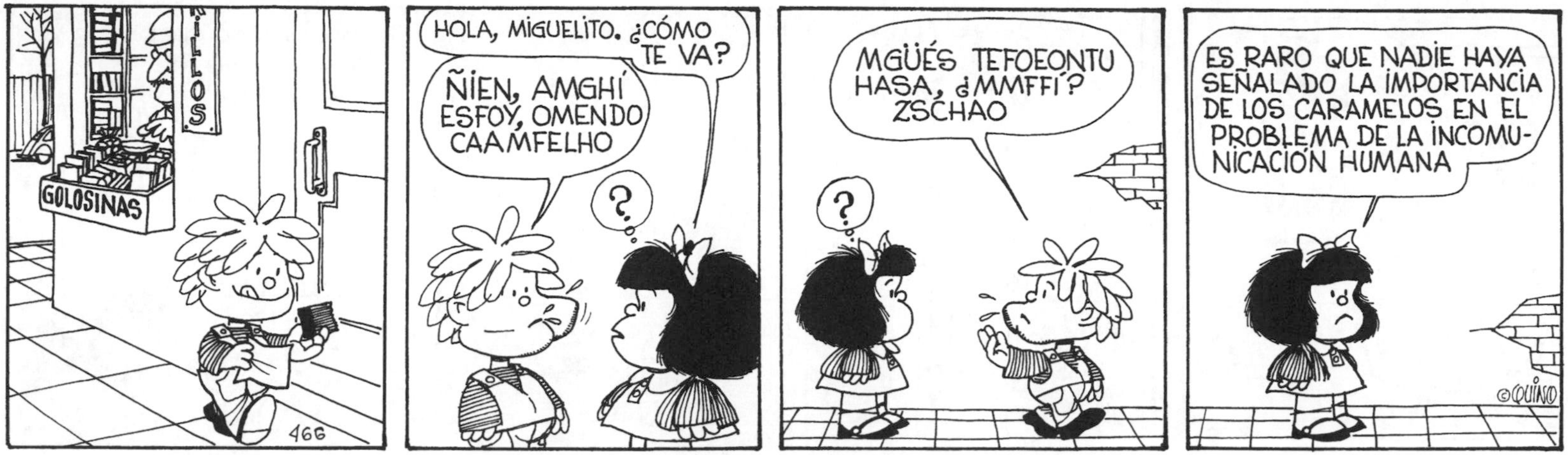
GOLOSINAS
466
HOLA, MIGUELITO. ¿CÓMO TE VA?
ÑIEN, AMGHÍ ESFOY, OMENDO CAAMFELHO
?
?
MGÜÉS TEFOEONTU HASA, ¿MMFFÍ? ZSCHAO
ES RARO QUE NADIE HAYA SEÑALADO LA IMPORTANCIA DE LOS CARAMELOS EN EL PROBLEMA DE LA INCOMUNICACIÓN HUMANA
©QUINO

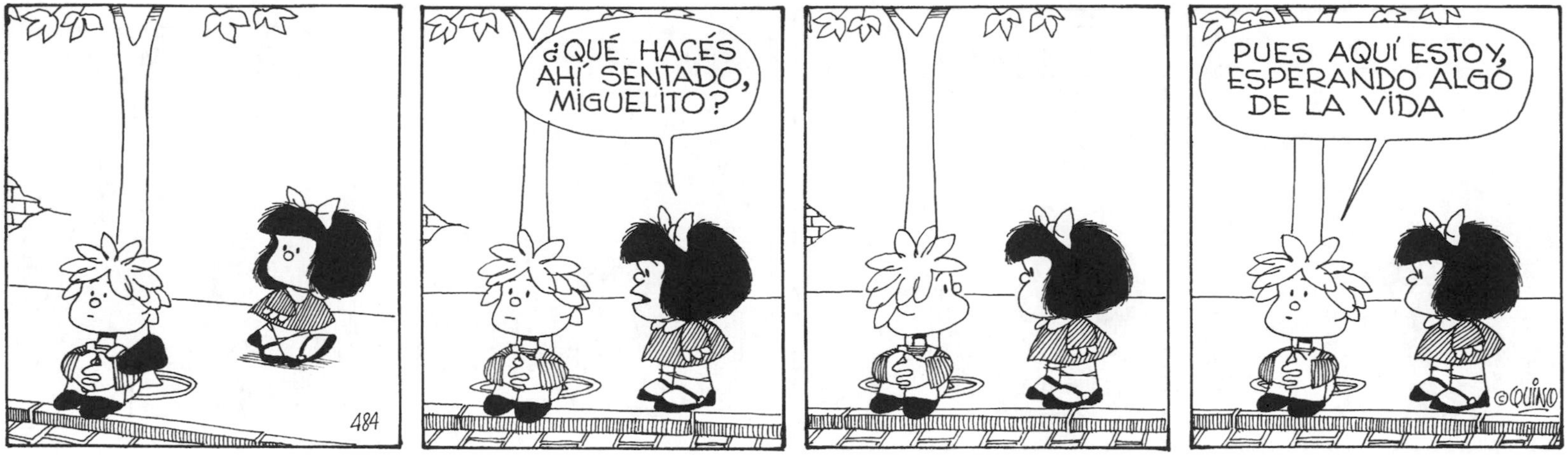
484
¿QUÉ HACÉS AHÍ SENTADO, MIGUELITO?
PUES AQUÍ ESTOY, ESPERANDO ALGO DE LA VIDA
©QUINO

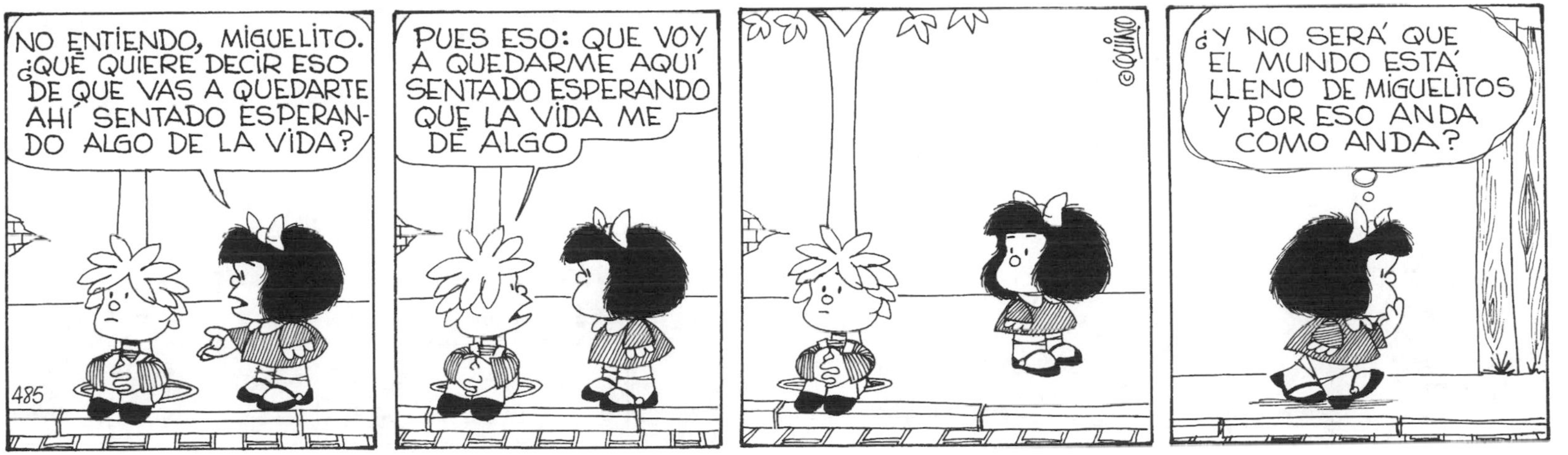
485
NO ENTIENDO, MIGUELITO. ¿QUÉ QUIERE DECIR ESO DE QUE VAS A QUEDARTE AHÍ SENTADO ESPERANDO ALGO DE LA VIDA?
PUES ESO: QUE VOY A QUEDARME AQUÍ SENTADO ESPERANDO QUE LA VIDA ME DÉ ALGO
©QUINO
¿Y NO SERÁ QUE EL MUNDO ESTÁ LLENO DE MIGUELITOS Y POR ESO ANDA COMO ANDA?

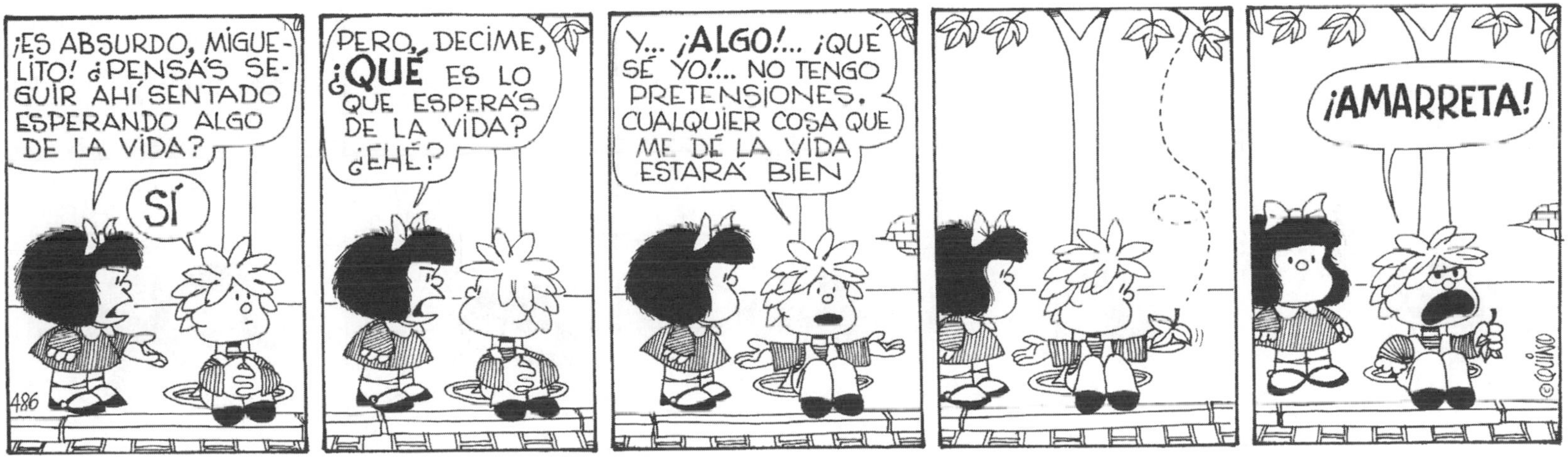
486
¡ES ABSURDO, MIGUELITO! ¿PENSÁS SEGUIR AHÍ SENTADO ESPERANDO ALGO DE LA VIDA?
SÍ
PERO, DECIME, ¿QUÉ ES LO QUE ESPERÁS DE LA VIDA? ¿EHÉ?
Y... ¡ALGO!... ¡QUÉ SÉ YO!... NO TENGO PRETENSIONES. CUALQUIER COSA QUE ME DÉ LA VIDA ESTARÁ BIEN
¡AMARRETA!
©QUINO

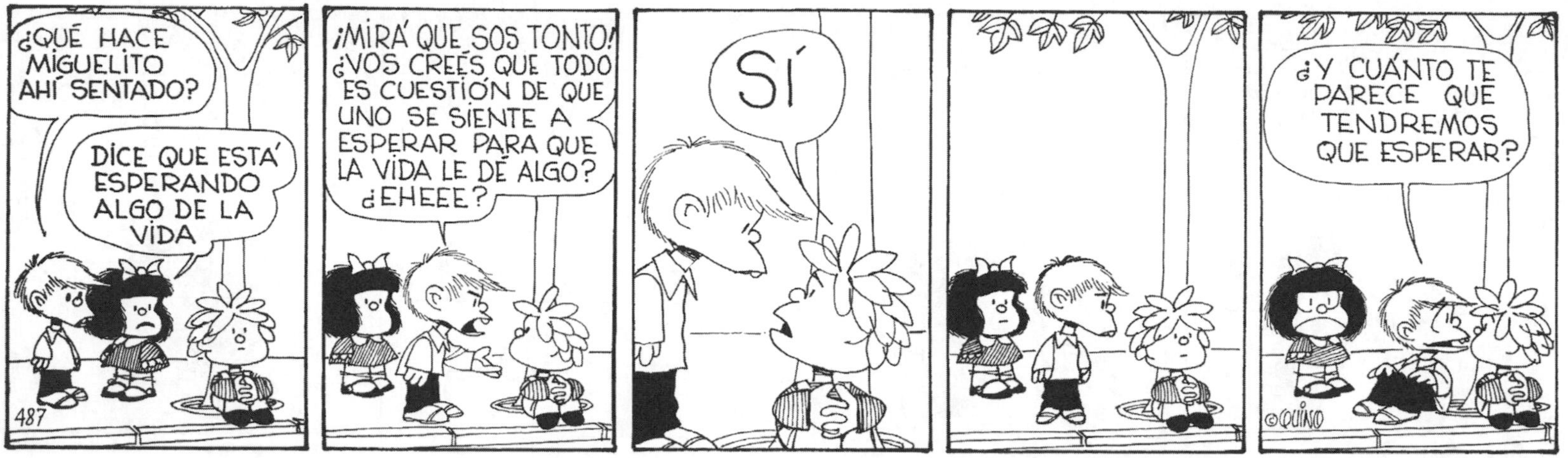
¿QUÉ HACE MIGUELITO AHÍ SENTADO?
DICE QUE ESTÁ ESPERANDO ALGO DE LA VIDA
487
¡MIRÁ QUE SOS TONTO! ¿VOS CREÉS QUE TODO ES CUESTIÓN DE QUE UNO SE SIENTE A ESPERAR PARA QUE LA VIDA LE DÉ ALGO? ¿EHEEE?
SÍ
¿Y CUÁNTO TE PARECE QUE TENDREMOS QUE ESPERAR?
©QUINO

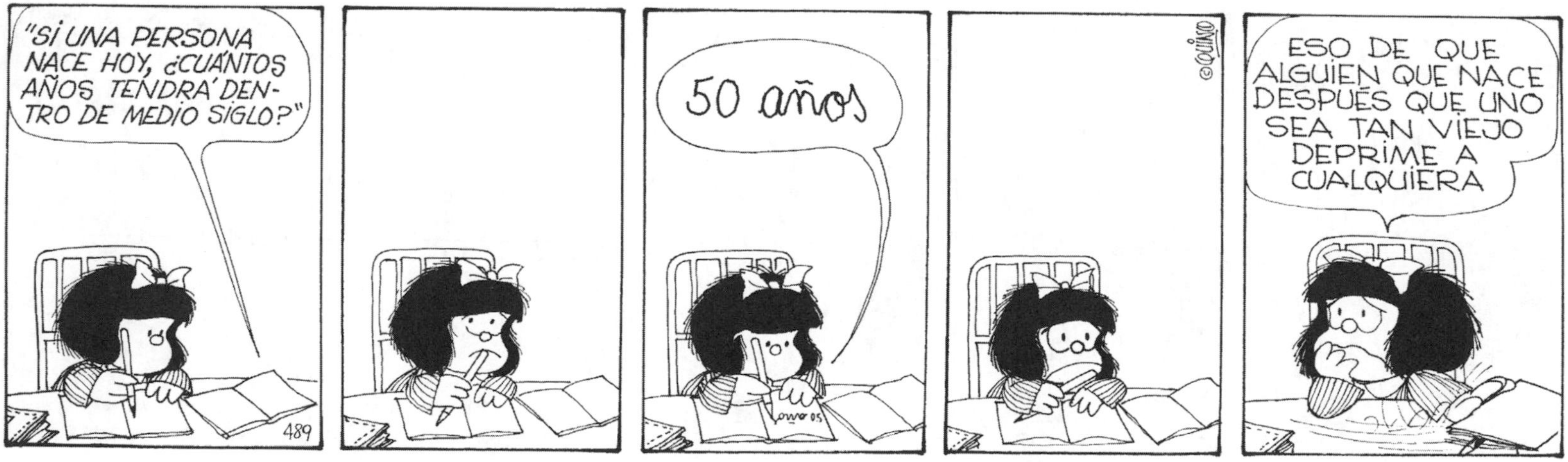
"SI UNA PERSONA NACE HOY, ¿CUÁNTOS AÑOS TENDRÁ DENTRO DE MEDIO SIGLO?"
489
50 años
©QUINO
ESO DE QUE ALGUIEN QUE NACE DESPUÉS QUE UNO SEA TAN VIEJO DEPRIME A CUALQUIERA

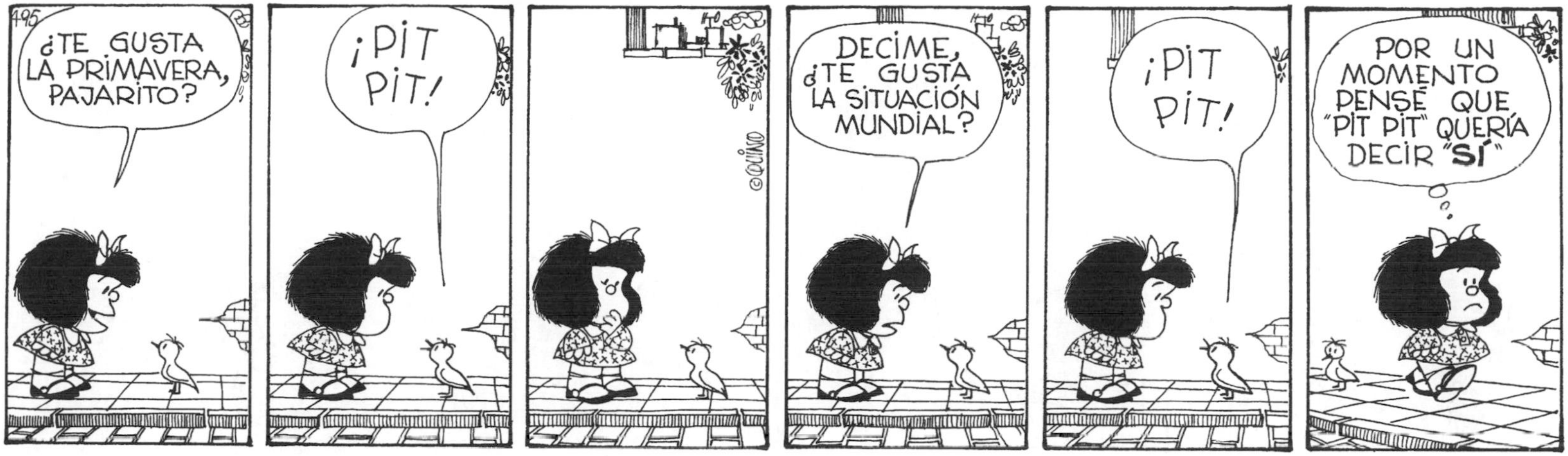
495
¿TE GUSTA LA PRIMAVERA, PAJARITO?
¡PIT PIT!
©QUINO
DECIME, ¿TE GUSTA LA SITUACIÓN MUNDIAL?
¡PIT PIT!
POR UN MOMENTO PENSÉ QUE "PIT PIT" QUERÍA DECIR "SÍ"

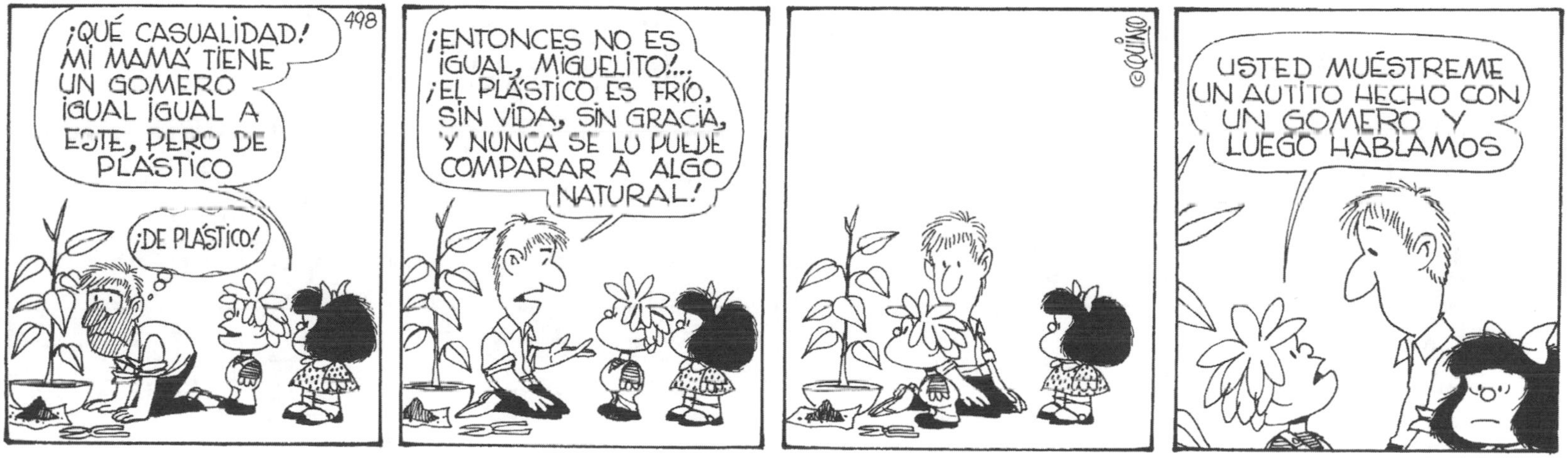
498
¡QUÉ CASUALIDAD! MI MAMÁ TIENE UN GOMERO IGUAL IGUAL A ESTE, PERO DE PLÁSTICO
¡DE PLÁSTICO!
¡ENTONCES NO ES IGUAL, MIGUELITO!... ¡EL PLÁSTICO ES FRÍO, SIN VIDA, SIN GRACIA, Y NUNCA SE LO PUEDE COMPARAR A ALGO NATURAL!
©QUINO
USTED MUÉSTREME UN AUTITO HECHO CON UN GOMERO Y LUEGO HABLAMOS

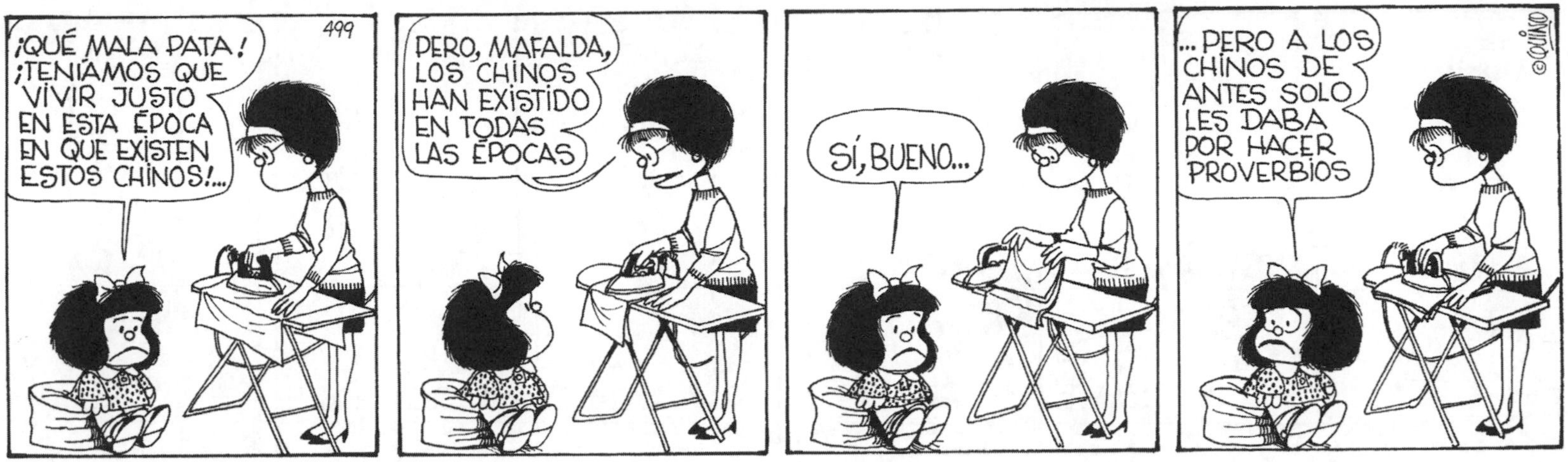
499
¡QUÉ MALA PATA! ¡TENÍAMOS QUE VIVIR JUSTO EN ESTA ÉPOCA EN QUE EXISTEN ESTOS CHINOS!...
PERO, MAFALDA, LOS CHINOS HAN EXISTIDO EN TODAS LAS ÉPOCAS
SÍ, BUENO...
... PERO A LOS CHINOS DE ANTES SOLO LES DABA POR HACER PROVERBIOS
©QUINO

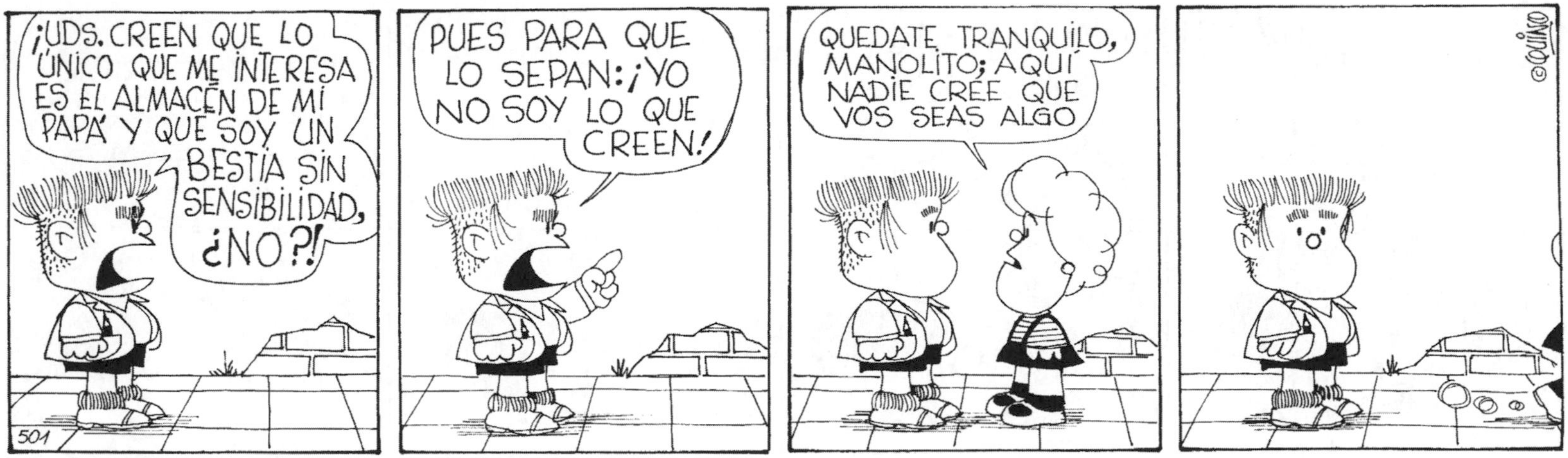
¡UDS. CREEN QUE LO ÚNICO QUE ME INTERESA ES EL ALMACÉN DE MI PAPÁ Y QUE SOY UN BESTIA SIN SENSIBILIDAD, ¿NO?!
501
PUES PARA QUE LO SEPAN: ¡YO NO SOY LO QUE CREEN!
QUEDATE TRANQUILO, MANOLITO; AQUÍ NADIE CREE QUE VOS SEAS ALGO
©QUINO

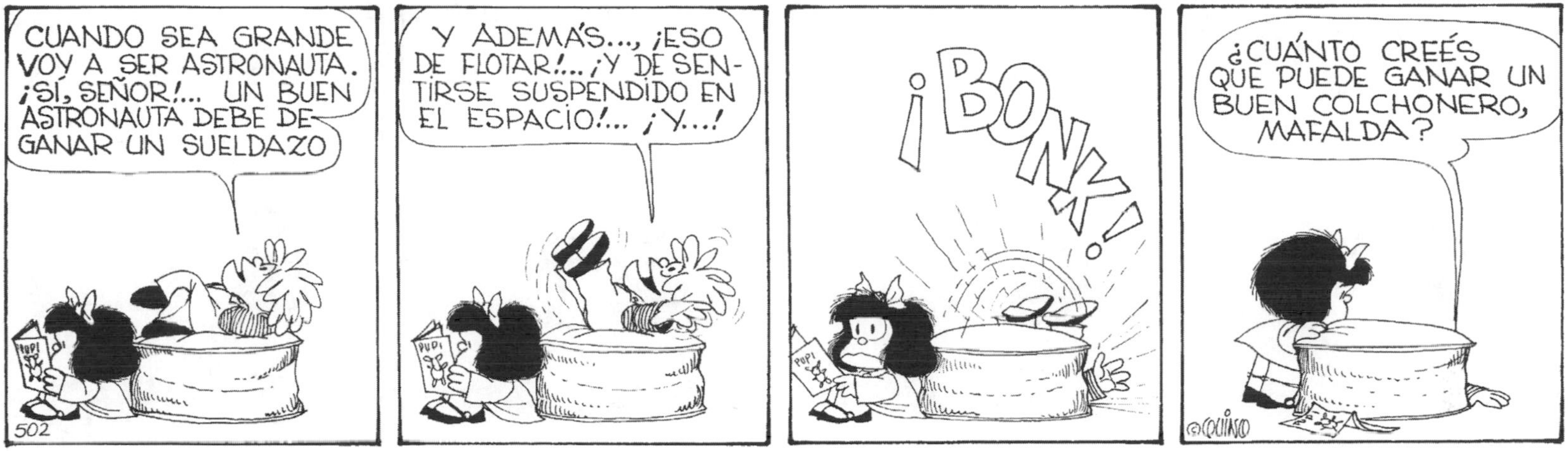
CUANDO SEA GRANDE VOY A SER ASTRONAUTA. ¡SÍ, SEÑOR!... UN BUEN ASTRONAUTA DEBE DE GANAR UN SUELDAZO
502
Y ADEMÁS..., ¡ESO DE FLOTAR!... ¡Y DE SENTIRSE SUSPENDIDO EN EL ESPACIO!... ¡Y...!
¡BONK!
¿CUÁNTO CREÉS QUE PUEDE GANAR UN BUEN COLCHONERO, MAFALDA?
©QUINO

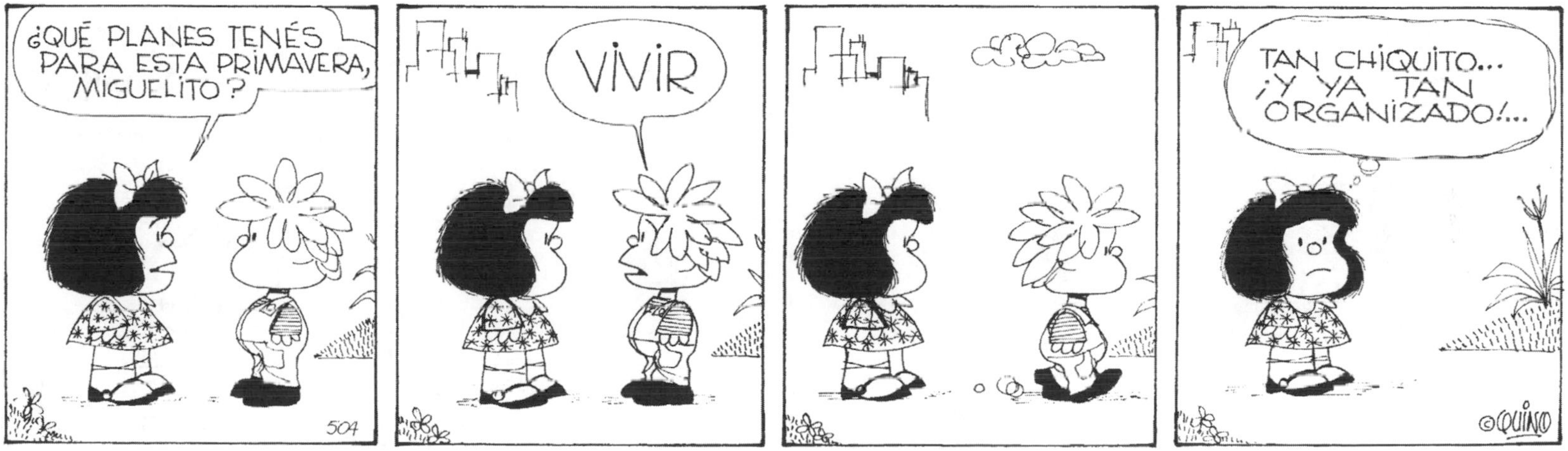
¿QUÉ PLANES TENÉS PARA ESTA PRIMAVERA, MIGUELITO?
504
VIVIR
TAN CHIQUITO... ¡Y YA TAN ORGANIZADO!...
©QUINO

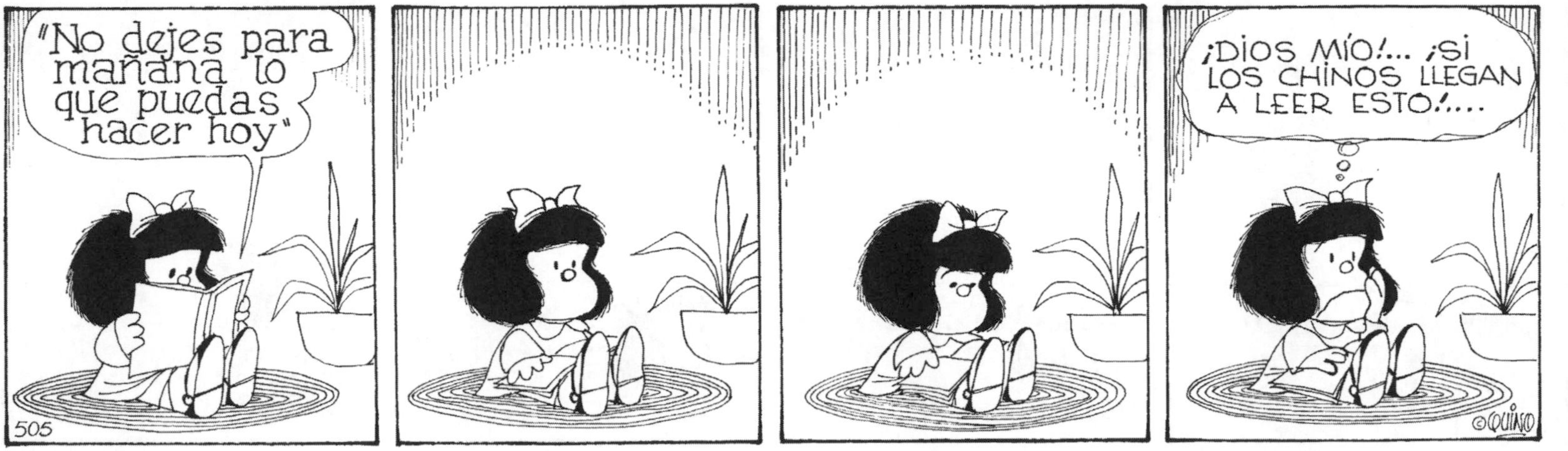
"No dejes para mañana lo que puedas hacer hoy"
505
¡DIOS MÍO!... ¡SI LOS CHINOS LLEGAN A LEER ESTO!...
©QUINO

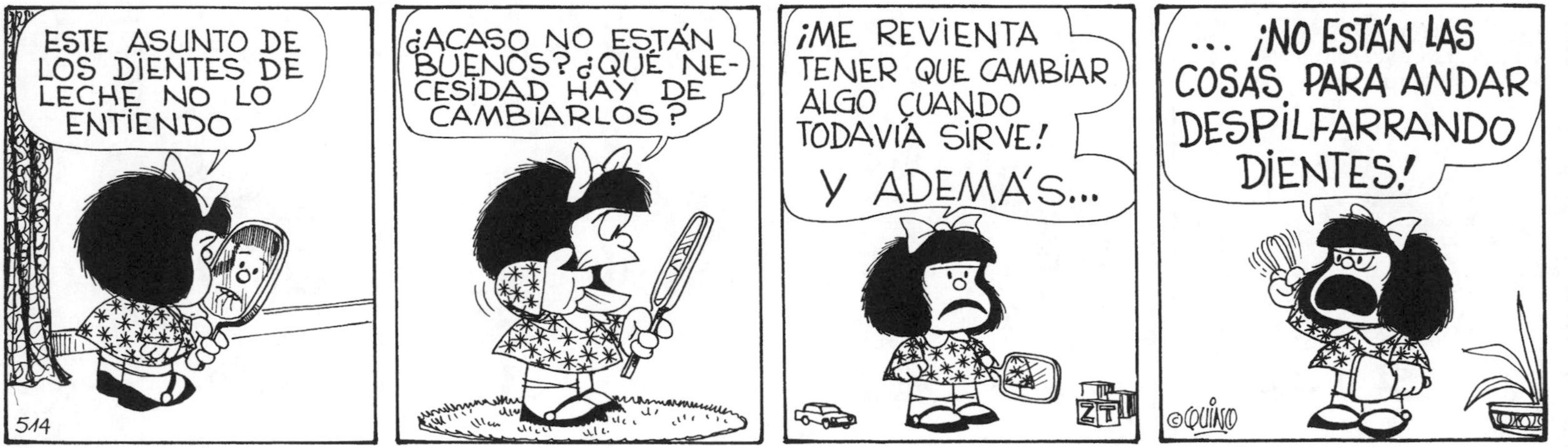
ESTE ASUNTO DE LOS DIENTES DE LECHE NO LO ENTIENDO
514
¿ACASO NO ESTÁN BUENOS? ¿QUÉ NECESIDAD HAY DE CAMBIARLOS?
¡ME REVIENTA TENER QUE CAMBIAR ALGO CUANDO TODAVÍA SIRVE!
Y ADEMÁS...
... ¡NO ESTÁN LAS COSAS PARA ANDAR DESPILFARRANDO DIENTES!
©QUINO

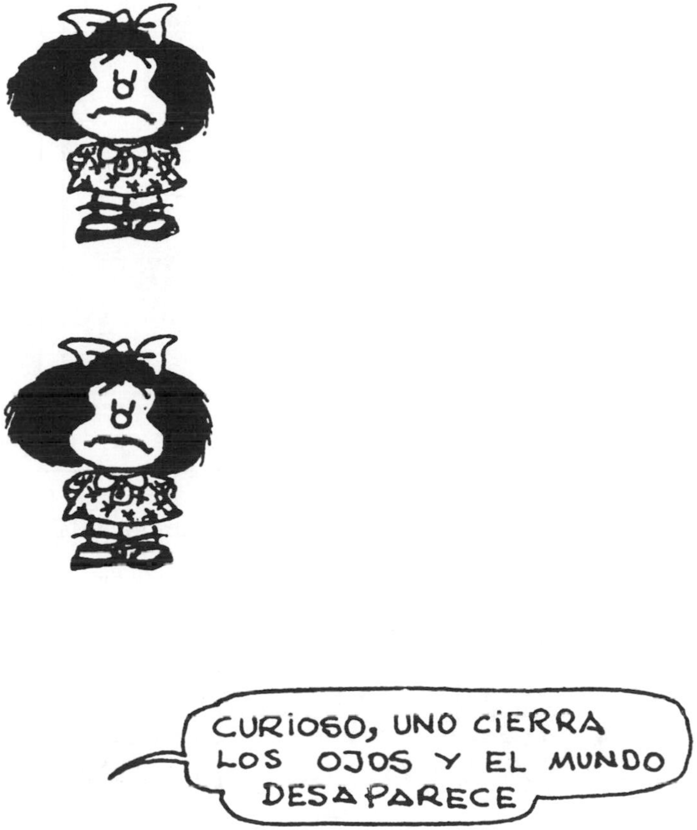
CURIOSO, UNO CIERRA LOS OJOS Y EL MUNDO DESAPARECE

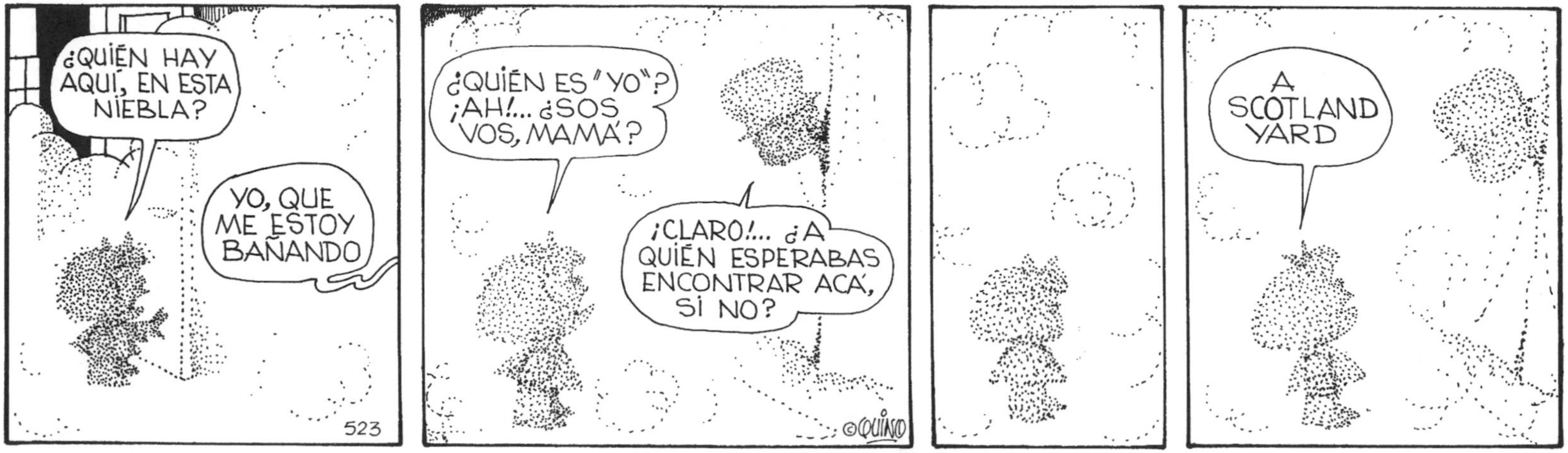

¿QUIÉN HAY AQUÍ, EN ESTA NIEBLA?
YO, QUE ME ESTOY BAÑANDO
523
¿QUIÉN ES "YO"? ¡AH!... ¿SOS VOS, MAMÁ?
¡CLARO!... ¿A QUIÉN ESPERABAS ENCONTRAR ACÁ, SI NO?
©QUINO
A SCOTLAND YARD

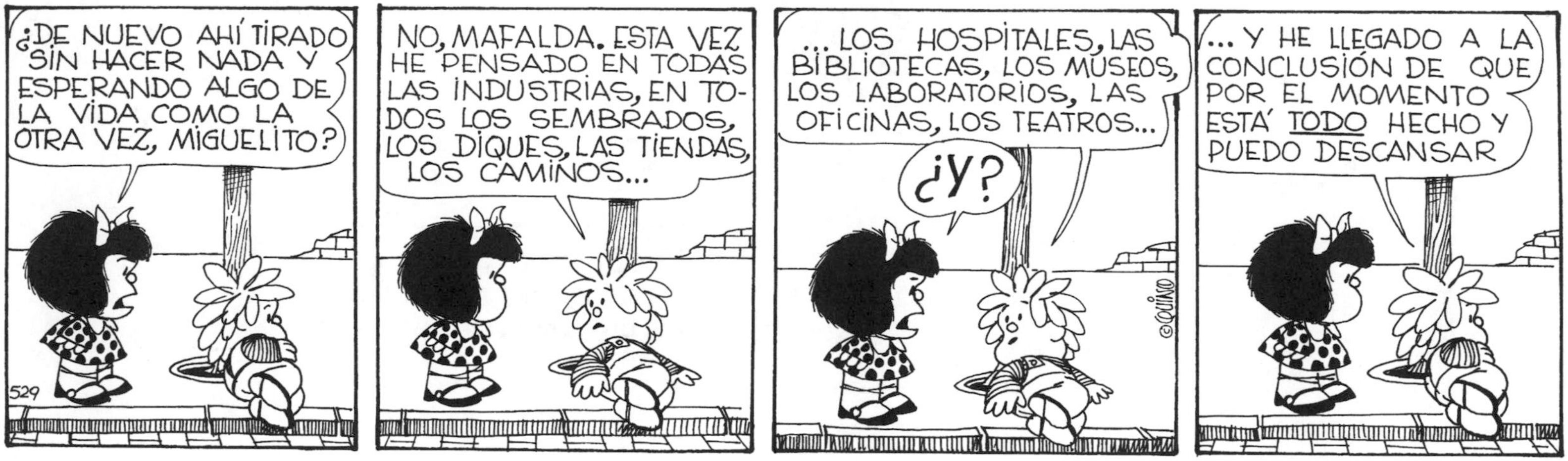

¿DE NUEVO AHÍ TIRADO SIN HACER NADA Y ESPERANDO ALGO DE LA VIDA COMO LA OTRA VEZ, MIGUELITO?
529
NO, MAFALDA. ESTA VEZ HE PENSADO EN TODAS LAS INDUSTRIAS, EN TODOS LOS SEMBRADOS, LOS DIQUES, LAS TIENDAS, LOS CAMINOS...
... LOS HOSPITALES, LAS BIBLIOTECAS, LOS MUSEOS, LOS LABORATORIOS, LAS OFICINAS, LOS TEATROS...
¿Y?
©QUINO
... Y HE LLEGADO A LA CONCLUSIÓN DE QUE POR EL MOMENTO ESTÁ TODO HECHO Y PUEDO DESCANSAR

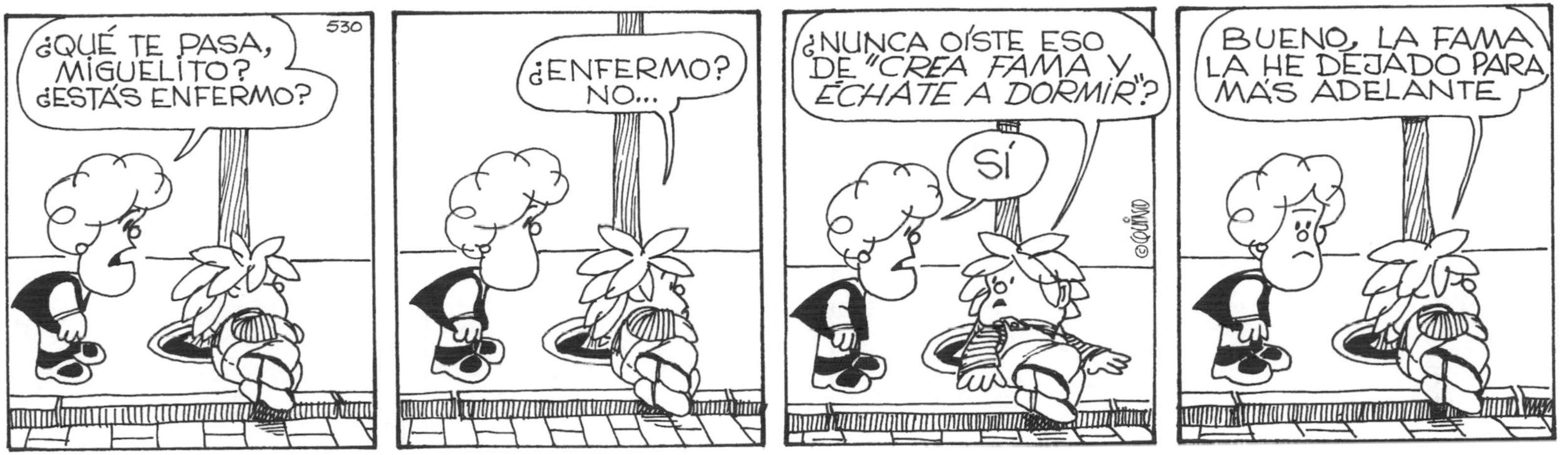
530
¿QUÉ TE PASA, MIGUELITO? ¿ESTÁS ENFERMO?
¿ENFERMO? NO...
¿NUNCA OÍSTE ESO DE *"CREA FAMA Y ÉCHATE A DORMIR"*?
SÍ
BUENO, LA FAMA LA HE DEJADO PARA MÁS ADELANTE
©QUINO

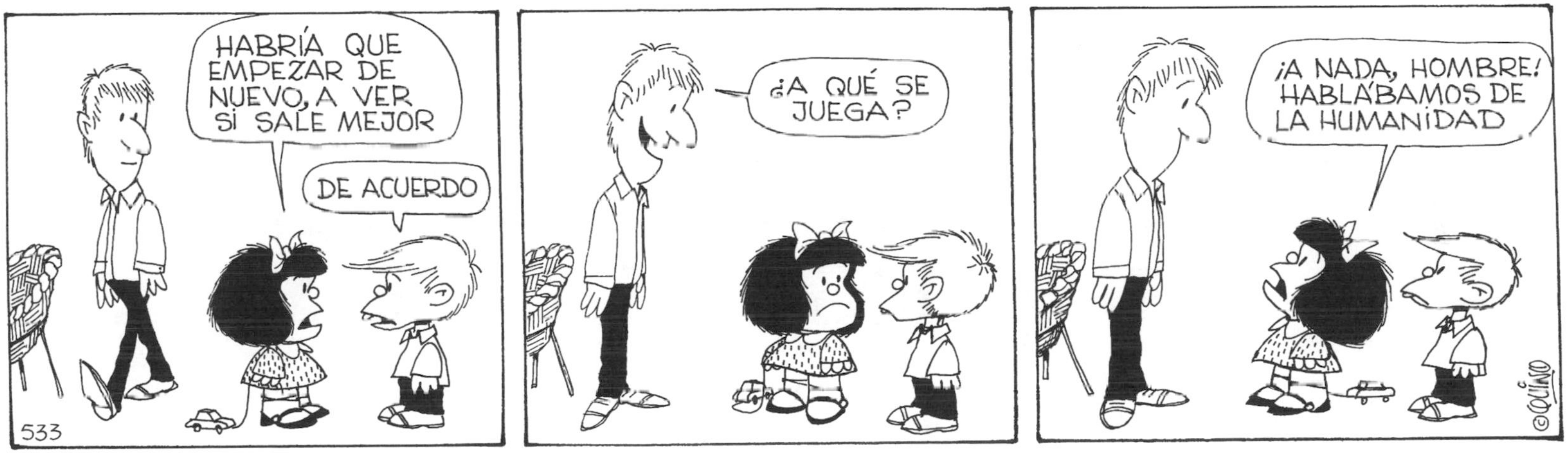
533
HABRÍA QUE EMPEZAR DE NUEVO, A VER SI SALE MEJOR
DE ACUERDO
¿A QUÉ SE JUEGA?
¡A NADA, HOMBRE! HABLÁBAMOS DE LA HUMANIDAD
©QUINO

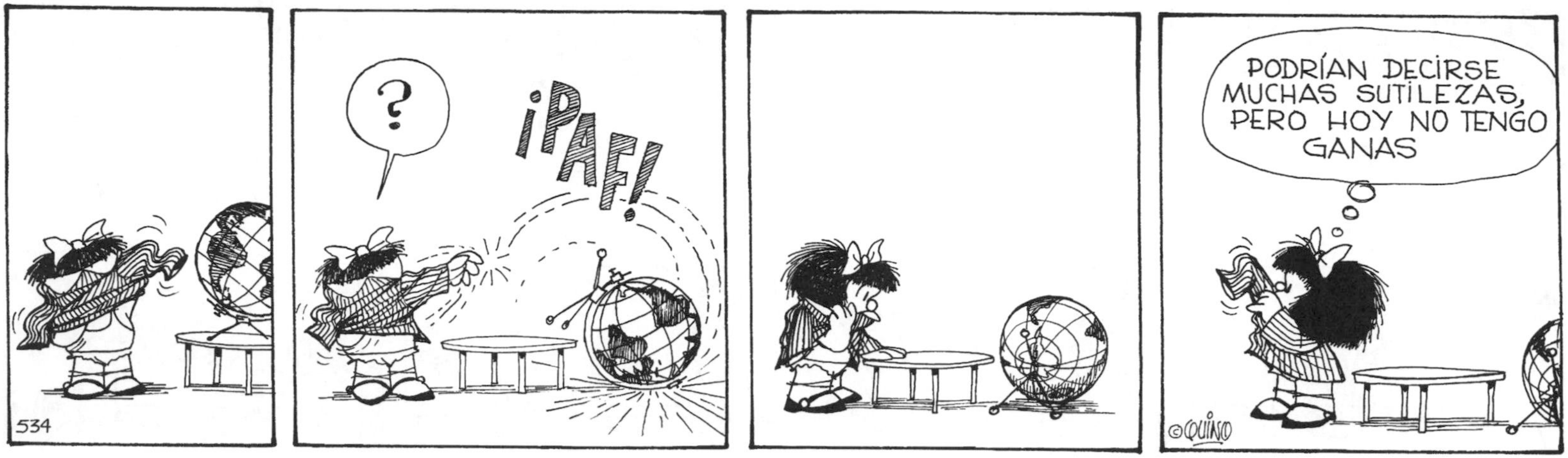
534
?
¡PAF!
PODRÍAN DECIRSE MUCHAS SUTILEZAS, PERO HOY NO TENGO GANAS
©QUINO

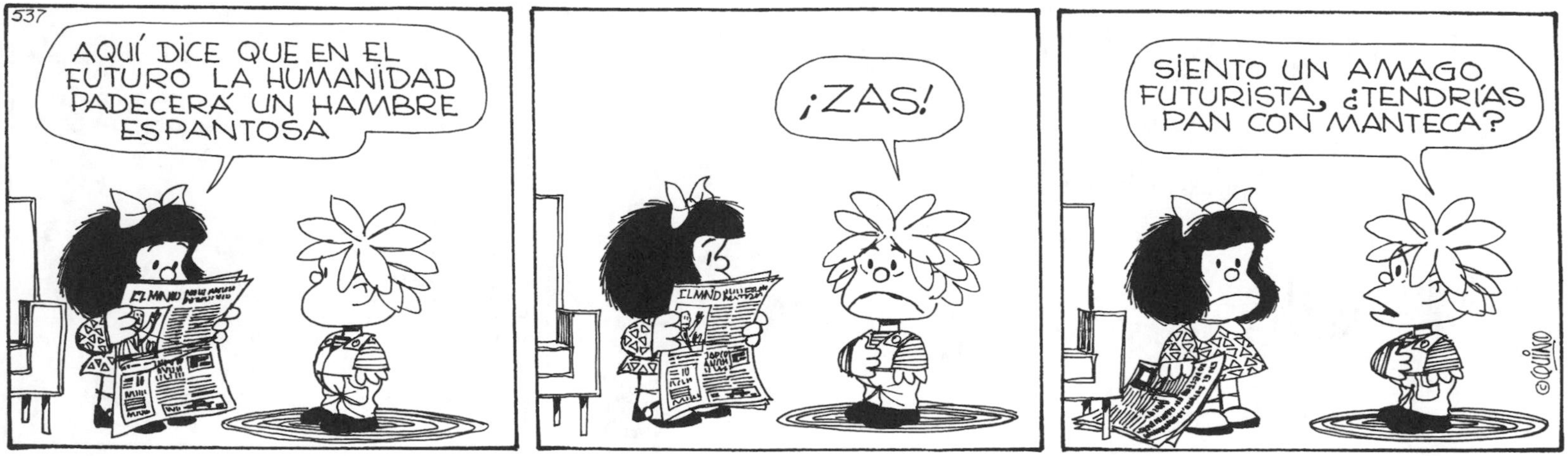
537
AQUÍ DICE QUE EN EL FUTURO LA HUMANIDAD PADECERÁ UN HAMBRE ESPANTOSA
¡ZAS!
SIENTO UN AMAGO FUTURISTA, ¿TENDRÍAS PAN CON MANTECA?
©QUINO

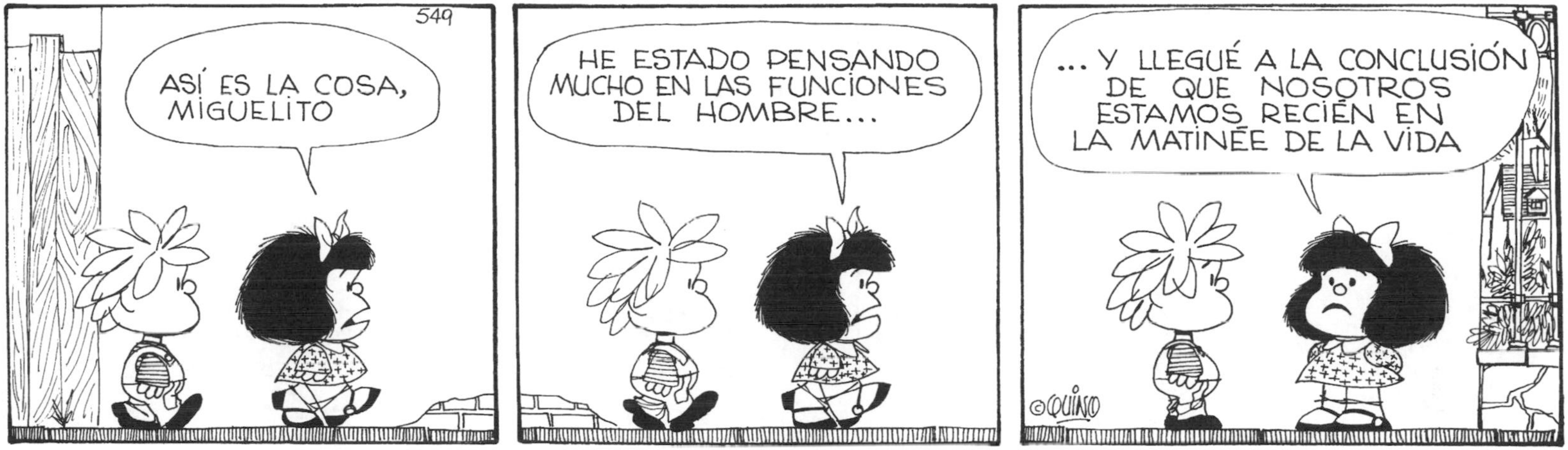
549
ASÍ ES LA COSA, MIGUELITO
HE ESTADO PENSANDO MUCHO EN LAS FUNCIONES DEL HOMBRE...
... Y LLEGUÉ A LA CONCLUSIÓN DE QUE NOSOTROS ESTAMOS RECIÉN EN LA MATINÉE DE LA VIDA
©QUINO

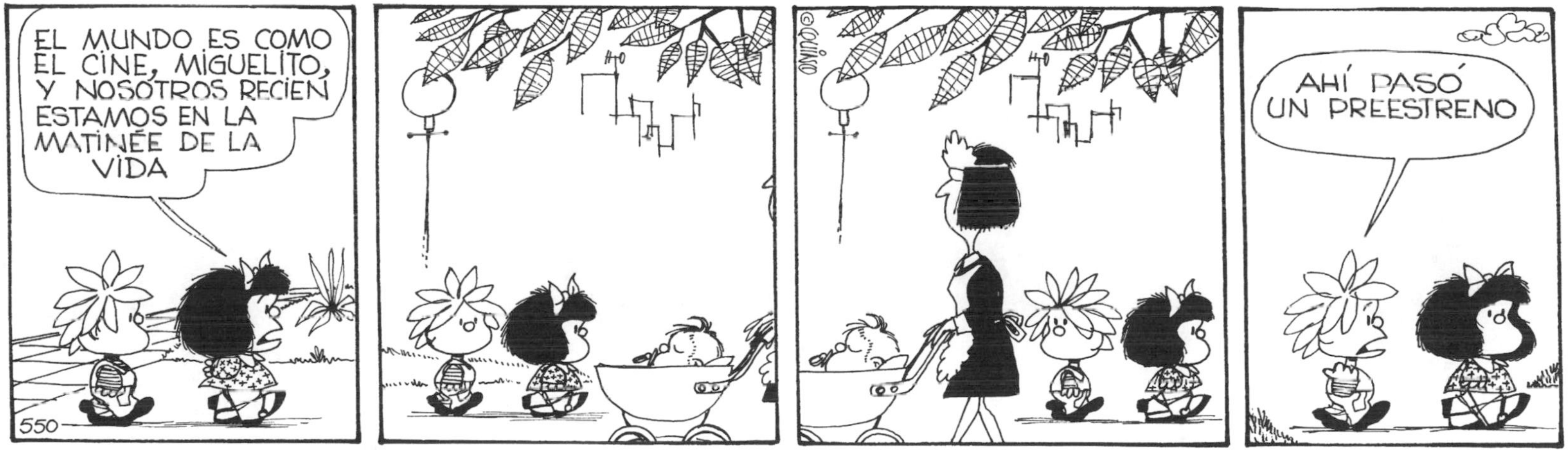
EL MUNDO ES COMO EL CINE, MIGUELITO, Y NOSOTROS RECIÉN ESTAMOS EN LA MATINÉE DE LA VIDA
550
©QUINO
AHÍ PASÓ UN PREESTRENO

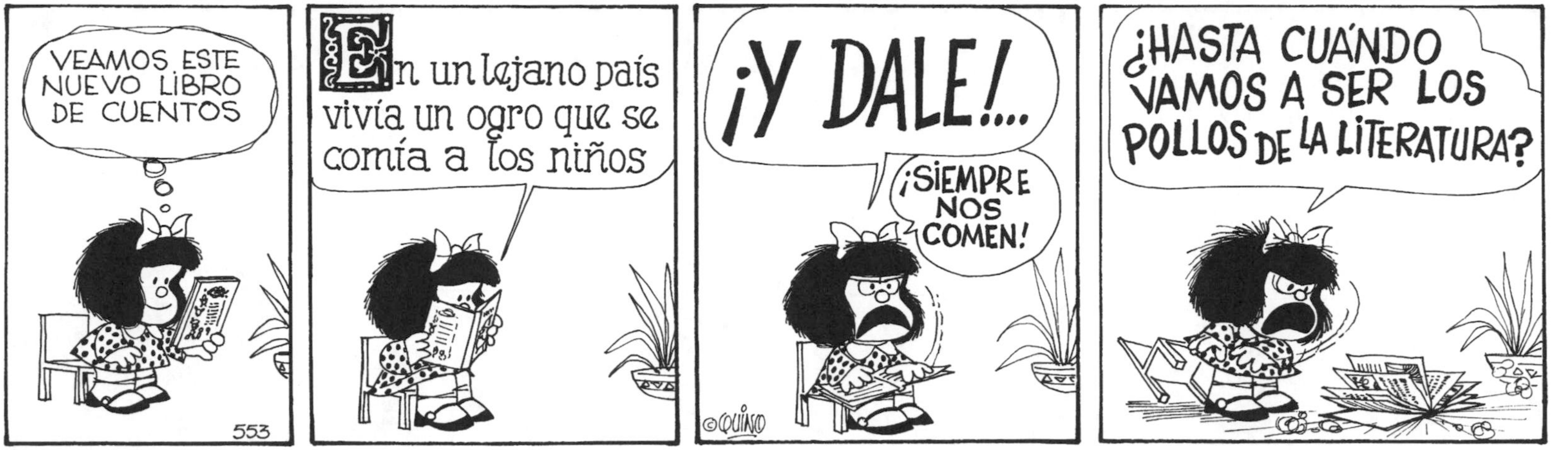
VEAMOS ESTE NUEVO LIBRO DE CUENTOS
En un lejano país vivía un ogro que se comía a los niños
¡Y DALE!...
¡SIEMPRE NOS COMEN!
¿HASTA CUÁNDO VAMOS A SER LOS POLLOS DE LA LITERATURA?
553
©QUINO

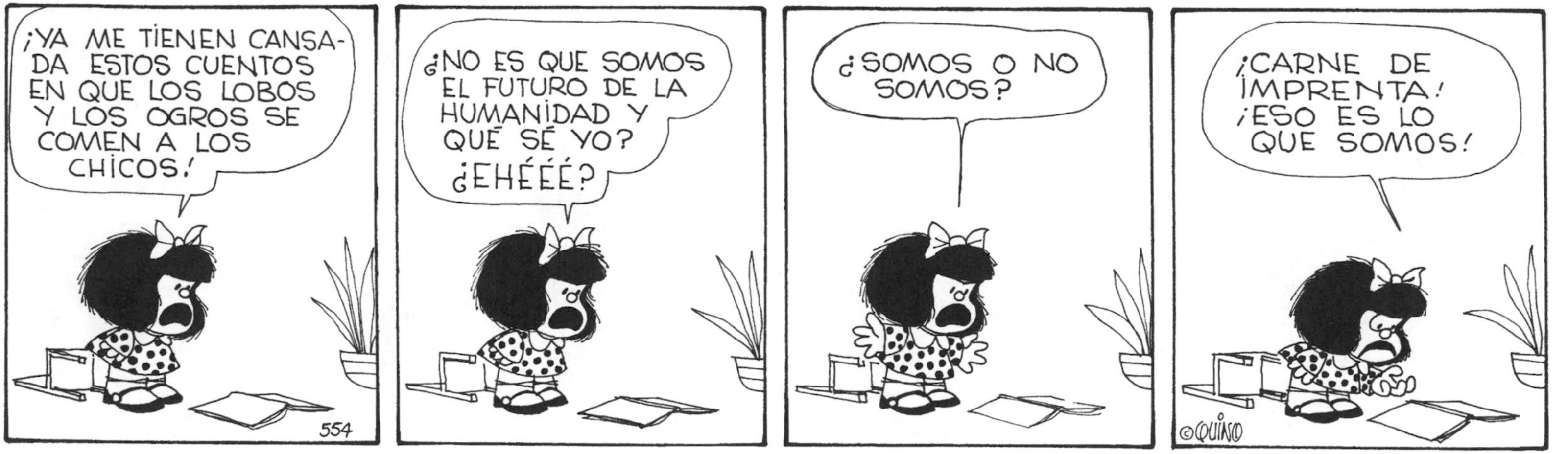
¡YA ME TIENEN CANSADA ESTOS CUENTOS EN QUE LOS LOBOS Y LOS OGROS SE COMEN A LOS CHICOS!
¿NO ES QUE SOMOS EL FUTURO DE LA HUMANIDAD Y QUÉ SÉ YO?
¿EHÉÉÉ?
¿SOMOS O NO SOMOS?
¡CARNE DE IMPRENTA! ¡ESO ES LO QUE SOMOS!
554
©QUINO

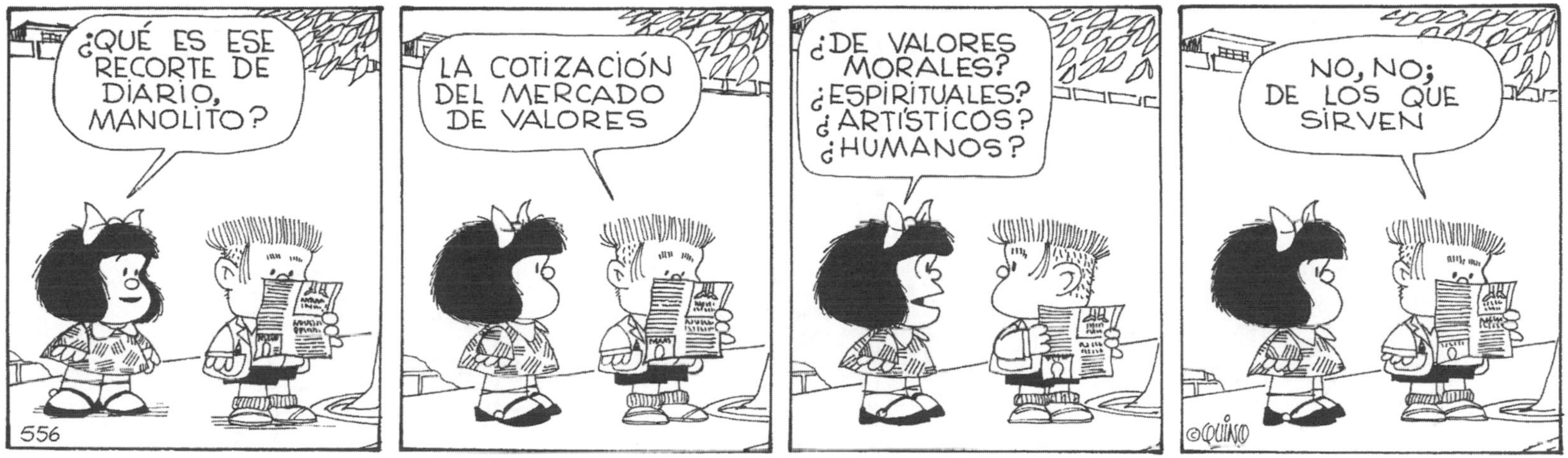
¿QUÉ ES ESE RECORTE DE DIARIO, MANOLITO?
LA COTIZACIÓN DEL MERCADO DE VALORES
¿DE VALORES MORALES? ¿ESPIRITUALES? ¿ARTÍSTICOS? ¿HUMANOS?
NO, NO; DE LOS QUE SIRVEN
556
©QUINO

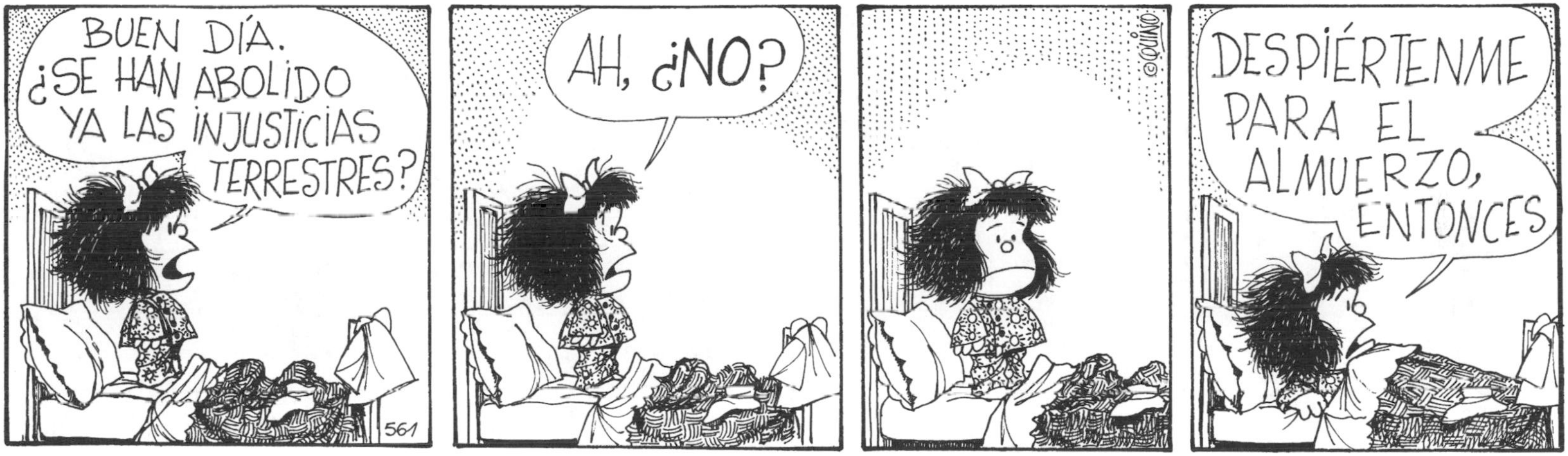
BUEN DÍA. ¿SE HAN ABOLIDO YA LAS INJUSTICIAS TERRESTRES?
561
AH, ¿NO?
©QUINO
DESPIÉRTENME PARA EL ALMUERZO, ENTONCES

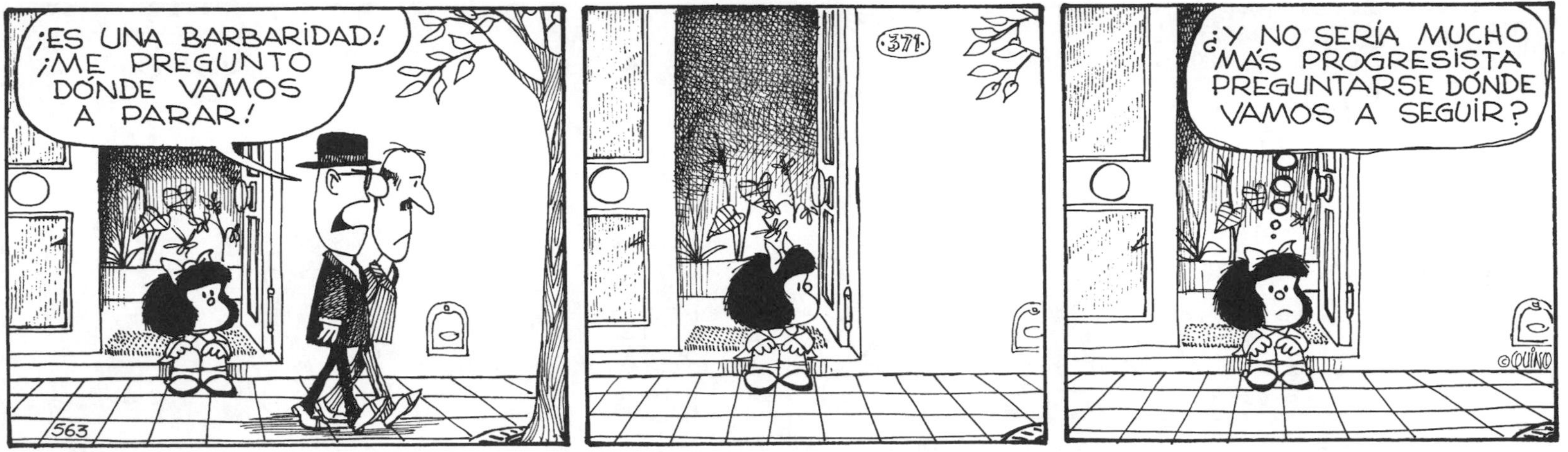
¡ES UNA BARBARIDAD! ¡ME PREGUNTO DÓNDE VAMOS A PARAR!
563
¿Y NO SERÍA MUCHO MÁS PROGRESISTA PREGUNTARSE DÓNDE VAMOS A SEGUIR?
©QUINO

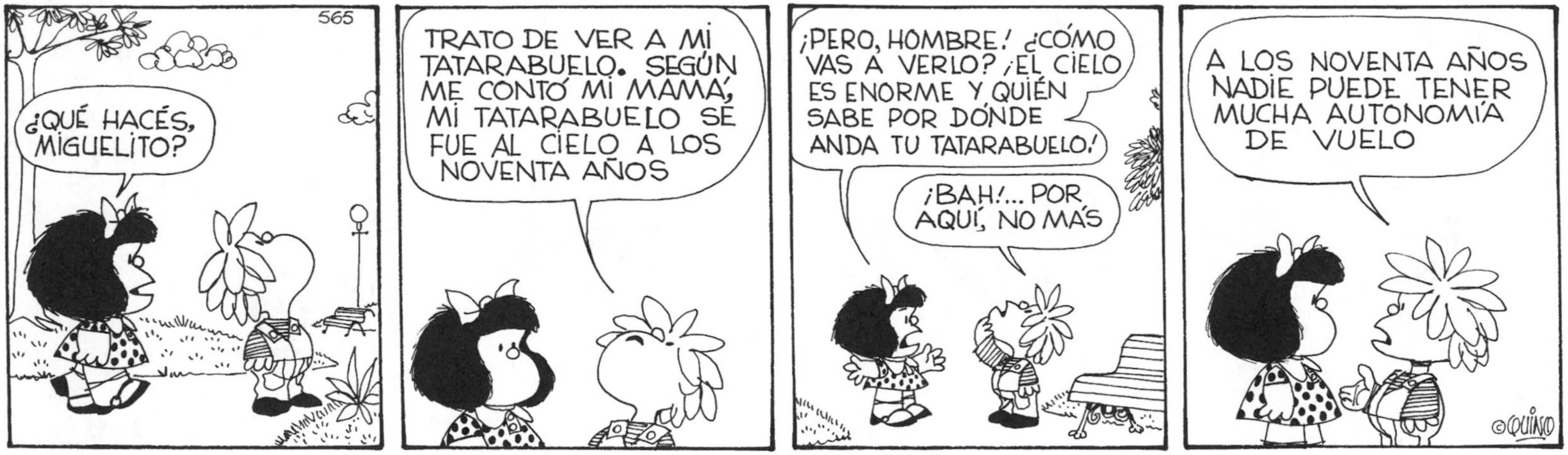
565
¿QUÉ HACÉS, MIGUELITO?
TRATO DE VER A MI TATARABUELO. SEGÚN ME CONTÓ MI MAMÁ, MI TATARABUELO SE FUE AL CIELO A LOS NOVENTA AÑOS
¡PERO, HOMBRE! ¿CÓMO VAS A VERLO? ¡EL CIELO ES ENORME Y QUIÉN SABE POR DÓNDE ANDA TU TATARABUELO!
¡BAH!... POR AQUÍ, NO MÁS
A LOS NOVENTA AÑOS NADIE PUEDE TENER MUCHA AUTONOMÍA DE VUELO
©QUINO

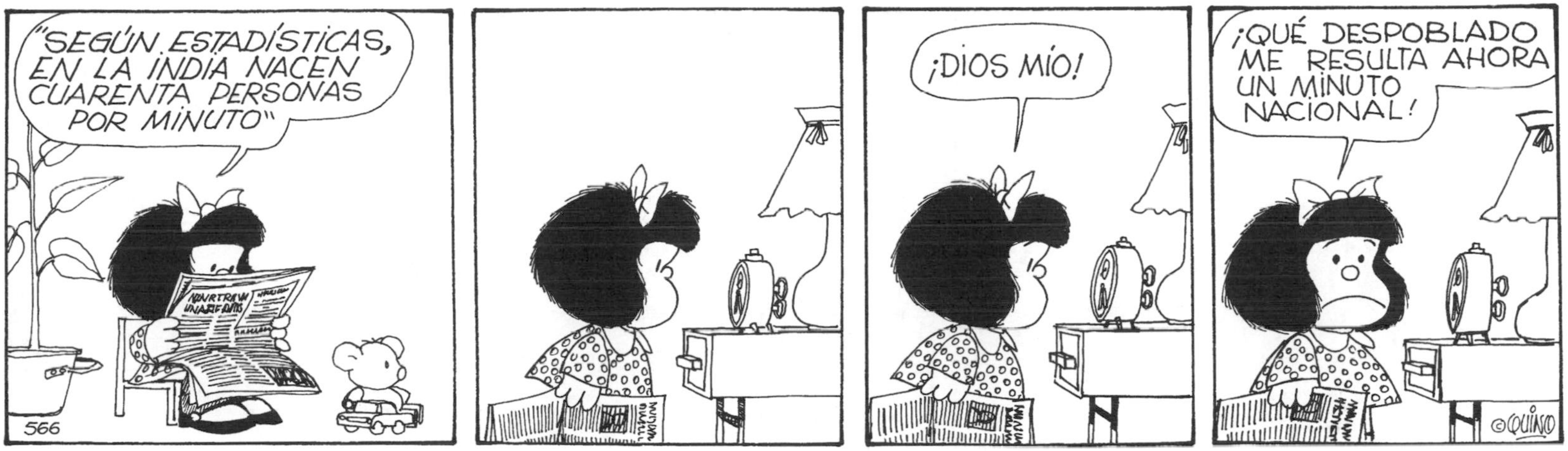
"SEGÚN ESTADÍSTICAS, EN LA INDIA NACEN CUARENTA PERSONAS POR MINUTO"
566
¡DIOS MÍO!
¡QUÉ DESPOBLADO ME RESULTA AHORA UN MINUTO NACIONAL!
©QUINO

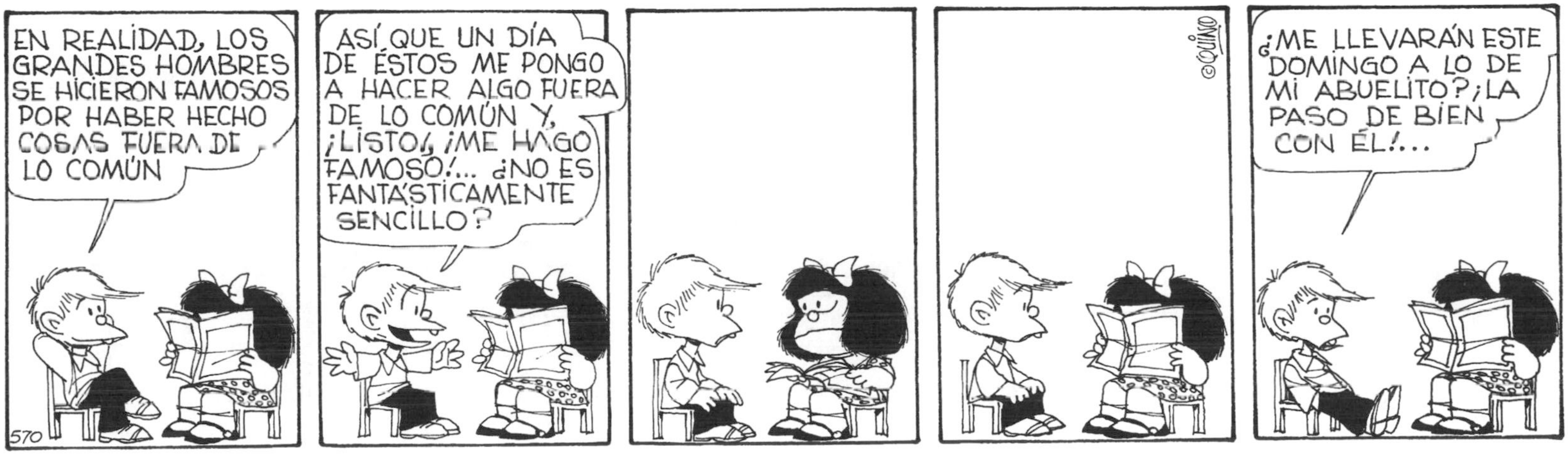
EN REALIDAD, LOS GRANDES HOMBRES SE HICIERON FAMOSOS POR HABER HECHO COSAS FUERA DE LO COMÚN
570
ASÍ QUE UN DÍA DE ÉSTOS ME PONGO A HACER ALGO FUERA DE LO COMÚN Y, ¡LISTO!, ¡ME HAGO FAMOSO!... ¿NO ES FANTÁSTICAMENTE SENCILLO?
©QUINO
¿ME LLEVARÁN ESTE DOMINGO A LO DE MI ABUELITO? ¡LA PASO DE BIEN CON ÉL!...

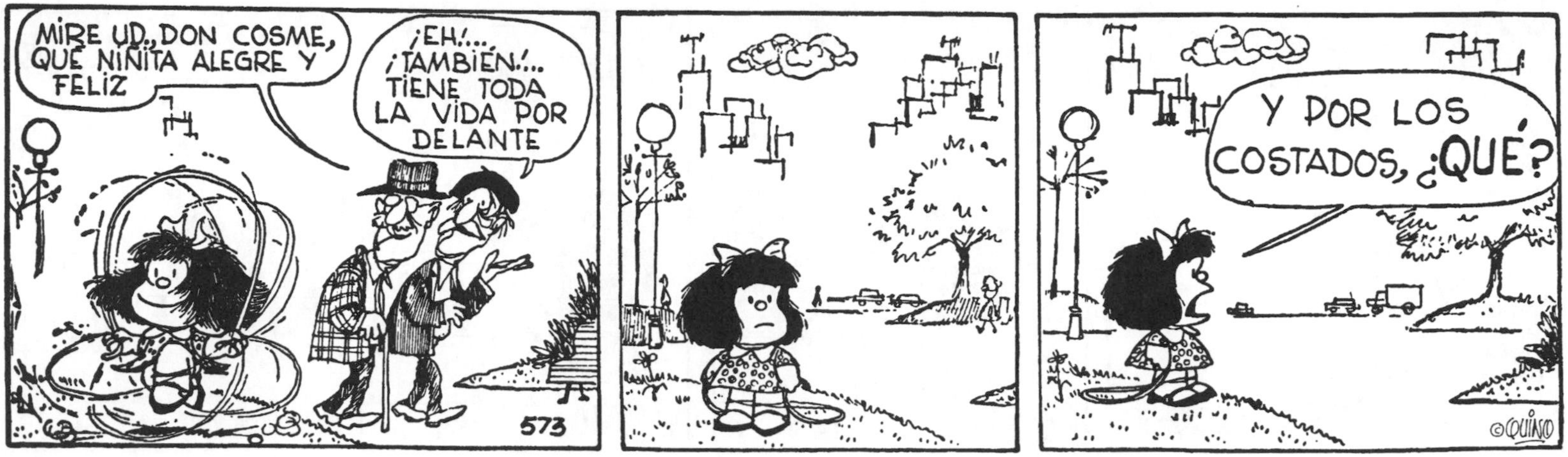
MIRE UD., DON COSME, QUÉ NIÑITA ALEGRE Y FELIZ
¡EH!... ¡TAMBIÉN!... TIENE TODA LA VIDA POR DELANTE
573
Y POR LOS COSTADOS, ¿QUÉ?
©QUINO

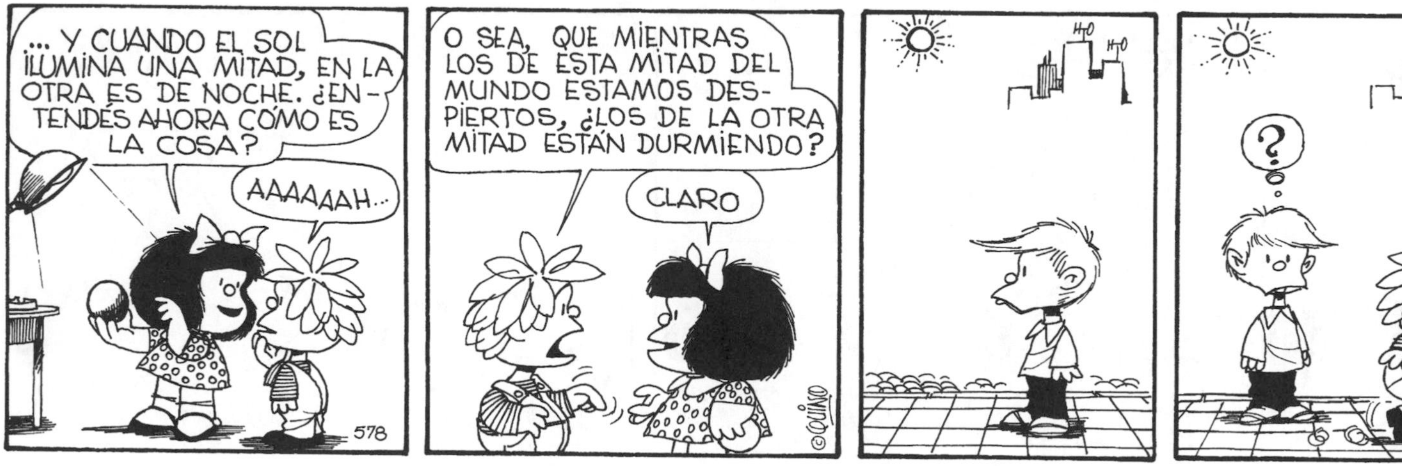
... Y CUANDO EL SOL ILUMINA UNA MITAD, EN LA OTRA ES DE NOCHE. ¿ENTENDÉS AHORA CÓMO ES LA COSA?
AAAAAAH...
578
O SEA, QUE MIENTRAS LOS DE ESTA MITAD DEL MUNDO ESTAMOS DESPIERTOS, ¿LOS DE LA OTRA MITAD ESTÁN DURMIENDO?
CLARO
©QUINO
?

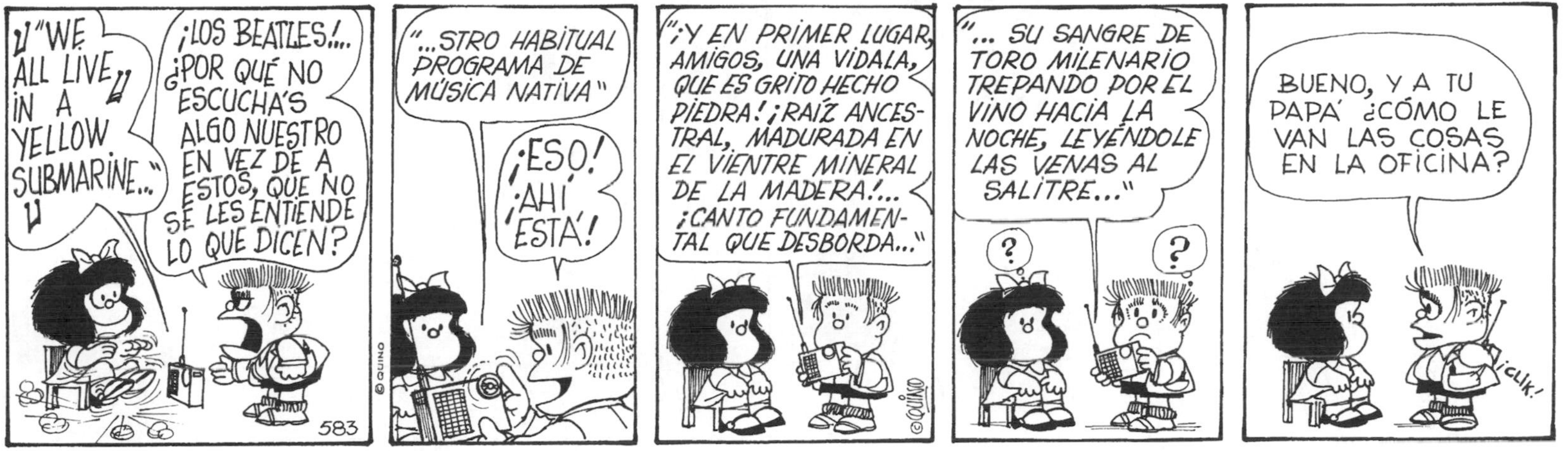
♪ "WE ALL LIVE IN A YELLOW SUBMARINE..." ♪
¡LOS BEATLES!... ¿POR QUÉ NO ESCUCHÁS ALGO NUESTRO EN VEZ DE A ESTOS, QUE NO SE LES ENTIENDE LO QUE DICEN?
583
© QUINO
"...STRO HABITUAL PROGRAMA DE MÚSICA NATIVA"
¡ESO! ¡AHÍ ESTÁ!
"¡Y EN PRIMER LUGAR, AMIGOS, UNA VIDALA, QUE ES GRITO HECHO PIEDRA! ¡RAÍZ ANCESTRAL, MADURADA EN EL VIENTRE MINERAL DE LA MADERA!... ¡CANTO FUNDAMENTAL QUE DESBORDA..."
© QUINO
"... SU SANGRE DE TORO MILENARIO TREPANDO POR EL VINO HACIA LA NOCHE, LEYÉNDOLE LAS VENAS AL SALITRE..."
?
?
BUENO, Y A TU PAPÁ ¿CÓMO LE VAN LAS COSAS EN LA OFICINA?
¡CLIK!

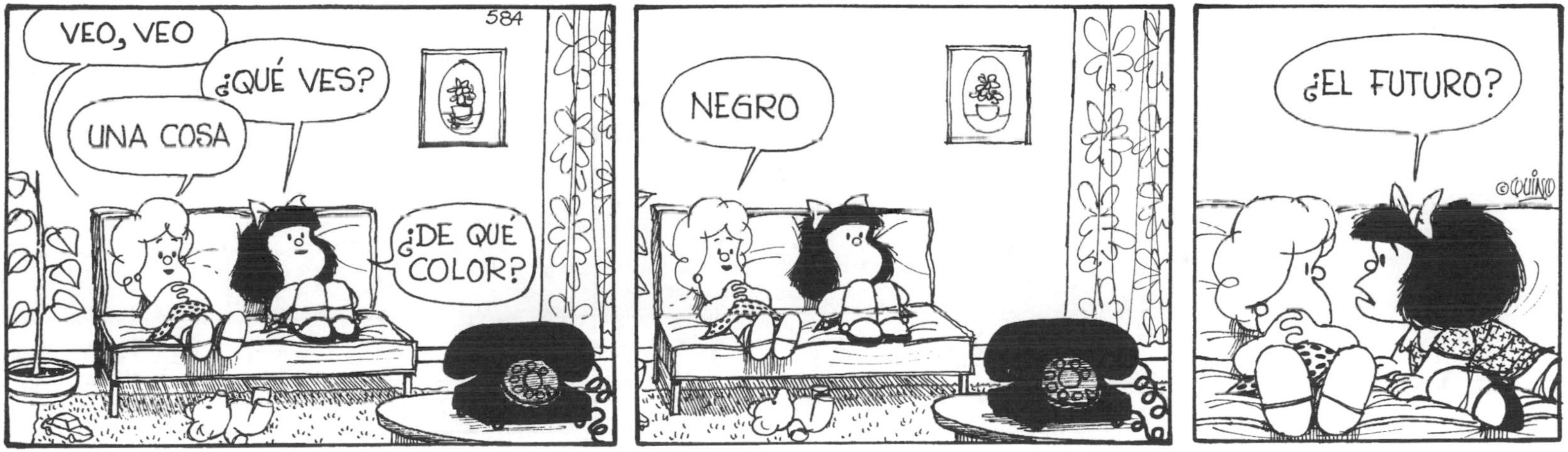
VEO, VEO
584
¿QUÉ VES?
UNA COSA
¿DE QUÉ COLOR?
NEGRO
¿EL FUTURO?
© QUINO

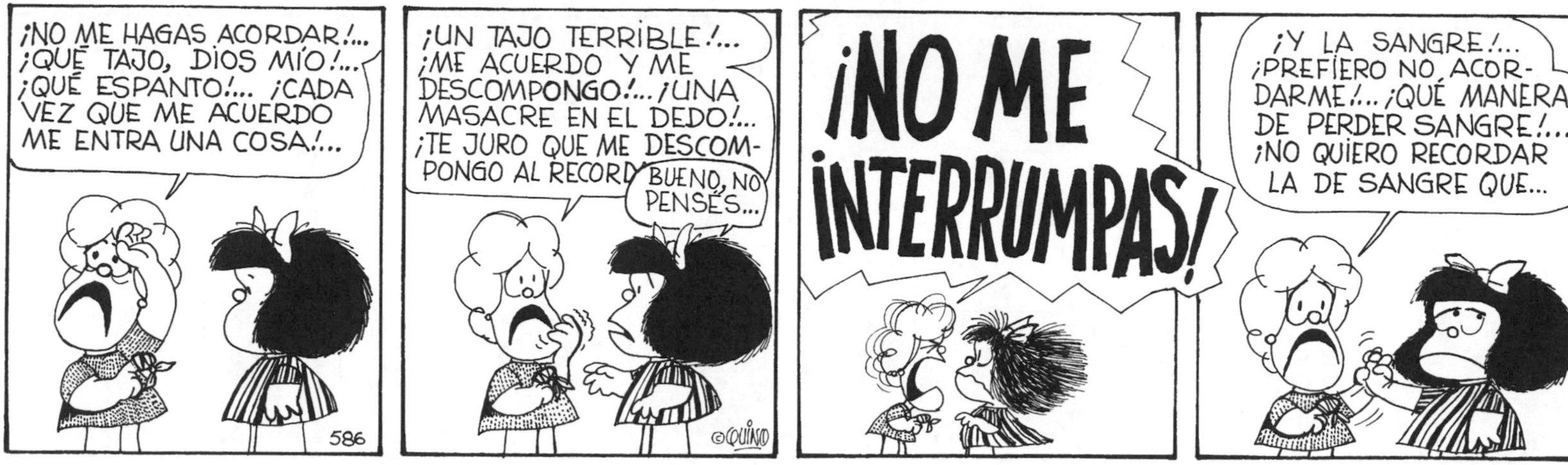
¡NO ME HAGAS ACORDAR!... ¡QUÉ TAJO, DIOS MÍO!... ¡QUÉ ESPANTO!... ¡CADA VEZ QUE ME ACUERDO ME ENTRA UNA COSA!...
586
¡UN TAJO TERRIBLE!... ¡ME ACUERDO Y ME DESCOMPONGO!... ¡UNA MASACRE EN EL DEDO!... ¡TE JURO QUE ME DESCOMPONGO AL RECORD
BUENO, NO PENSÉS...
©QUINO
¡NO ME INTERRUMPAS!
¡Y LA SANGRE!... ¡PREFIERO NO ACORDARME!... ¡QUÉ MANERA DE PERDER SANGRE!... ¡NO QUIERO RECORDAR LA DE SANGRE QUE...

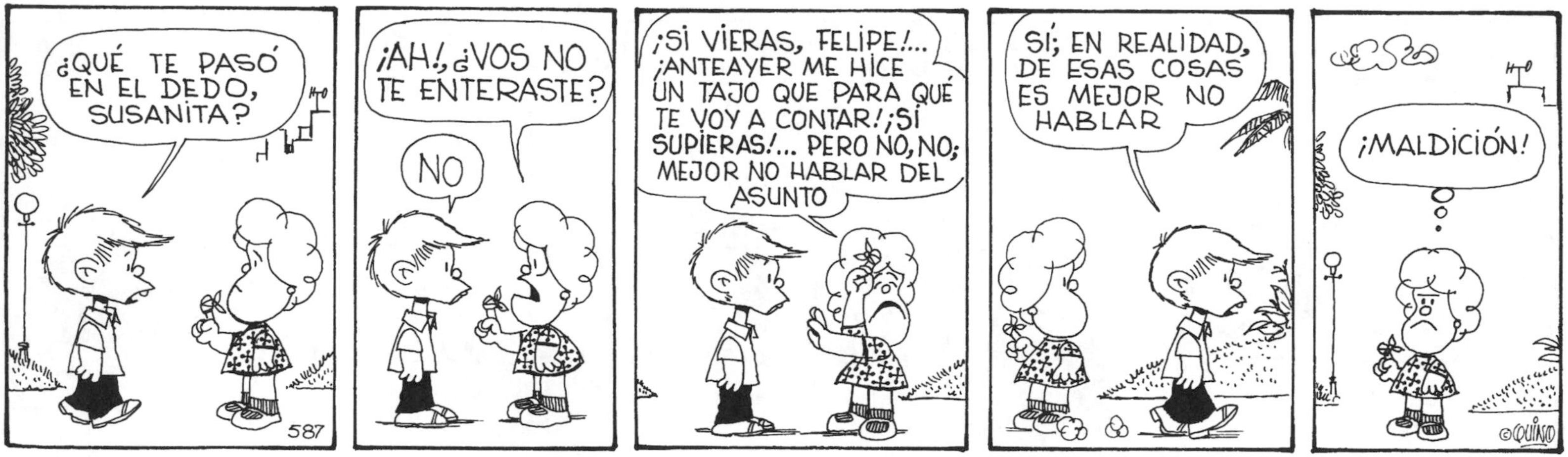
¿QUÉ TE PASÓ EN EL DEDO, SUSANITA?
587
¡AH!, ¿VOS NO TE ENTERASTE?
NO
¡SI VIERAS, FELIPE!... ¡ANTEAYER ME HICE UN TAJO QUE PARA QUÉ TE VOY A CONTAR! ¡SI SUPIERAS!... PERO NO, NO; MEJOR NO HABLAR DEL ASUNTO
SÍ; EN REALIDAD, DE ESAS COSAS ES MEJOR NO HABLAR
¡MALDICIÓN!
©QUINO

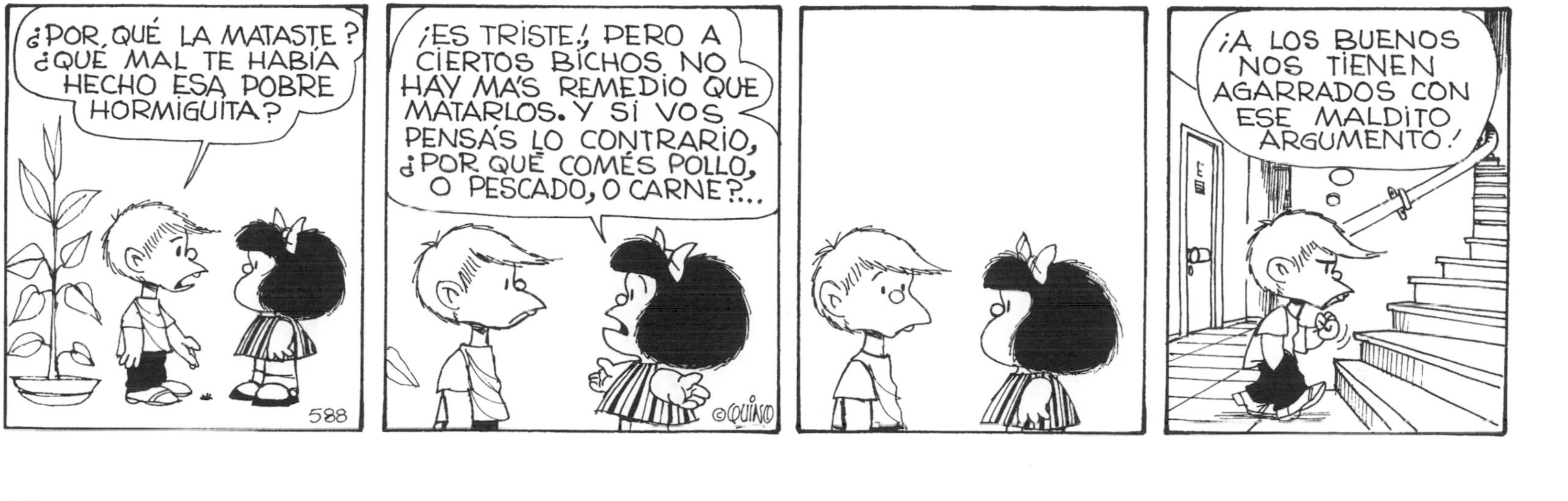
¿POR QUÉ LA MATASTE? ¿QUÉ MAL TE HABÍA HECHO ESA POBRE HORMIGUITA?
588
¡ES TRISTE!, PERO A CIERTOS BICHOS NO HAY MÁS REMEDIO QUE MATARLOS. Y SI VOS PENSÁS LO CONTRARIO, ¿POR QUÉ COMÉS POLLO, O PESCADO, O CARNE?...
©QUINO
¡A LOS BUENOS NOS TIENEN AGARRADOS CON ESE MALDITO ARGUMENTO!

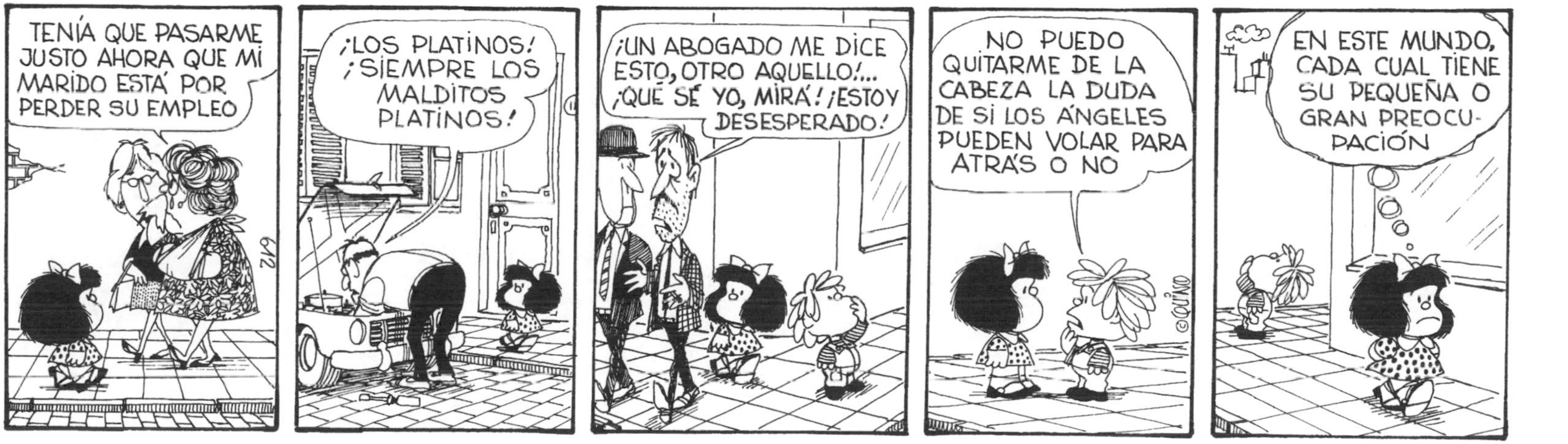
TENÍA QUE PASARME JUSTO AHORA QUE MI MARIDO ESTÁ POR PERDER SU EMPLEO
612
¡LOS PLATINOS! ¡SIEMPRE LOS MALDITOS PLATINOS!
¡UN ABOGADO ME DICE ESTO, OTRO AQUELLO!... ¡QUÉ SÉ YO, MIRÁ! ¡ESTOY DESESPERADO!
NO PUEDO QUITARME DE LA CABEZA LA DUDA DE SI LOS ÁNGELES PUEDEN VOLAR PARA ATRÁS O NO
©QUINO
EN ESTE MUNDO, CADA CUAL TIENE SU PEQUEÑA O GRAN PREOCUPACIÓN

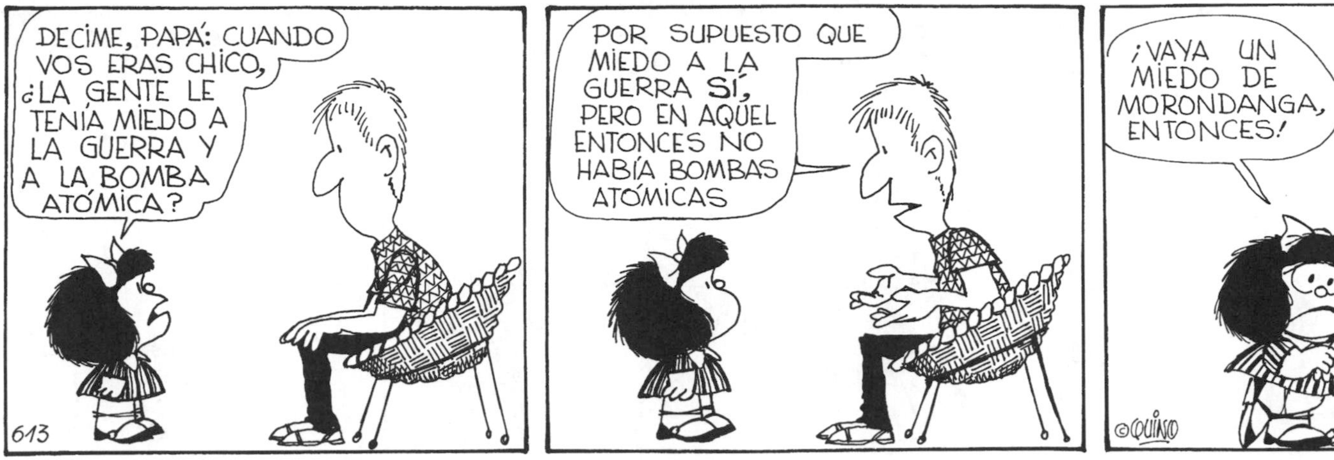
DECIME, PAPÁ: CUANDO VOS ERAS CHICO, ¿LA GENTE LE TENÍA MIEDO A LA GUERRA Y A LA BOMBA ATÓMICA?
613
POR SUPUESTO QUE MIEDO A LA GUERRA SÍ, PERO EN AQUEL ENTONCES NO HABÍA BOMBAS ATÓMICAS
¡VAYA UN MIEDO DE MORONDANGA, ENTONCES!
©QUINO

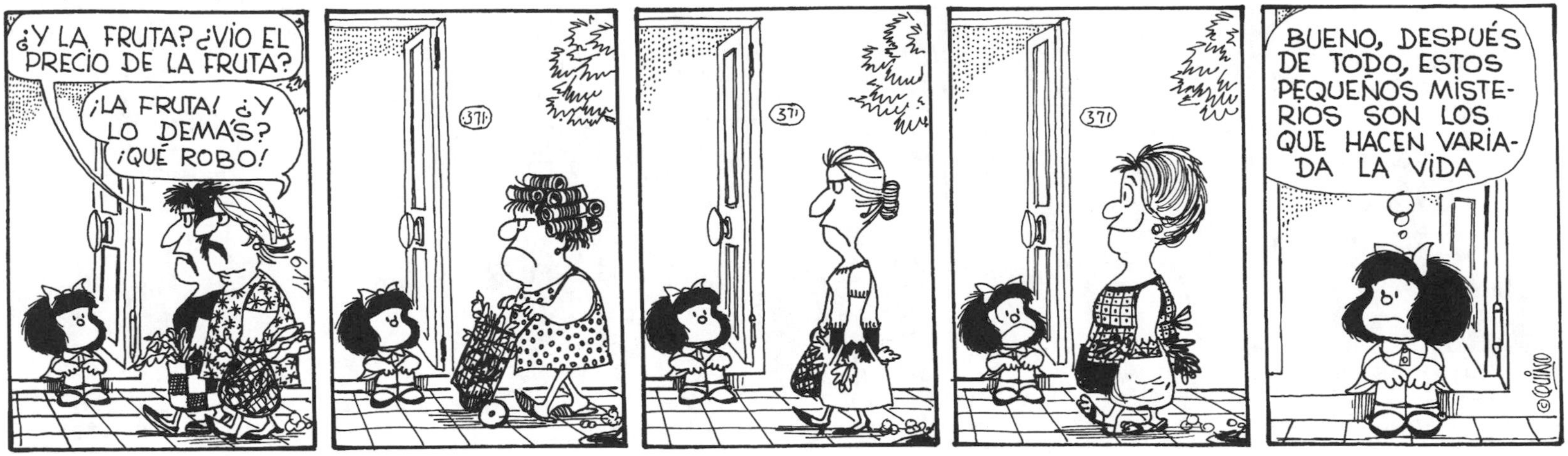
¿Y LA FRUTA? ¿VIO EL PRECIO DE LA FRUTA?
¡LA FRUTA! ¿Y LO DEMÁS? ¡QUÉ ROBO!
617
371
371
371
BUENO, DESPUÉS DE TODO, ESTOS PEQUEÑOS MISTERIOS SON LOS QUE HACEN VARIADA LA VIDA
©QUINO

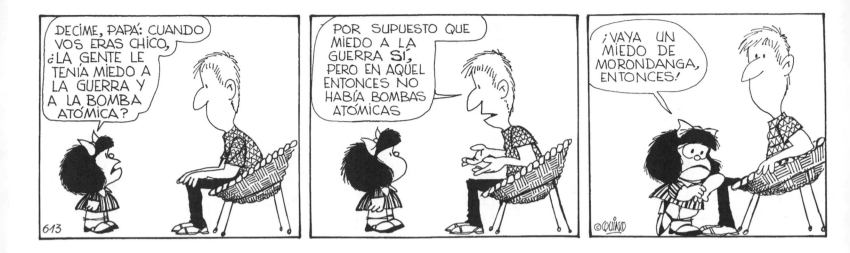

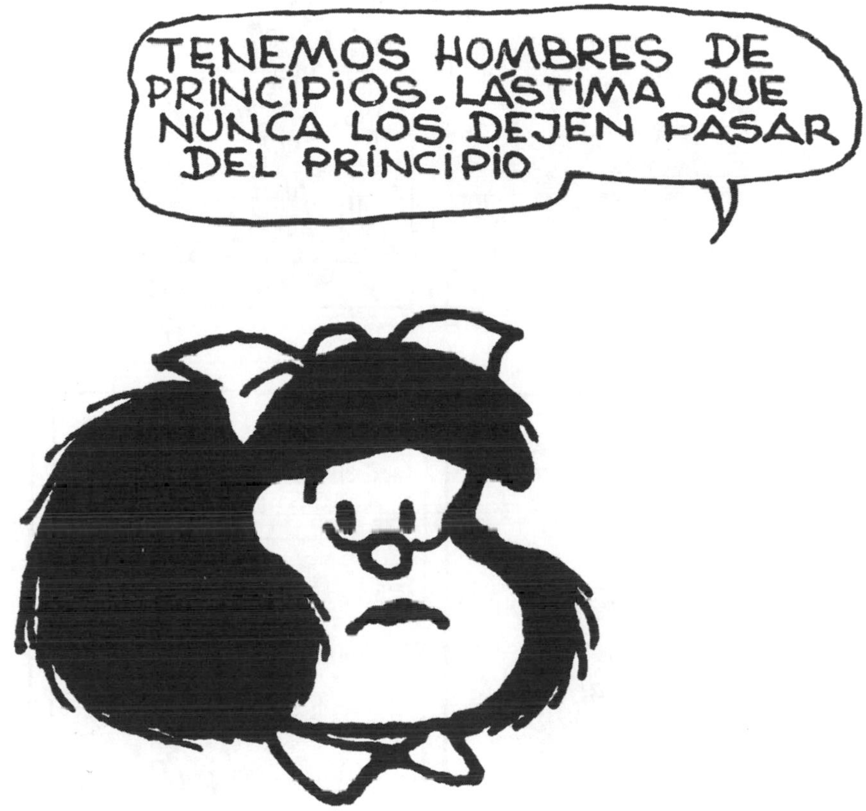
TENEMOS HOMBRES DE PRINCIPIOS. LÁSTIMA QUE NUNCA LOS DEJEN PASAR DEL PRINCIPIO

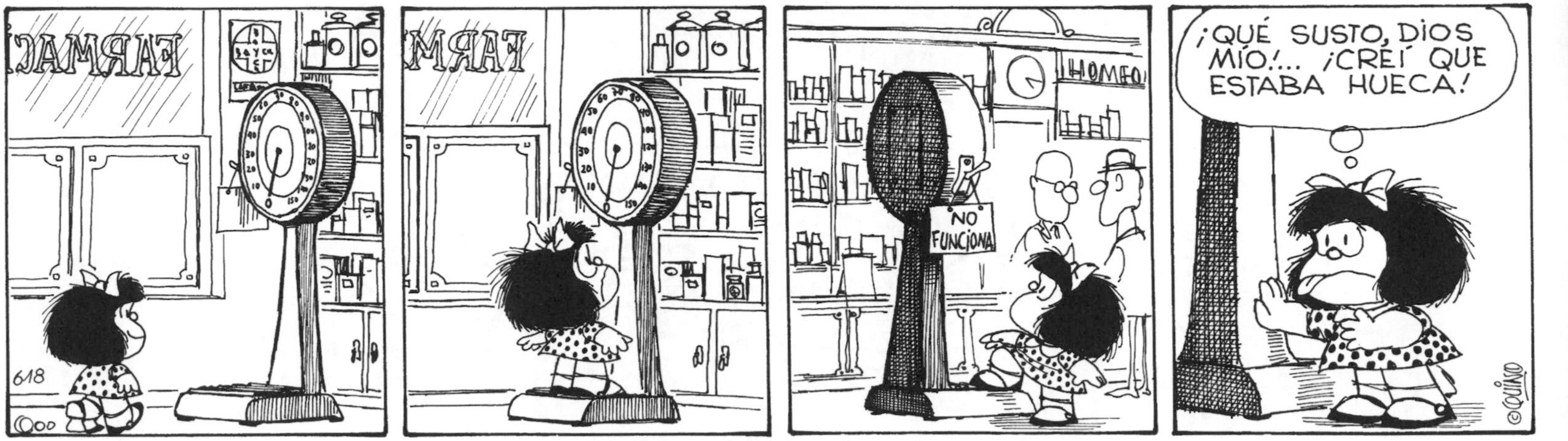
618
NO FUNCIONA
¡QUÉ SUSTO, DIOS MÍO!... ¡CREÍ QUE ESTABA HUECA!
©QUINO

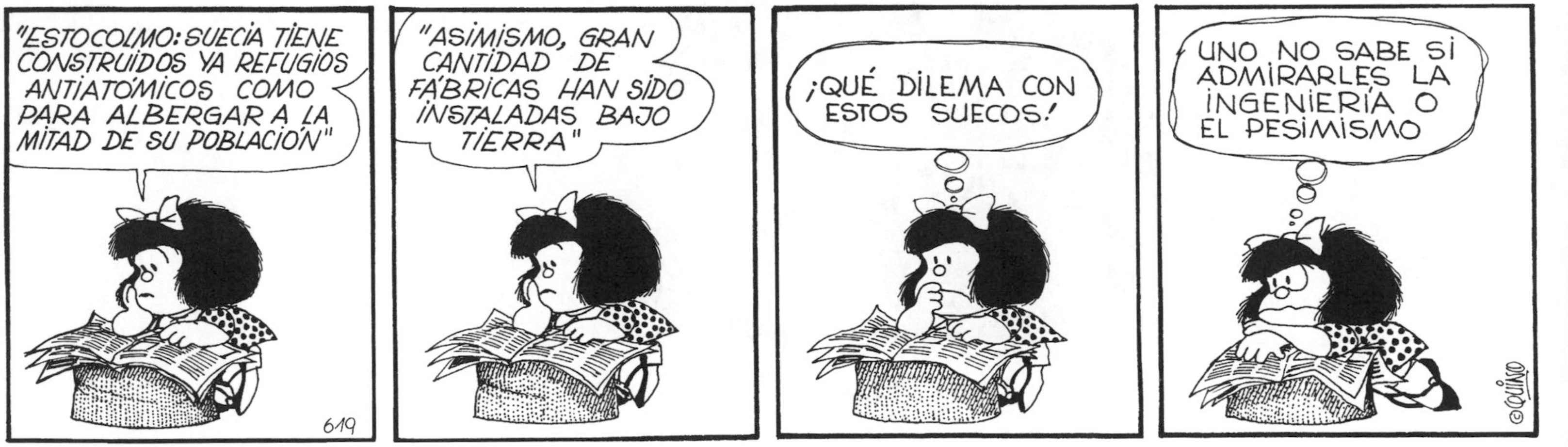
"ESTOCOLMO: SUECIA TIENE CONSTRUIDOS YA REFUGIOS ANTIATÓMICOS COMO PARA ALBERGAR A LA MITAD DE SU POBLACIÓN"
619
"ASIMISMO, GRAN CANTIDAD DE FÁBRICAS HAN SIDO INSTALADAS BAJO TIERRA"
¡QUÉ DILEMA CON ESTOS SUECOS!
UNO NO SABE SI ADMIRARLES LA INGENIERÍA O EL PESIMISMO
©QUINO

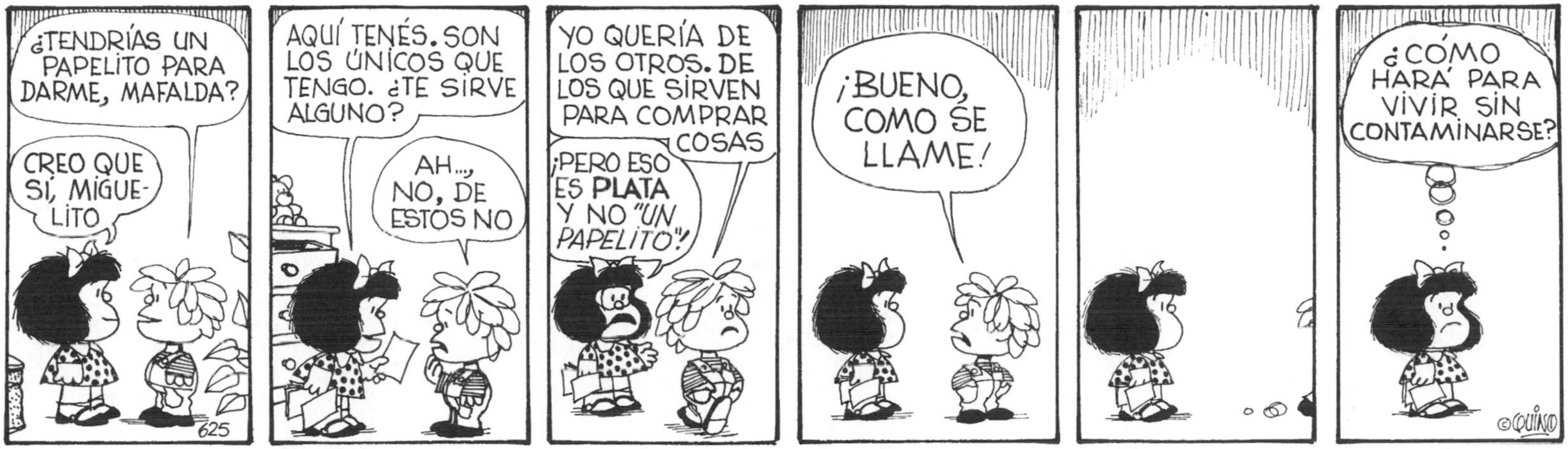

¿TENDRÍAS UN PAPELITO PARA DARME, MAFALDA?
CREO QUE SÍ, MIGUELITO
625
AQUÍ TENÉS. SON LOS ÚNICOS QUE TENGO. ¿TE SIRVE ALGUNO?
AH..., NO, DE ESTOS NO
YO QUERÍA DE LOS OTROS. DE LOS QUE SIRVEN PARA COMPRAR COSAS
¡PERO ESO ES PLATA Y NO "UN PAPELITO"!
¡BUENO, COMO SE LLAME!
¿CÓMO HARÁ PARA VIVIR SIN CONTAMINARSE?
©QUINO

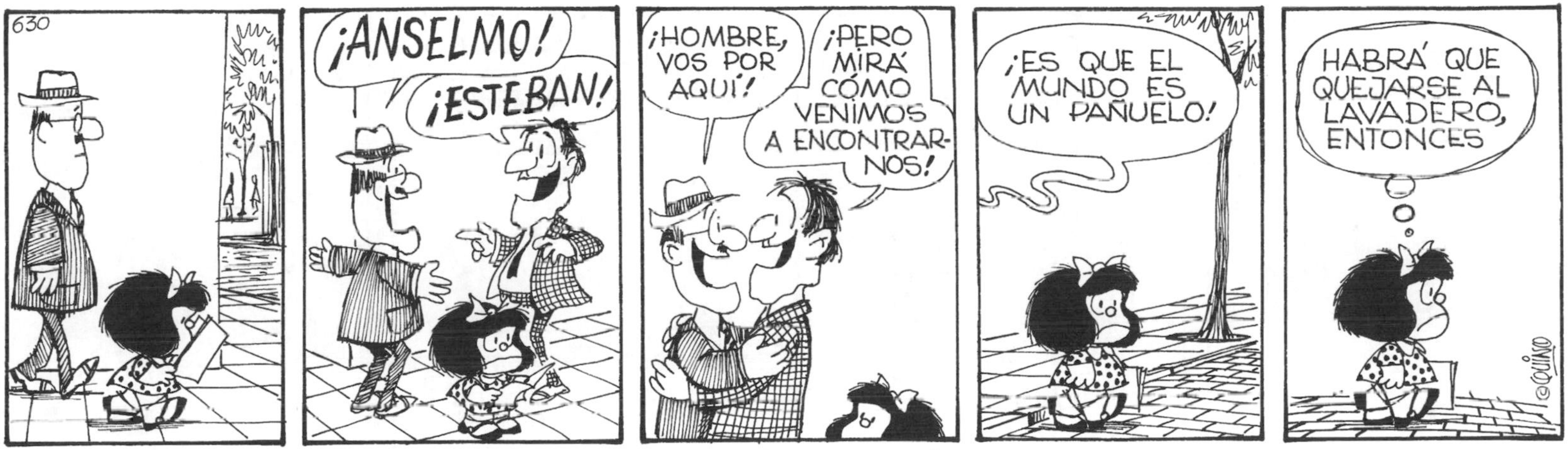

630
¡ANSELMO!
¡ESTEBAN!
¡HOMBRE, VOS POR AQUÍ!
¡PERO MIRÁ CÓMO VENIMOS A ENCONTRARNOS!
¡ES QUE EL MUNDO ES UN PAÑUELO!
HABRÁ QUE QUEJARSE AL LAVADERO, ENTONCES
©QUINO

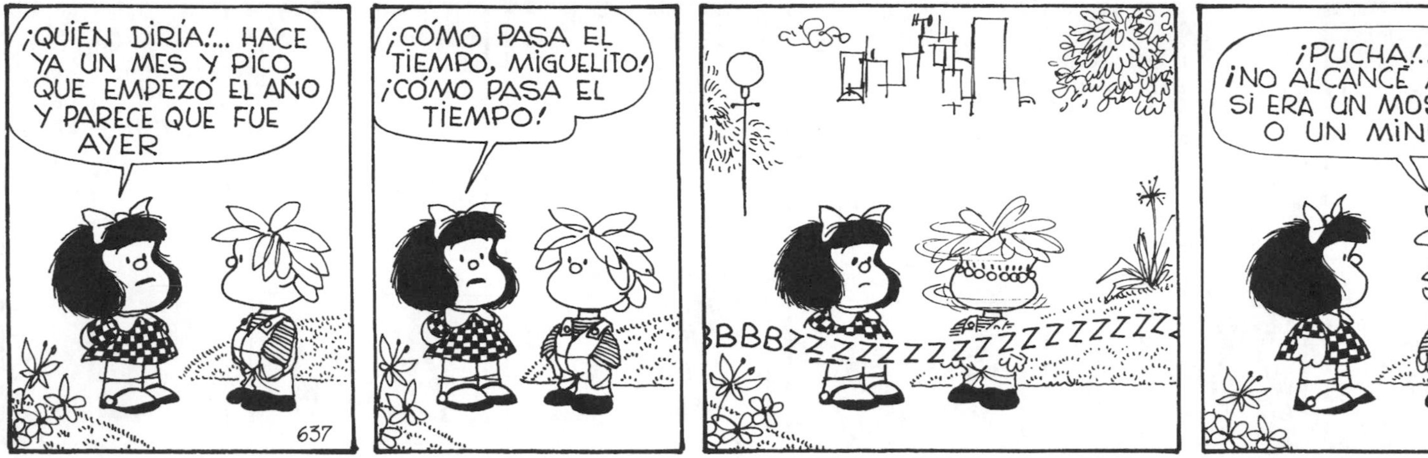
¡QUIÉN DIRÍA!... HACE YA UN MES Y PICO QUE EMPEZÓ EL AÑO Y PARECE QUE FUE AYER
637
¡CÓMO PASA EL TIEMPO, MIGUELITO! ¡CÓMO PASA EL TIEMPO!
BBBZZZZZZZZZZZZZZZZZZZ
¡PUCHA!... ¡NO ALCANCÉ A VER SI ERA UN MOSCARDÓN O UN MINUTO!
©QUINO

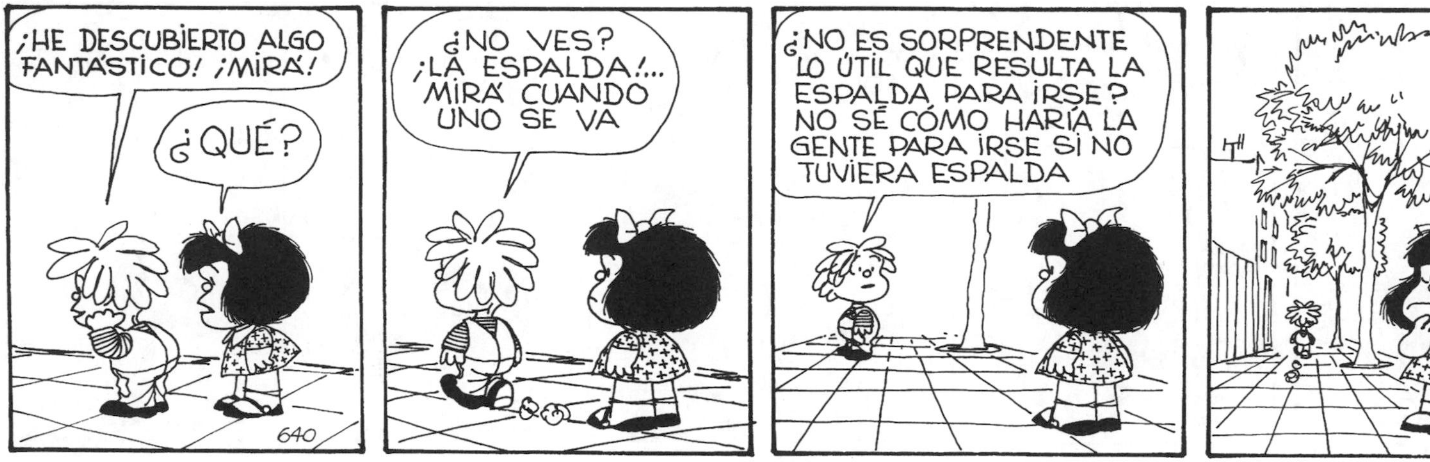
¡HE DESCUBIERTO ALGO FANTÁSTICO! ¡MIRÁ!
¿QUÉ?
640
¿NO VES? ¡LA ESPALDA!... MIRÁ CUANDO UNO SE VA
¿NO ES SORPRENDENTE LO ÚTIL QUE RESULTA LA ESPALDA PARA IRSE? NO SÉ CÓMO HARÍA LA GENTE PARA IRSE SI NO TUVIERA ESPALDA
©QUINO

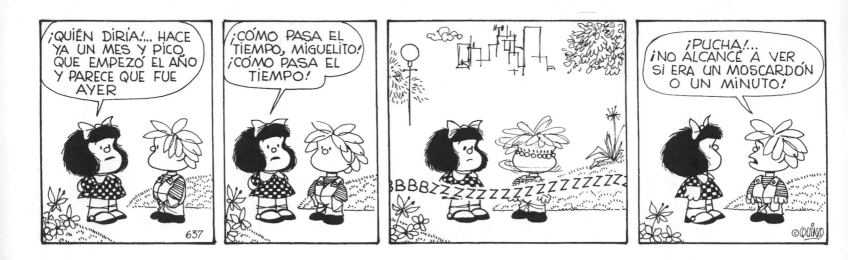

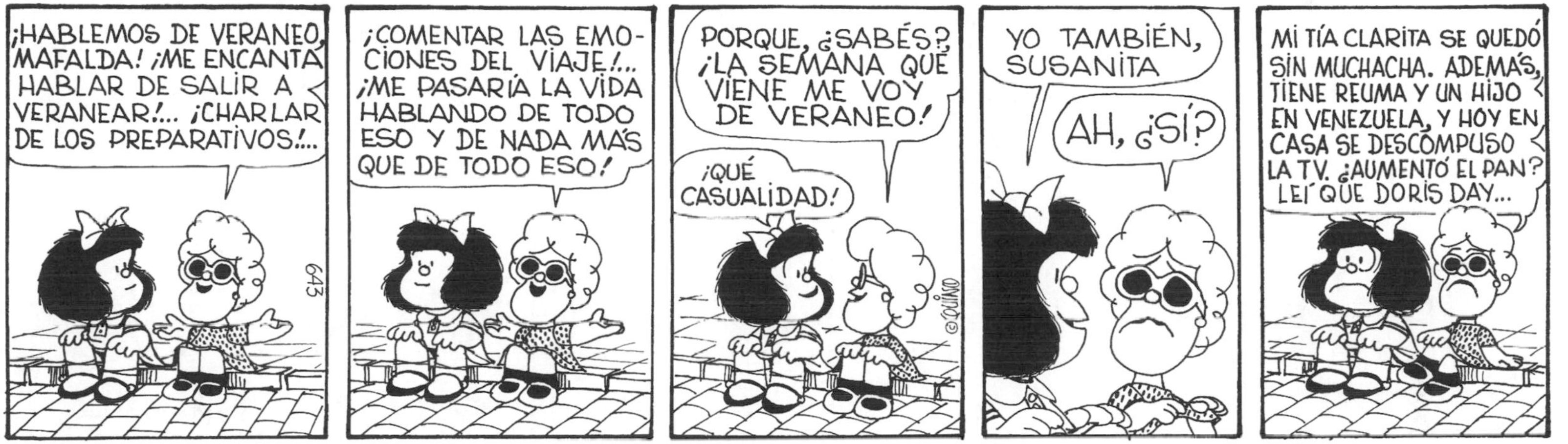
¡HABLEMOS DE VERANEO, MAFALDA! ¡ME ENCANTA HABLAR DE SALIR A VERANEAR!... ¡CHARLAR DE LOS PREPARATIVOS!...
643
¡COMENTAR LAS EMOCIONES DEL VIAJE!... ¡ME PASARÍA LA VIDA HABLANDO DE TODO ESO Y DE NADA MÁS QUE DE TODO ESO!
PORQUE, ¿SABÉS?, ¡LA SEMANA QUE VIENE ME VOY DE VERANEO!
¡QUÉ CASUALIDAD!
©QUINO
YO TAMBIÉN, SUSANITA
AH, ¿SÍ?
MI TÍA CLARITA SE QUEDÓ SIN MUCHACHA. ADEMÁS, TIENE REUMA Y UN HIJO EN VENEZUELA, Y HOY EN CASA SE DESCOMPUSO LA TV. ¿AUMENTÓ EL PAN? LEÍ QUE DORIS DAY...

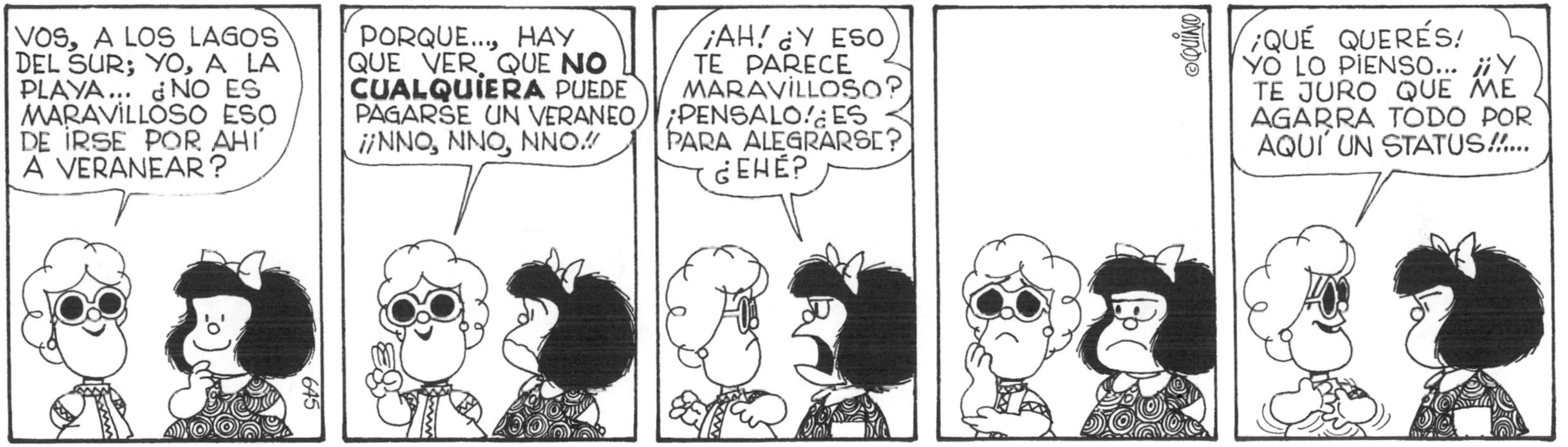
VOS, A LOS LAGOS DEL SUR; YO, A LA PLAYA... ¿NO ES MARAVILLOSO ESO DE IRSE POR AHÍ A VERANEAR?
645
PORQUE..., HAY QUE VER QUE **NO CUALQUIERA** PUEDE PAGARSE UN VERANEO ¡¡NNO, NNO, NNO!!
¡AH! ¿Y ESO TE PARECE MARAVILLOSO? ¡PENSALO! ¿ES PARA ALEGRARSE? ¿EHÉ?
©QUINO
¡QUÉ QUERÉS! YO LO PIENSO... ¡¡Y TE JURO QUE ME AGARRA TODO POR AQUÍ UN STATUS!!...

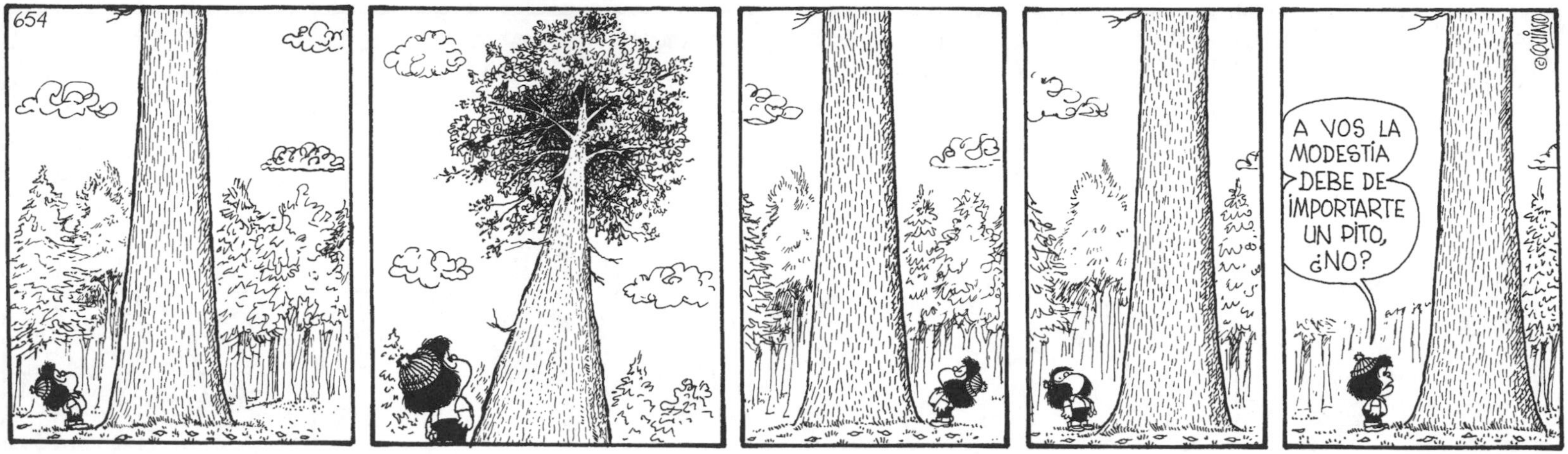
654
A VOS LA MODESTIA DEBE DE IMPORTARTE UN PITO, ¿NO?
©QUINO

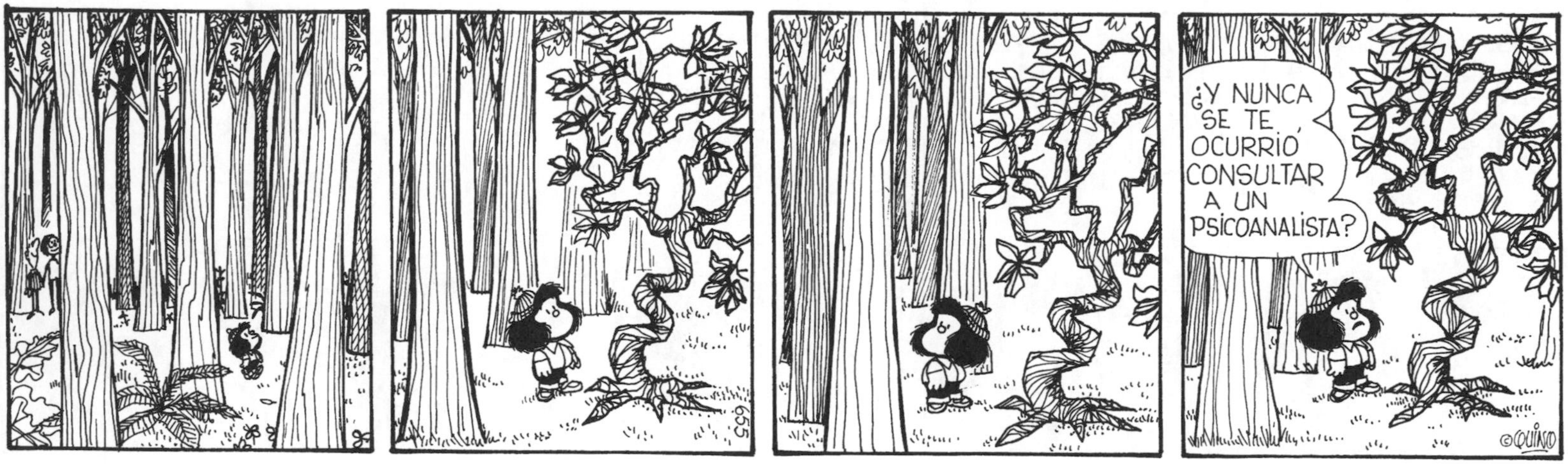
655
¿Y NUNCA SE TE OCURRIÓ CONSULTAR A UN PSICOANALISTA?
©QUINO

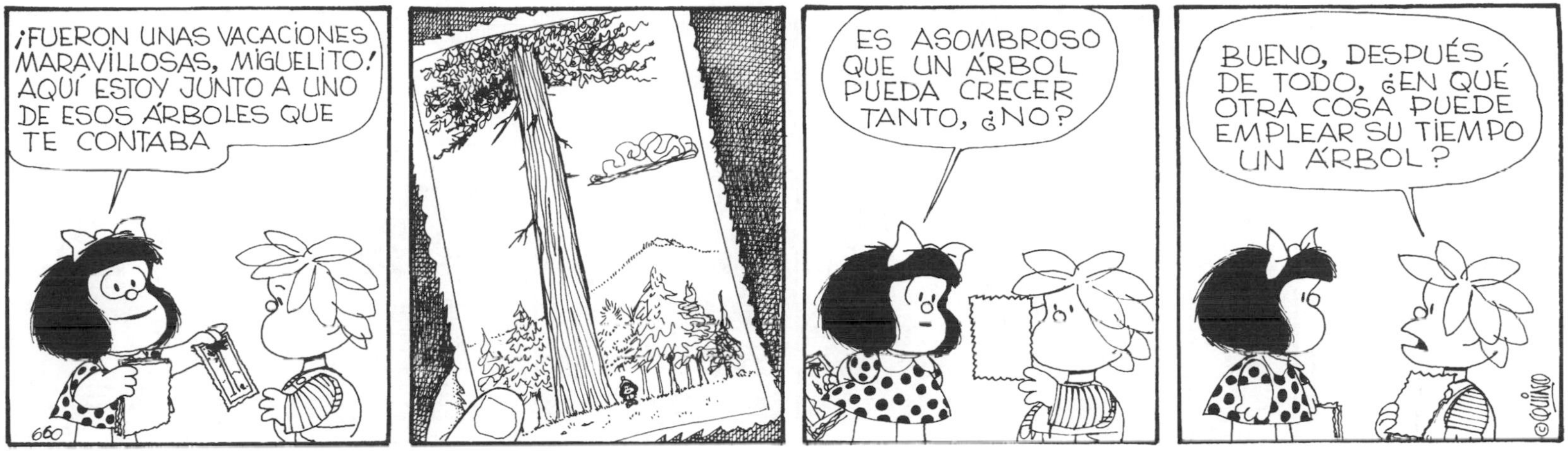
¡FUERON UNAS VACACIONES MARAVILLOSAS, MIGUELITO! AQUÍ ESTOY JUNTO A UNO DE ESOS ÁRBOLES QUE TE CONTABA
660
ES ASOMBROSO QUE UN ÁRBOL PUEDA CRECER TANTO, ¿NO?
BUENO, DESPUÉS DE TODO, ¿EN QUÉ OTRA COSA PUEDE EMPLEAR SU TIEMPO UN ÁRBOL?
©QUINO

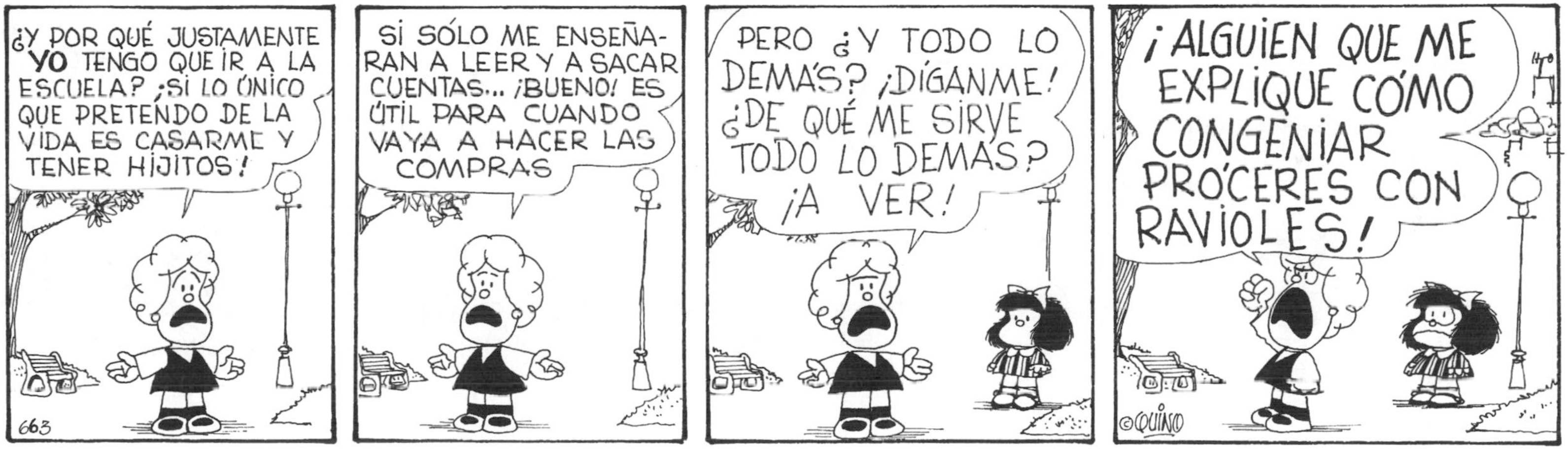
¿Y POR QUÉ JUSTAMENTE YO TENGO QUE IR A LA ESCUELA? ¡SI LO ÚNICO QUE PRETENDO DE LA VIDA ES CASARME Y TENER HIJITOS!
663
SI SÓLO ME ENSEÑARAN A LEER Y A SACAR CUENTAS... ¡BUENO! ES ÚTIL PARA CUANDO VAYA A HACER LAS COMPRAS
PERO ¿Y TODO LO DEMÁS? ¡DÍGANME! ¿DE QUÉ ME SIRVE TODO LO DEMÁS? ¡A VER!
¡ALGUIEN QUE ME EXPLIQUE CÓMO CONGENIAR PRÓCERES CON RAVIOLES!
©QUINO

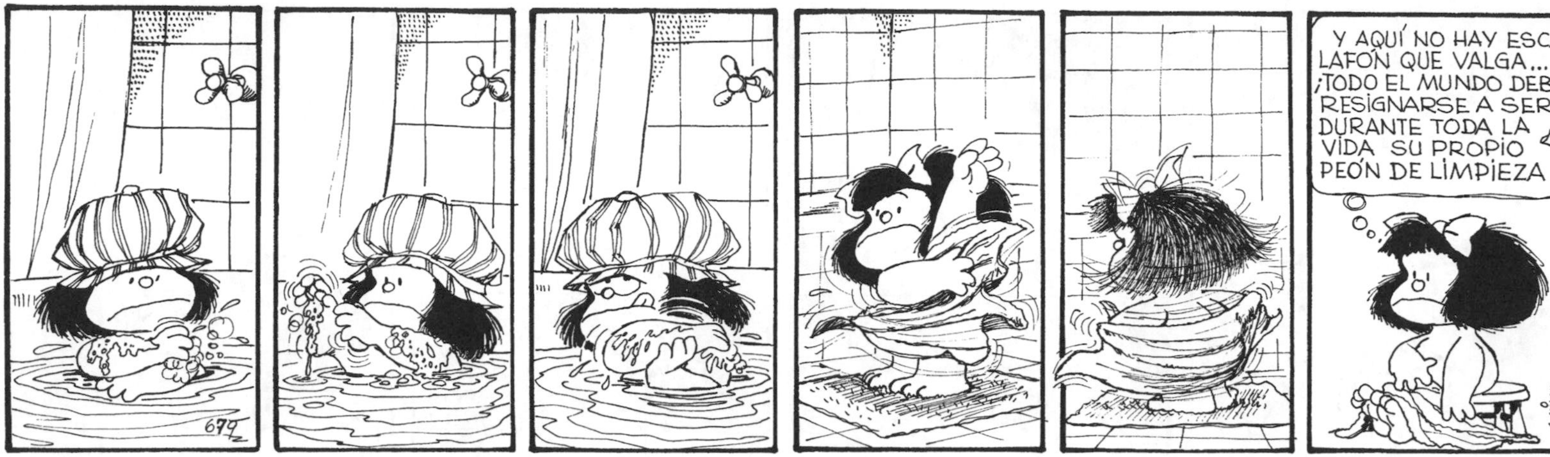
Y AQUÍ NO HAY ESCALAFÓN QUE VALGA... ¡TODO EL MUNDO DEBE RESIGNARSE A SER DURANTE TODA LA VIDA SU PROPIO PEÓN DE LIMPIEZA!
© QUINO

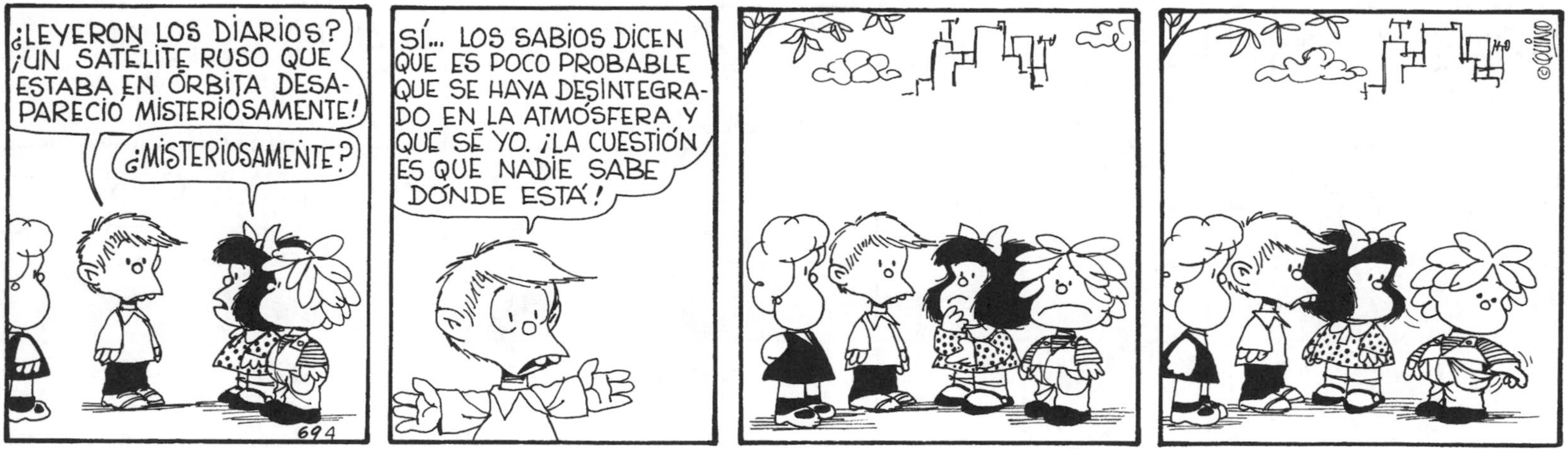
¿LEYERON LOS DIARIOS? ¡UN SATÉLITE RUSO QUE ESTABA EN ÓRBITA DESAPARECIÓ MISTERIOSAMENTE!
¿MISTERIOSAMENTE?
694
SÍ... LOS SABIOS DICEN QUE ES POCO PROBABLE QUE SE HAYA DESINTEGRADO EN LA ATMÓSFERA Y QUÉ SÉ YO. ¡LA CUESTIÓN ES QUE NADIE SABE DÓNDE ESTÁ!
© QUINO

...oO EL SENTIDO DE LA VIDA ¿ES DOBLE MANO?

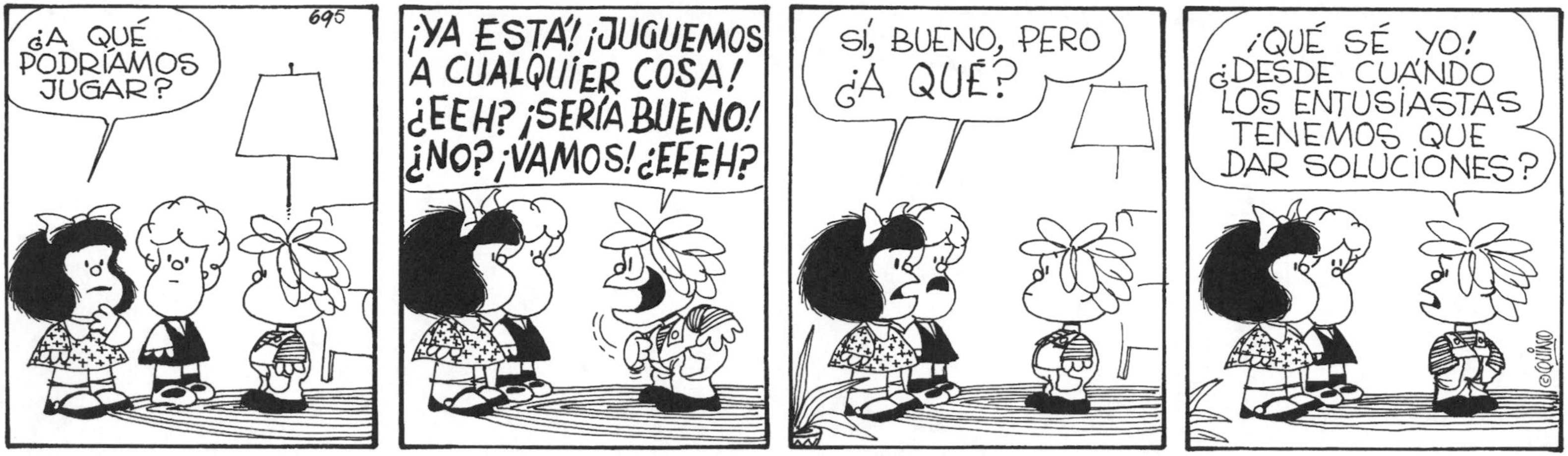
695
¿A QUÉ PODRÍAMOS JUGAR?
¡YA ESTÁ! ¡JUGUEMOS A CUALQUIER COSA! ¿EEH? ¡SERÍA BUENO! ¿NO? ¡VAMOS! ¿EEEH?
SÍ, BUENO, PERO ¿A QUÉ?
¡QUÉ SÉ YO! ¿DESDE CUÁNDO LOS ENTUSIASTAS TENEMOS QUE DAR SOLUCIONES?
©QUINO

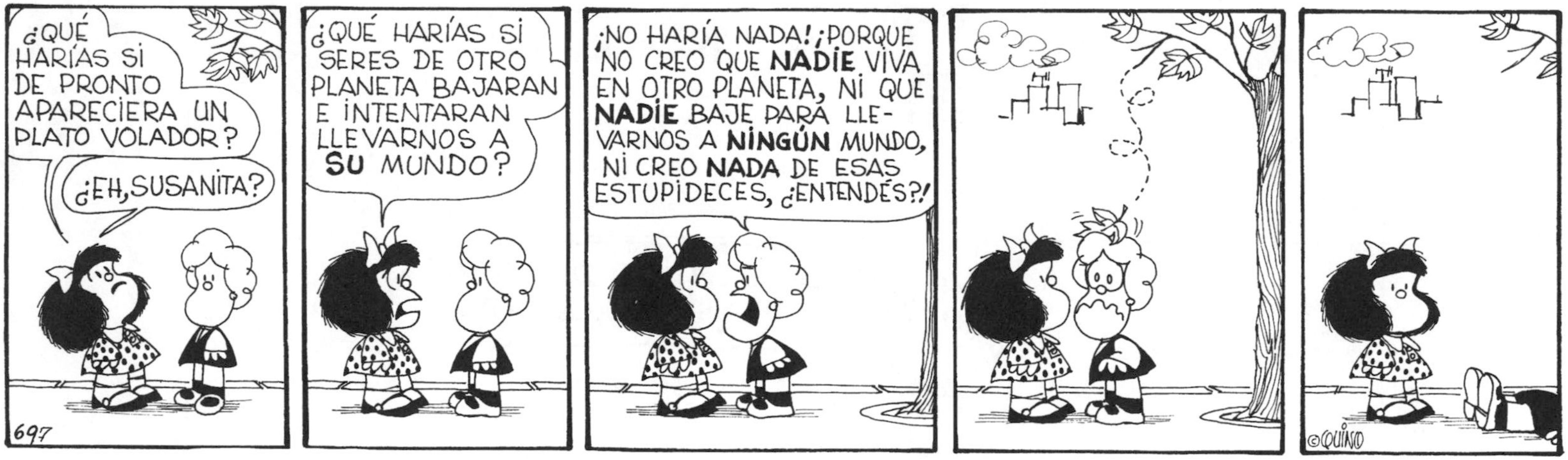
¿QUÉ HARÍAS SI DE PRONTO APARECIERA UN PLATO VOLADOR?
¿EH, SUSANITA?
697
¿QUÉ HARÍAS SI SERES DE OTRO PLANETA BAJARAN E INTENTARAN LLEVARNOS A SU MUNDO?
¡NO HARÍA NADA! ¡PORQUE NO CREO QUE NADIE VIVA EN OTRO PLANETA, NI QUE NADIE BAJE PARA LLEVARNOS A NINGÚN MUNDO, NI CREO NADA DE ESAS ESTUPIDECES, ¿ENTENDÉS?!
©QUINO

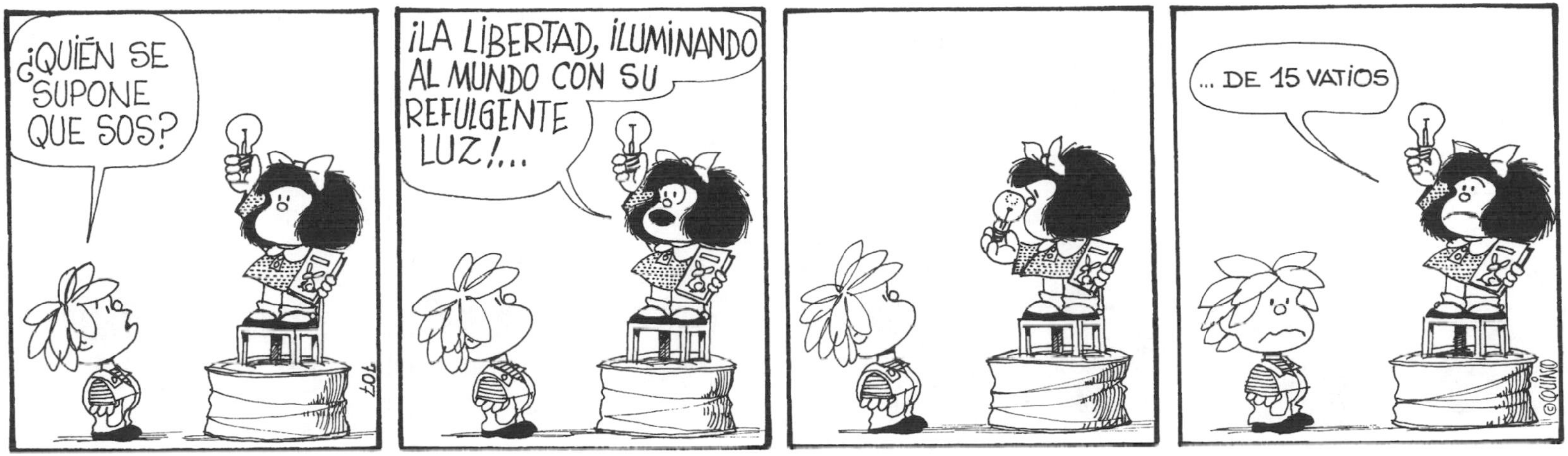
¿QUIÉN SE SUPONE QUE SOS?
¡LA LIBERTAD, ILUMINANDO AL MUNDO CON SU REFULGENTE LUZ!...
... DE 15 VATIOS

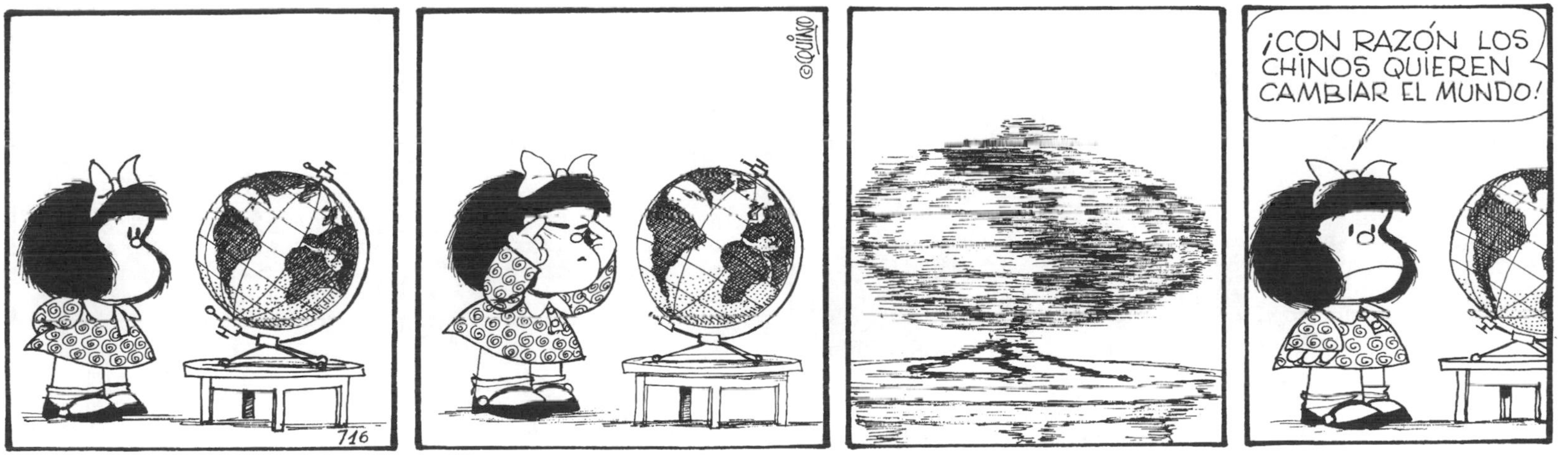
¡CON RAZÓN LOS CHINOS QUIEREN CAMBIAR EL MUNDO!

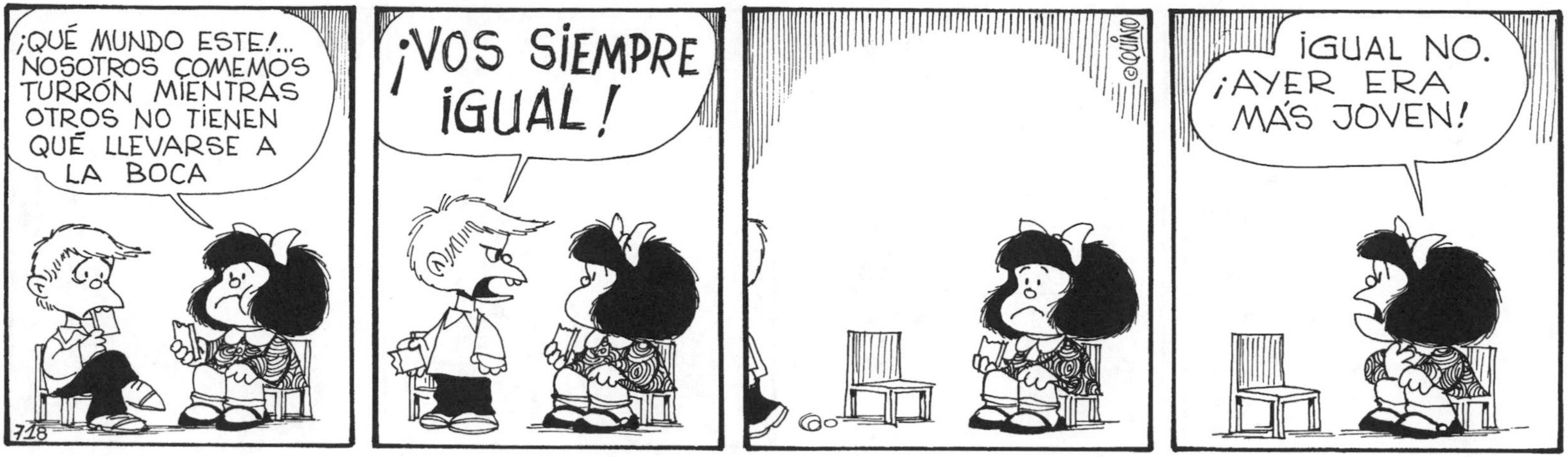
¡QUÉ MUNDO ESTE!... NOSOTROS COMEMOS TURRÓN MIENTRAS OTROS NO TIENEN QUÉ LLEVARSE A LA BOCA
718
¡VOS SIEMPRE IGUAL!
©QUINO
IGUAL NO. ¡AYER ERA MÁS JOVEN!

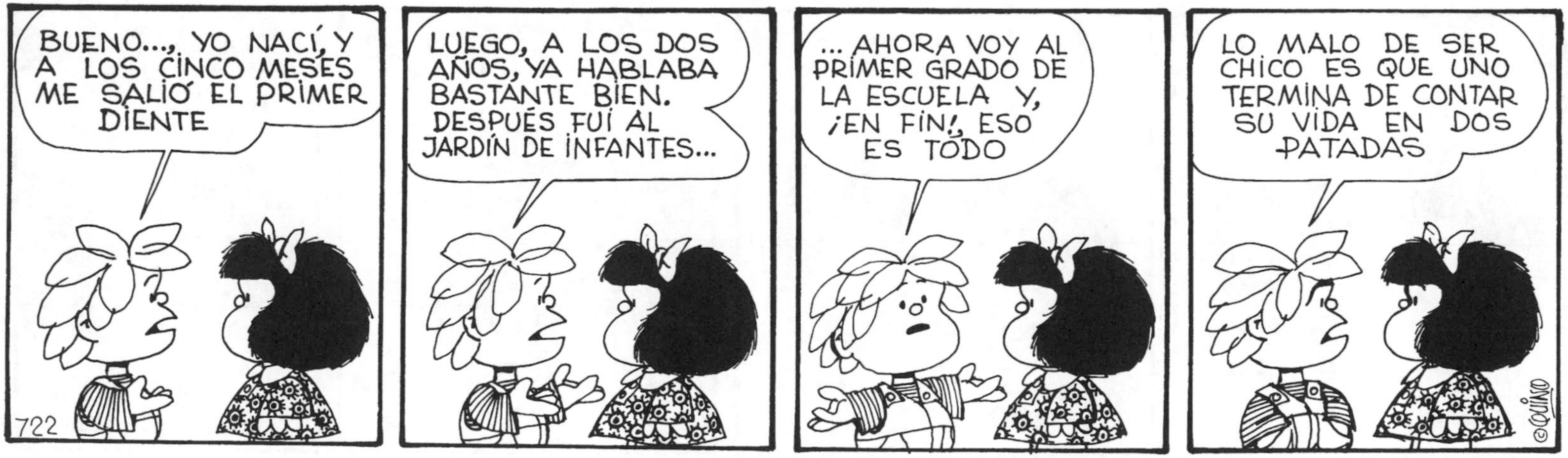
BUENO..., YO NACÍ, Y A LOS CINCO MESES ME SALIÓ EL PRIMER DIENTE
722
LUEGO, A LOS DOS AÑOS, YA HABLABA BASTANTE BIEN. DESPUÉS FUÍ AL JARDÍN DE INFANTES...
... AHORA VOY AL PRIMER GRADO DE LA ESCUELA Y, ¡EN FIN!, ESO ES TODO
LO MALO DE SER CHICO ES QUE UNO TERMINA DE CONTAR SU VIDA EN DOS PATADAS
©QUINO

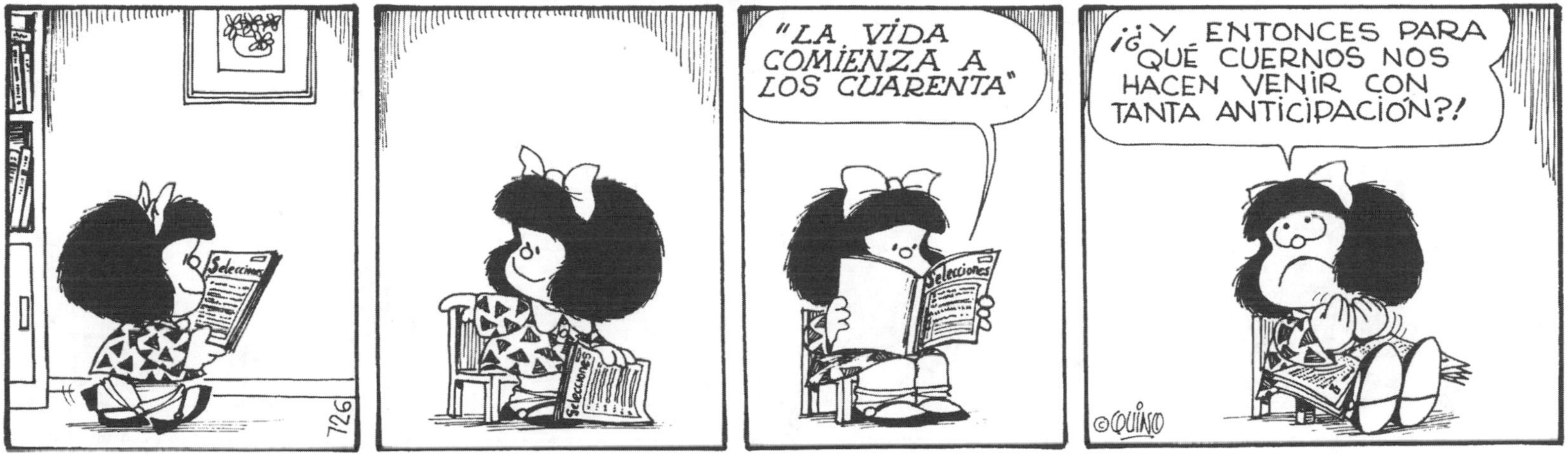
726
Selecciones
"LA VIDA COMIENZA A LOS CUARENTA"
¡¿Y ENTONCES PARA QUÉ CUERNOS NOS HACEN VENIR CON TANTA ANTICIPACIÓN?!
©QUINO

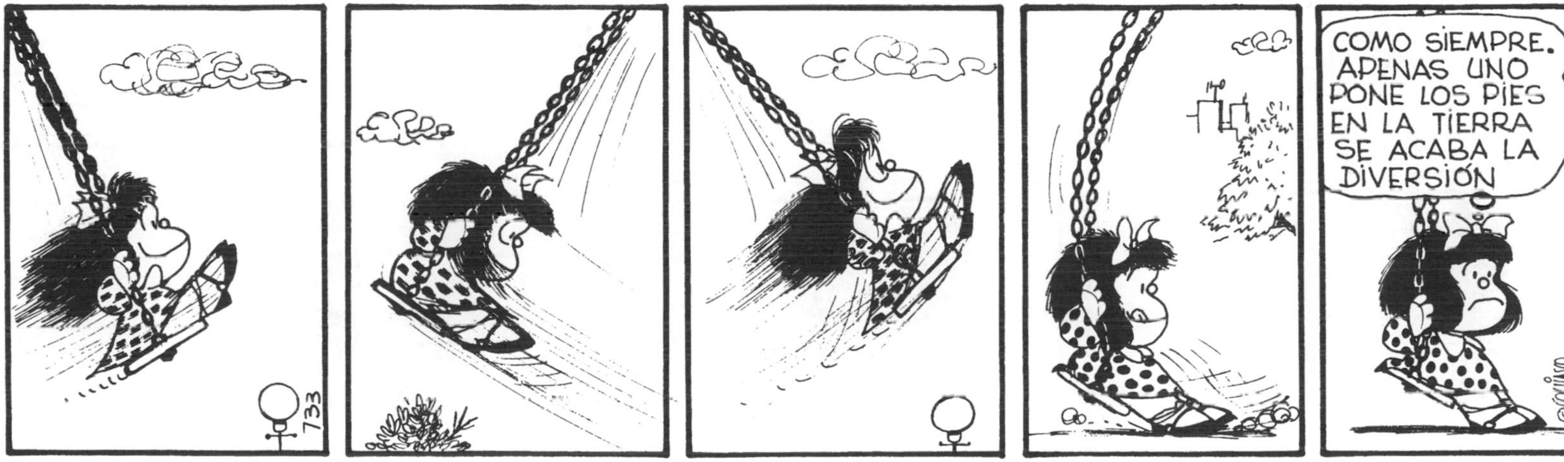
733
COMO SIEMPRE. APENAS UNO PONE LOS PIES EN LA TIERRA SE ACABA LA DIVERSIÓN
©QUINO

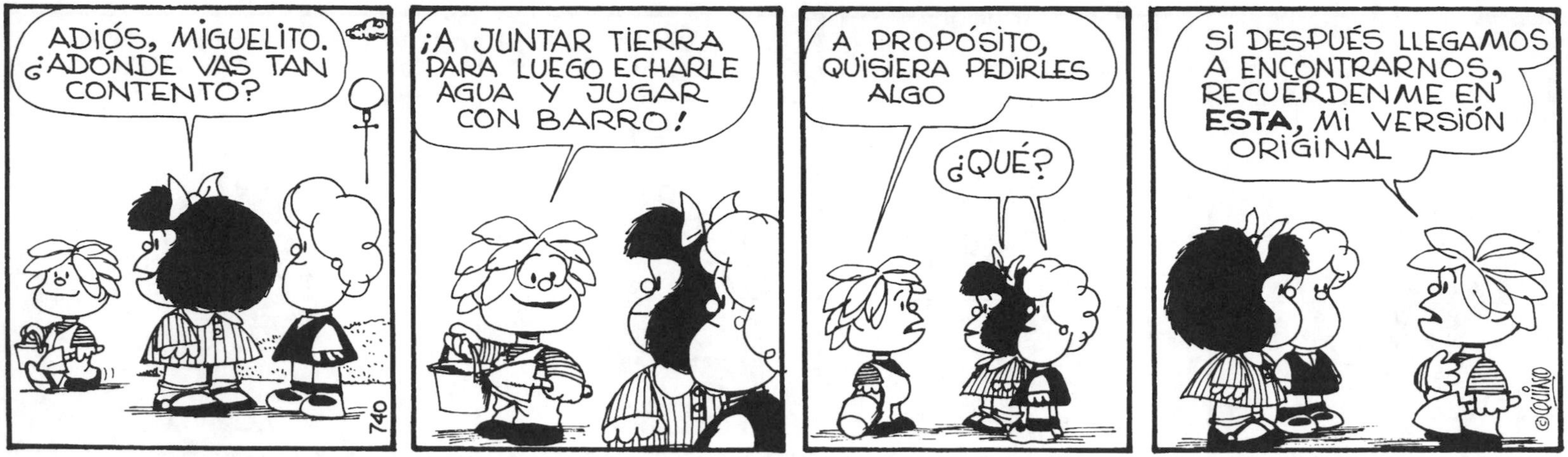
ADIÓS, MIGUELITO. ¿ADÓNDE VAS TAN CONTENTO?
740
¡A JUNTAR TIERRA PARA LUEGO ECHARLE AGUA Y JUGAR CON BARRO!
A PROPÓSITO, QUISIERA PEDIRLES ALGO
¿QUÉ?
SI DESPUÉS LLEGAMOS A ENCONTRARNOS, RECUÉRDENME EN **ESTA**, MI VERSIÓN ORIGINAL
©QUINO

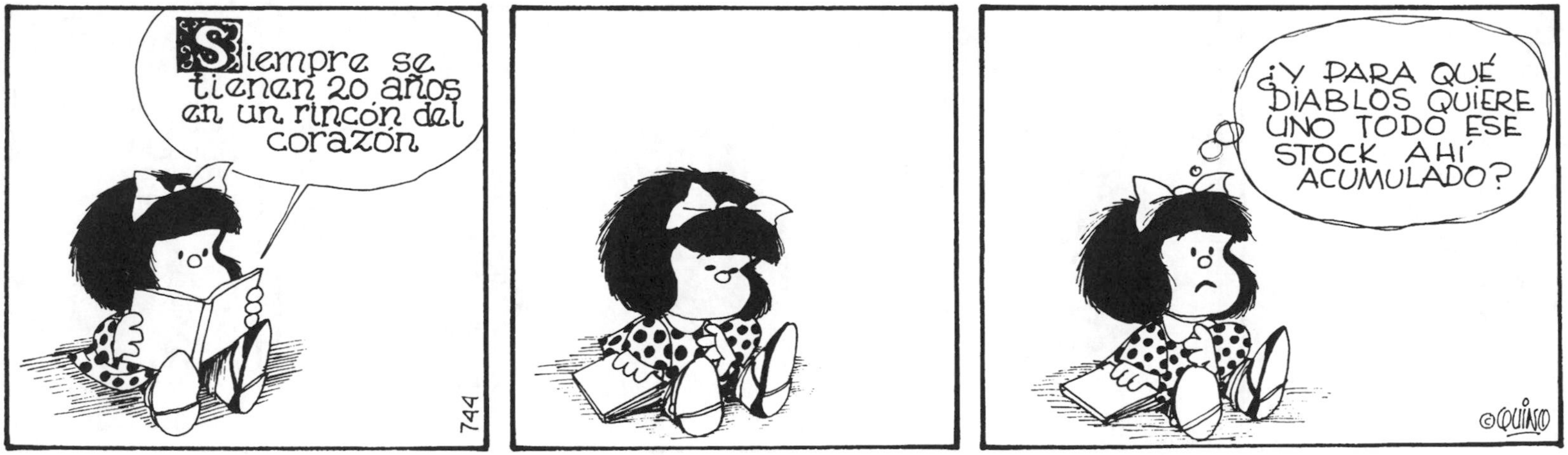
Siempre se tienen 20 años en un rincón del corazón
744
¿Y PARA QUÉ DIABLOS QUIERE UNO TODO ESE STOCK AHÍ ACUMULADO?
©QUINO

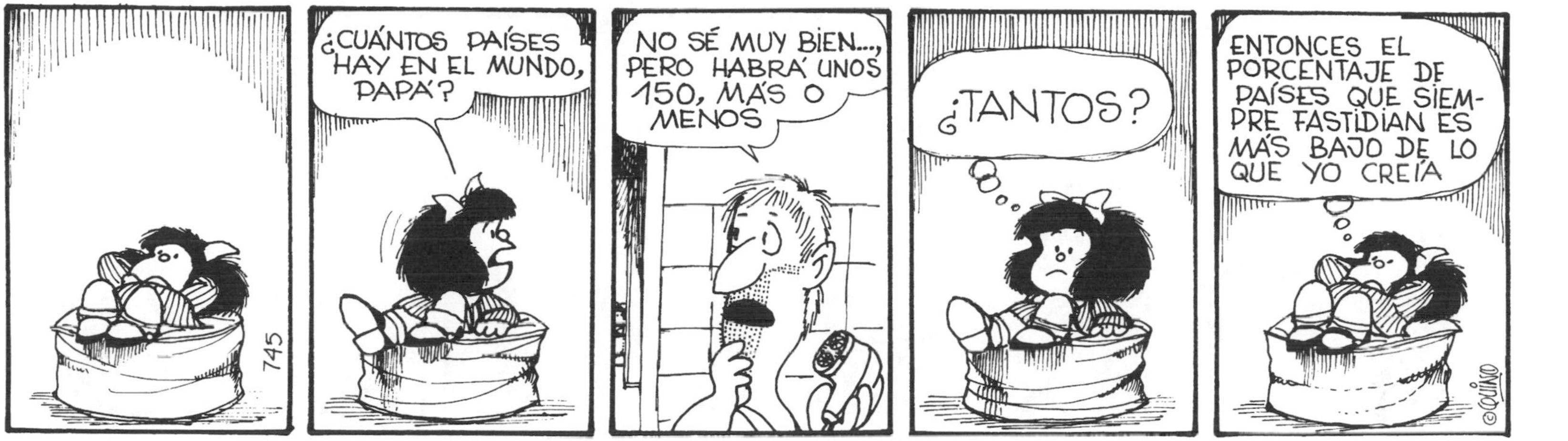
¿CUÁNTOS PAÍSES HAY EN EL MUNDO, PAPÁ?
NO SÉ MUY BIEN..., PERO HABRÁ UNOS 150, MÁS O MENOS
¿TANTOS?
ENTONCES EL PORCENTAJE DE PAÍSES QUE SIEMPRE FASTIDIAN ES MÁS BAJO DE LO QUE YO CREÍA

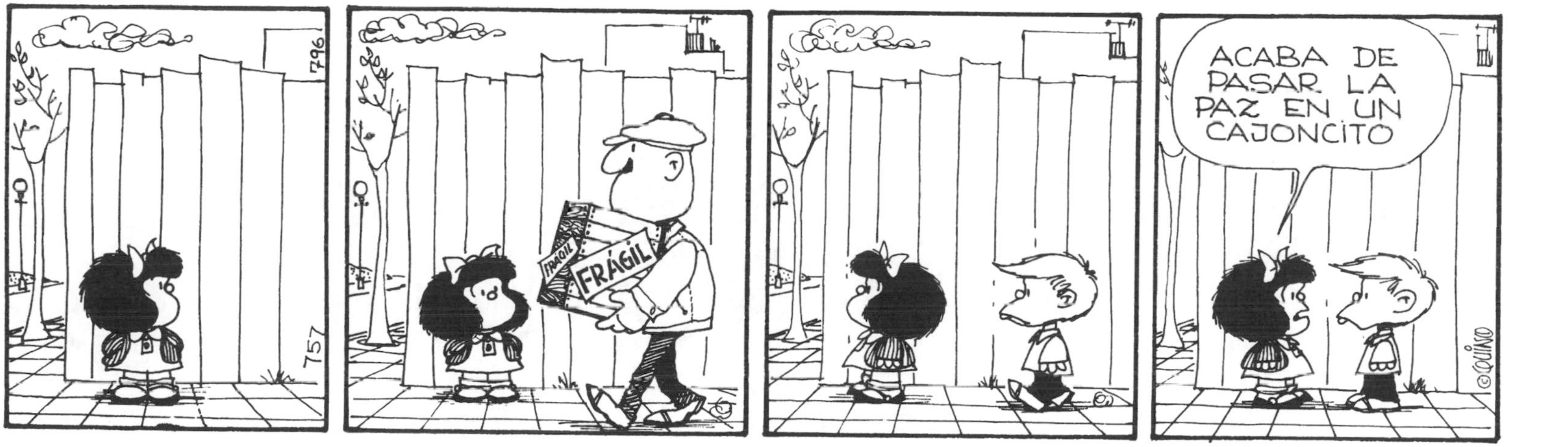
FRÁGIL
FRÁGIL
ACABA DE PASAR LA PAZ EN UN CAJONCITO

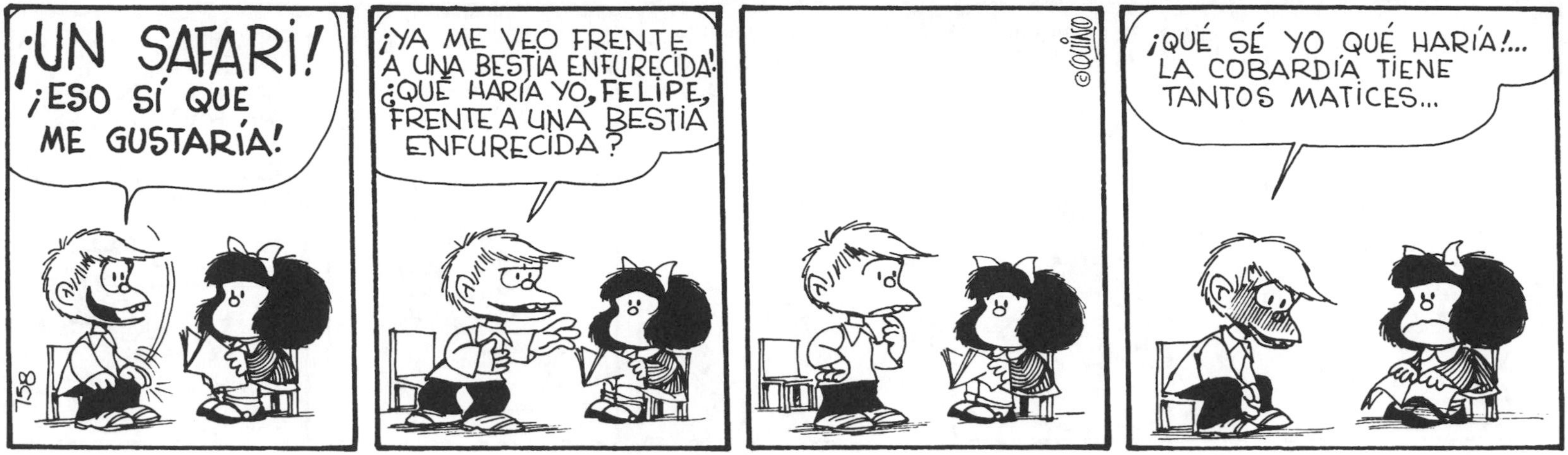
¡UN SAFARI!
¡ESO SÍ QUE ME GUSTARÍA!
758
¡YA ME VEO FRENTE A UNA BESTIA ENFURECIDA! ¿QUÉ HARÍA YO, FELIPE, FRENTE A UNA BESTIA ENFURECIDA?
©QUINO
¡QUÉ SÉ YO QUÉ HARÍA!... LA COBARDÍA TIENE TANTOS MATICES...

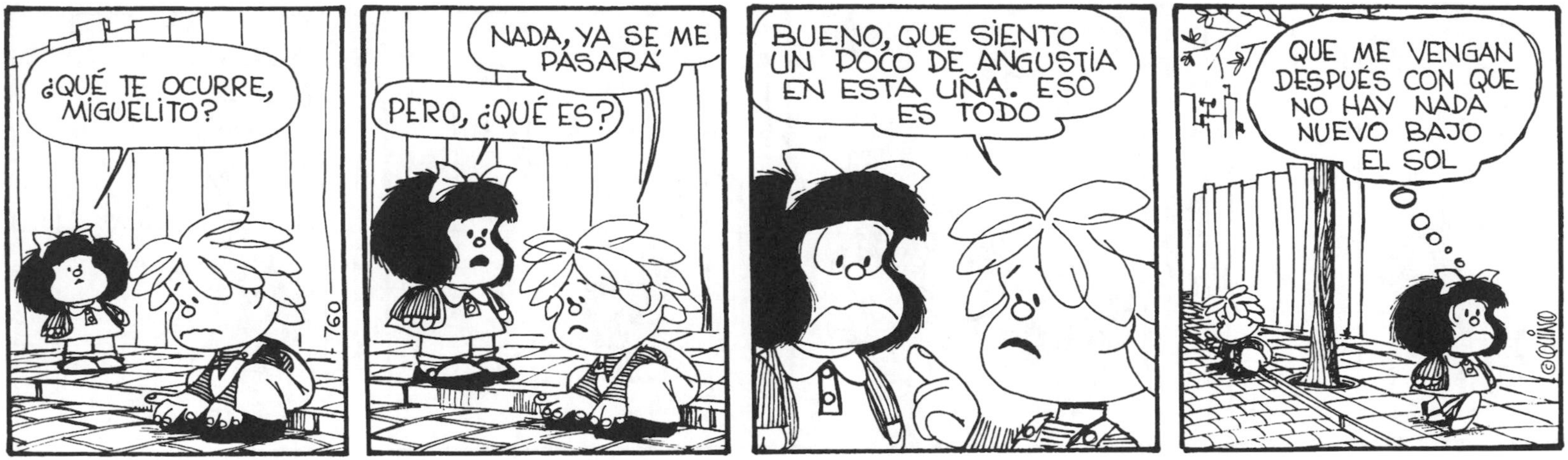
¿QUÉ TE OCURRE, MIGUELITO?
760
PERO, ¿QUÉ ES?
NADA, YA SE ME PASARÁ
BUENO, QUE SIENTO UN POCO DE ANGUSTIA EN ESTA UÑA. ESO ES TODO
QUE ME VENGAN DESPUÉS CON QUE NO HAY NADA NUEVO BAJO EL SOL
©QUINO

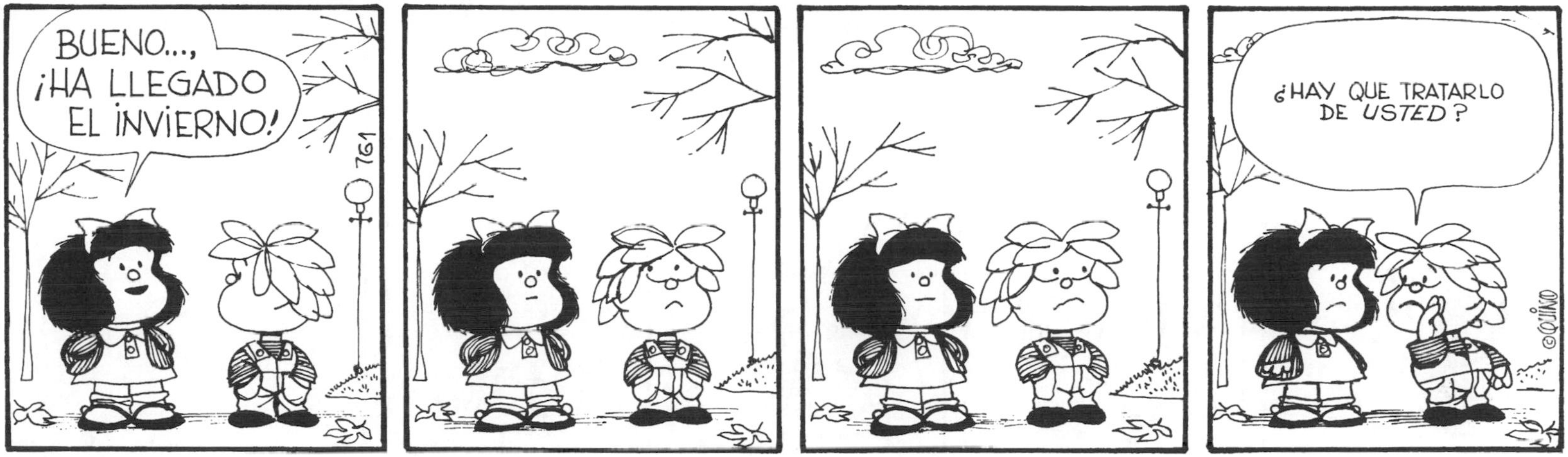
BUENO..., ¡HA LLEGADO EL INVIERNO!
761
¿HAY QUE TRATARLO DE *USTED*?

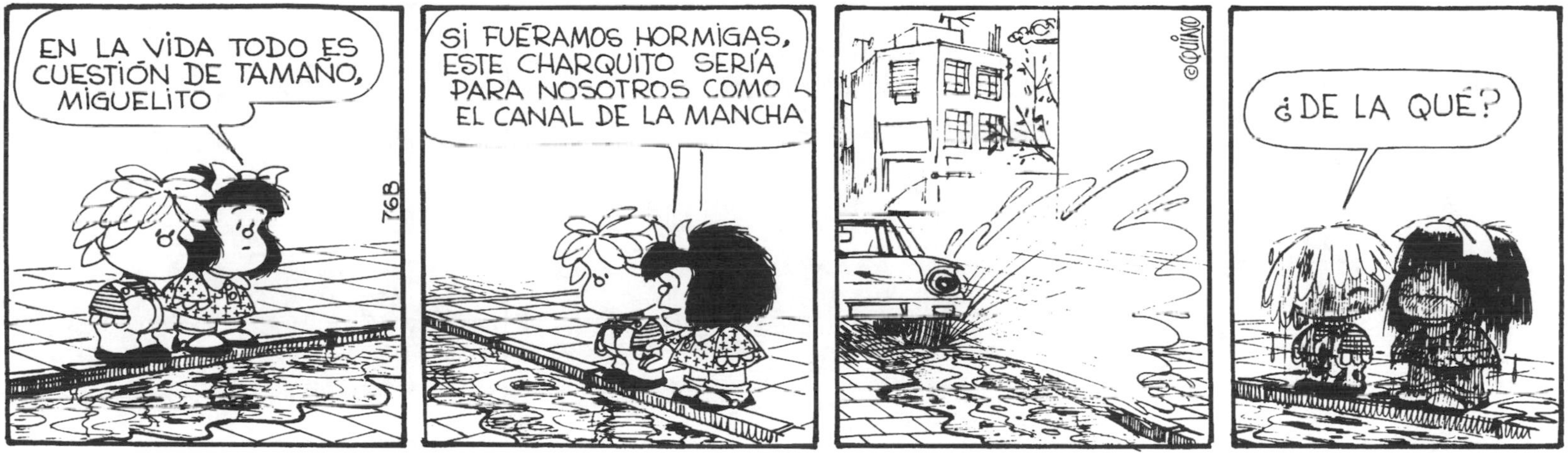
EN LA VIDA TODO ES CUESTIÓN DE TAMAÑO, MIGUELITO
768
SI FUÉRAMOS HORMIGAS, ESTE CHARQUITO SERÍA PARA NOSOTROS COMO EL CANAL DE LA MANCHA
¿DE LA QUÉ?

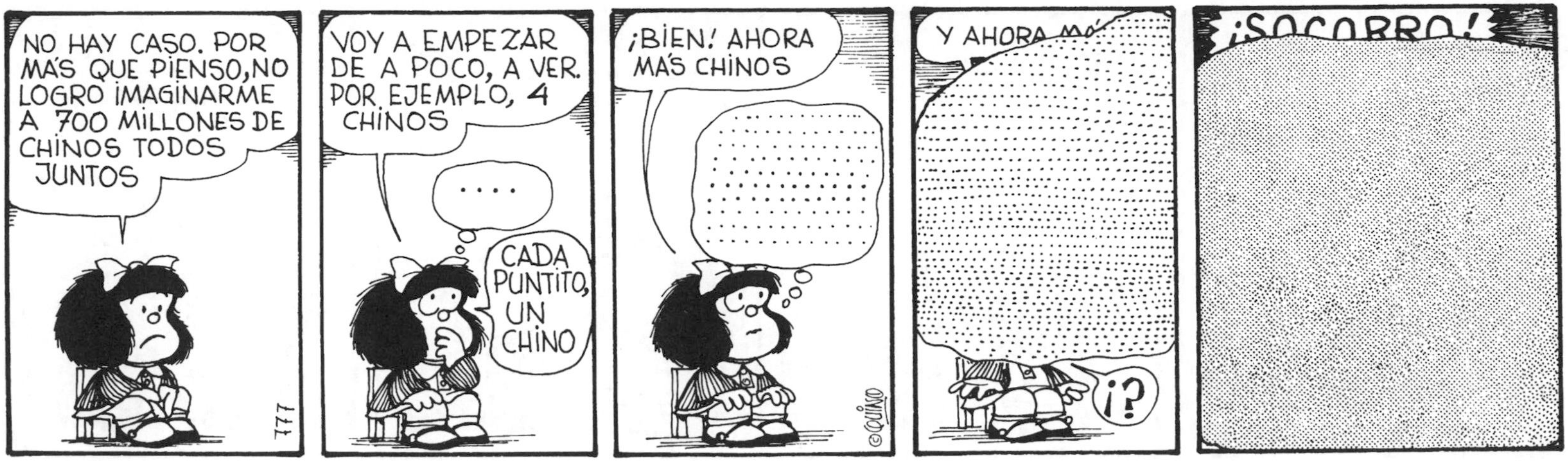
NO HAY CASO. POR MÁS QUE PIENSO, NO LOGRO IMAGINARME A 700 MILLONES DE CHINOS TODOS JUNTOS
777
VOY A EMPEZAR DE A POCO, A VER. POR EJEMPLO, 4 CHINOS
....
CADA PUNTITO, UN CHINO
¡BIEN! AHORA MÁS CHINOS
©QUINO
Y AHORA
¡?
¡SOCORRO!

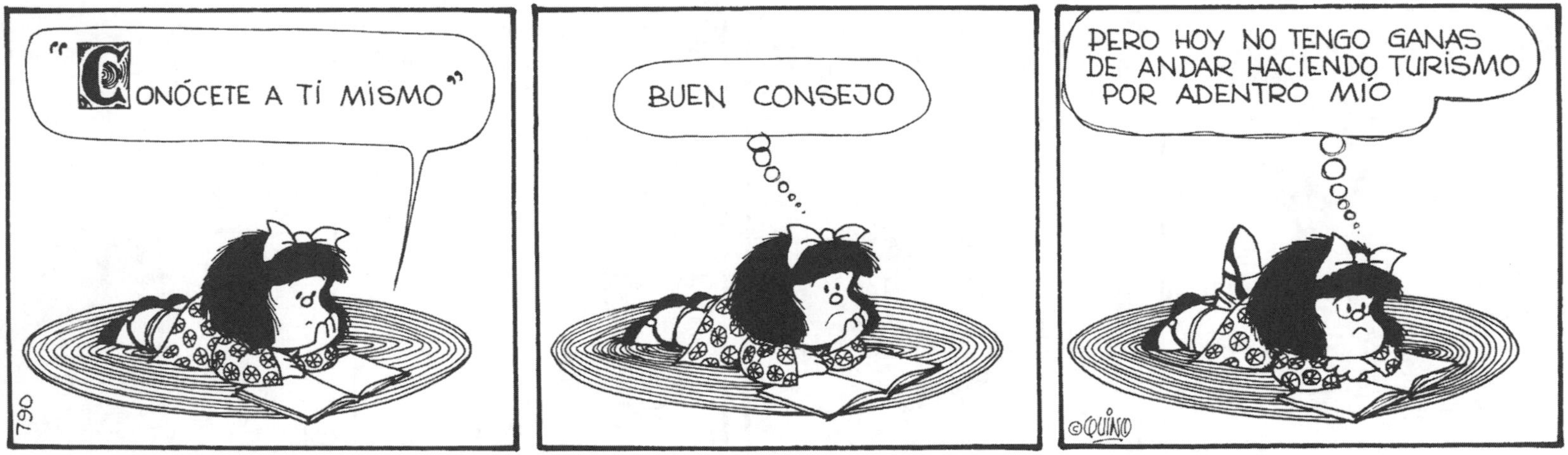
"CONÓCETE A TÍ MISMO"
790
BUEN CONSEJO
PERO HOY NO TENGO GANAS DE ANDAR HACIENDO TURISMO POR ADENTRO MÍO
©QUINO

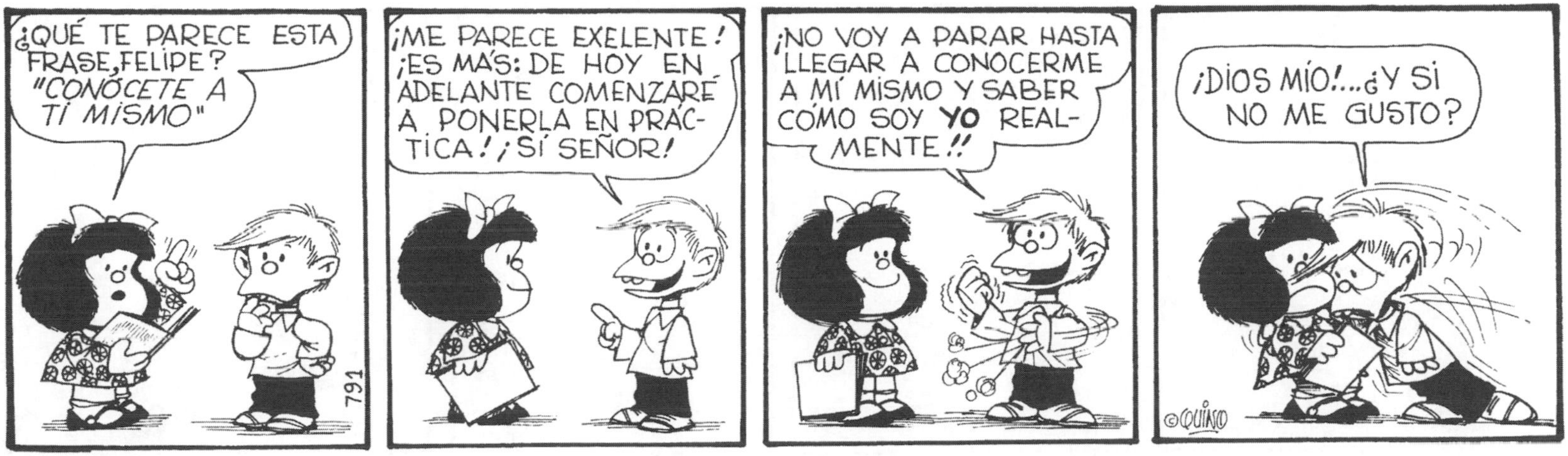
¿QUÉ TE PARECE ESTA FRASE, FELIPE? "CONÓCETE A TÍ MISMO"
791
¡ME PARECE EXELENTE! ¡ES MÁS: DE HOY EN ADELANTE COMENZARÉ A PONERLA EN PRÁCTICA! ¡SÍ SEÑOR!
¡NO VOY A PARAR HASTA LLEGAR A CONOCERME A MÍ MISMO Y SABER CÓMO SOY YO REALMENTE!!
¡DIOS MÍO!...¿Y SI NO ME GUSTO?
©QUINO

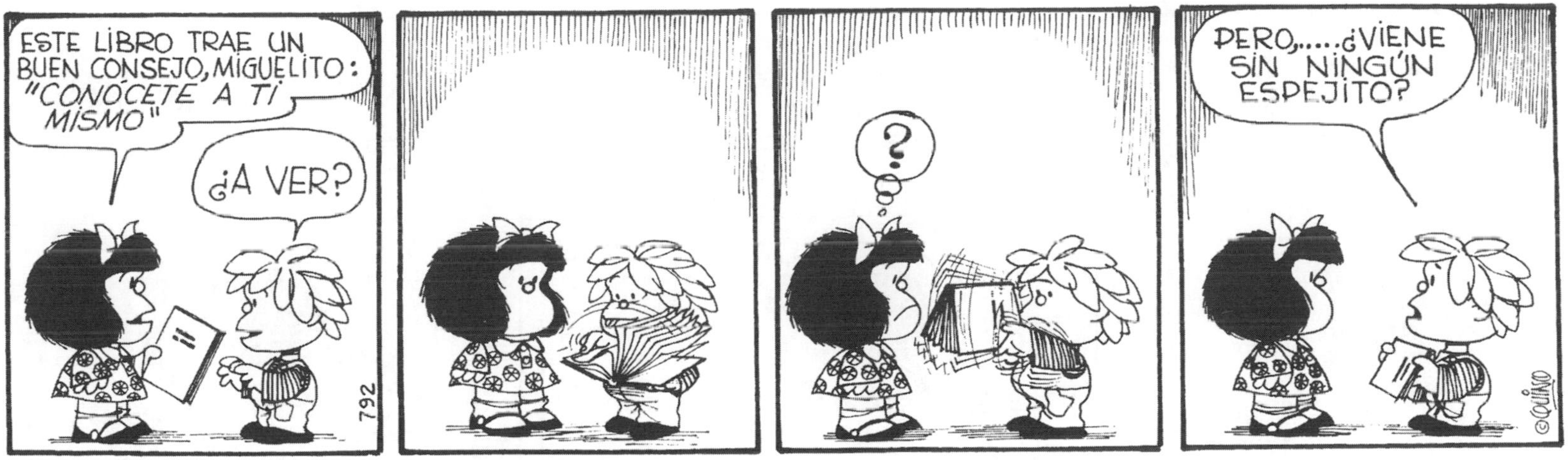
ESTE LIBRO TRAE UN BUEN CONSEJO, MIGUELITO: "CONÓCETE A TÍ MISMO"
¿A VER?
792
?
PERO,.....¿VIENE SIN NINGÚN ESPEJITO?
©QUINO

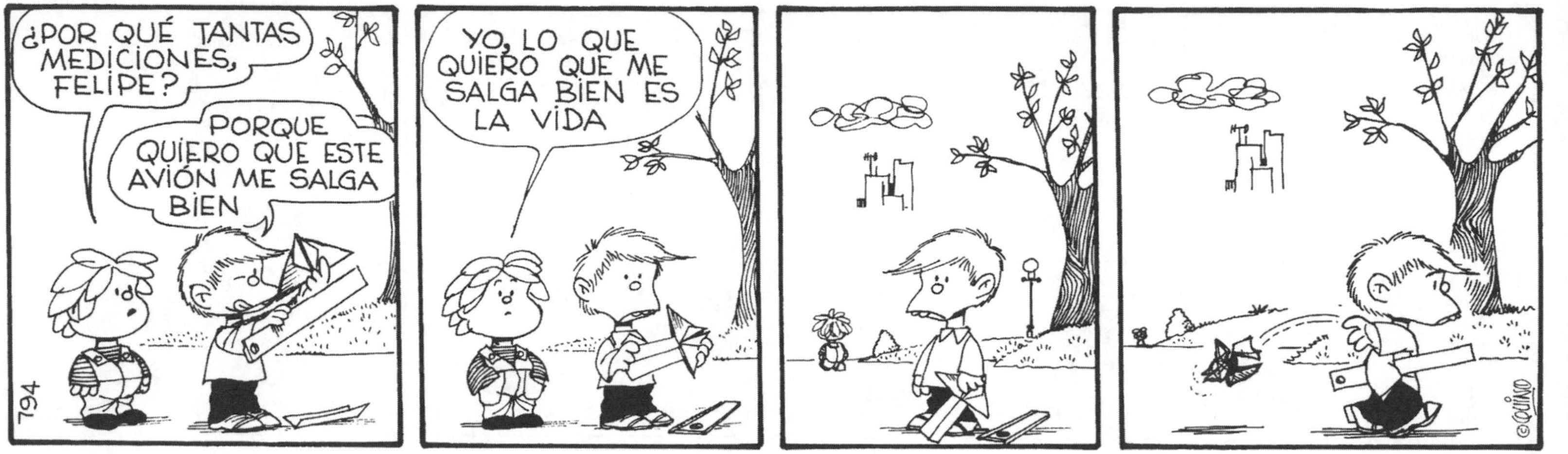

¿POR QUÉ TANTAS MEDICIONES, FELIPE?
PORQUE QUIERO QUE ESTE AVIÓN ME SALGA BIEN
YO, LO QUE QUIERO QUE ME SALGA BIEN ES LA VIDA
794
©QUINO

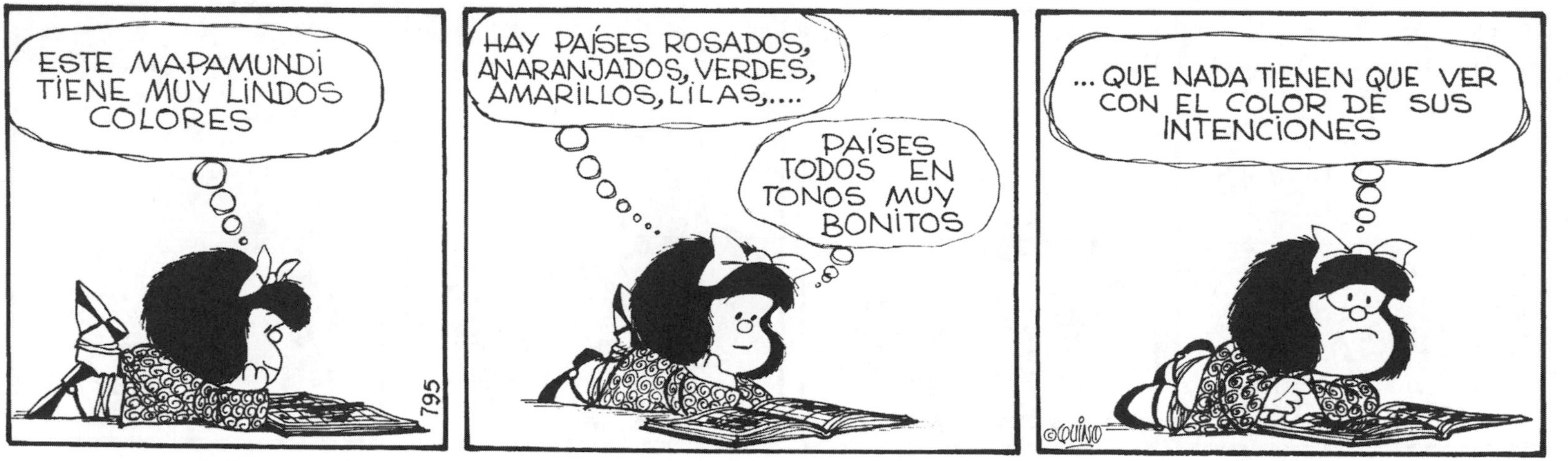

ESTE MAPAMUNDI TIENE MUY LINDOS COLORES
795
HAY PAÍSES ROSADOS, ANARANJADOS, VERDES, AMARILLOS, LILAS,....
PAÍSES TODOS EN TONOS MUY BONITOS
... QUE NADA TIENEN QUE VER CON EL COLOR DE SUS INTENCIONES
©QUINO

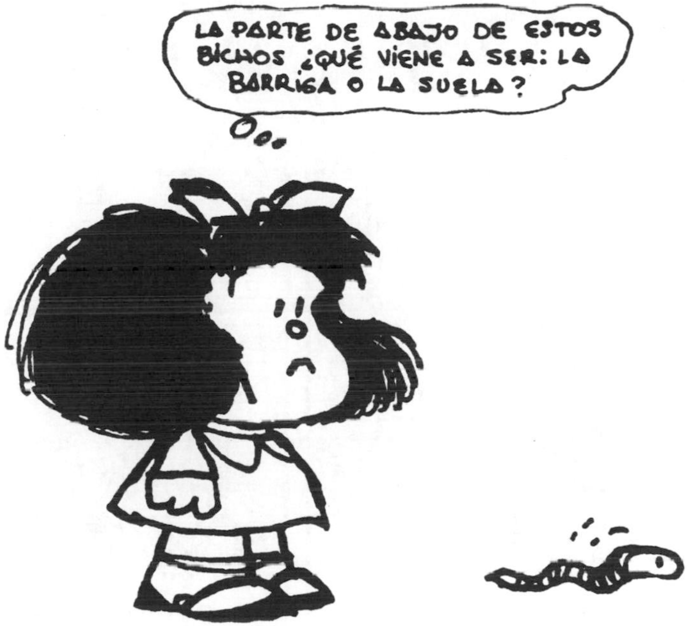
LA PARTE DE ABAJO DE ESTOS BICHOS ¿QUÉ VIENE A SER: LA BARRIGA O LA SUELA?

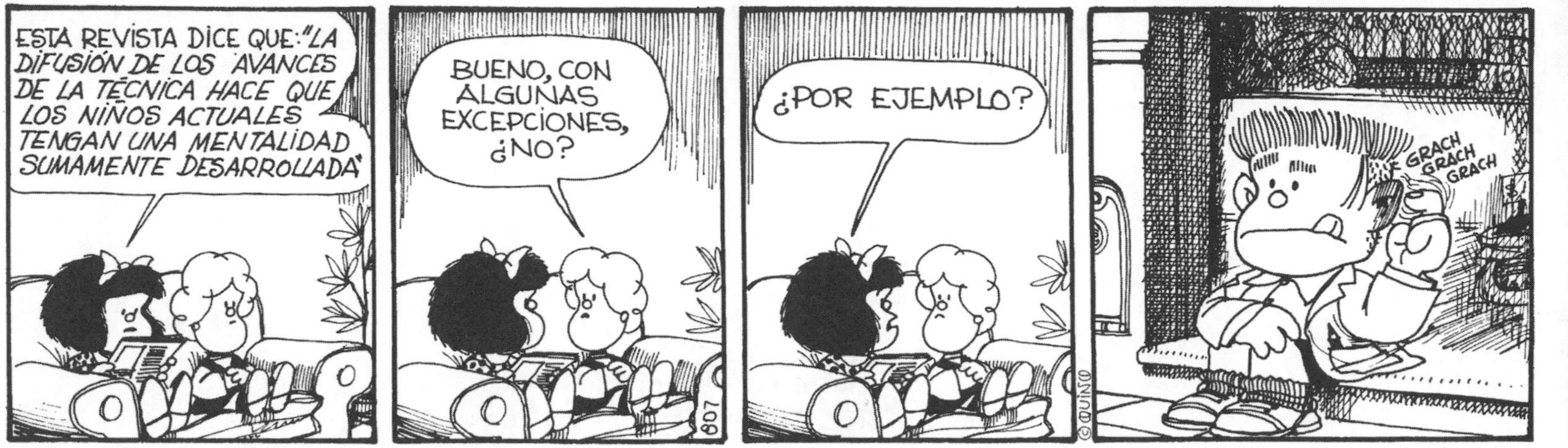
ESTA REVISTA DICE QUE: "LA DIFUSIÓN DE LOS AVANCES DE LA TÉCNICA HACE QUE LOS NIÑOS ACTUALES TENGAN UNA MENTALIDAD SUMAMENTE DESARROLLADA"
BUENO, CON ALGUNAS EXCEPCIONES, ¿NO?
¿POR EJEMPLO?
GRACH GRACH GRACH
807
© QUINO

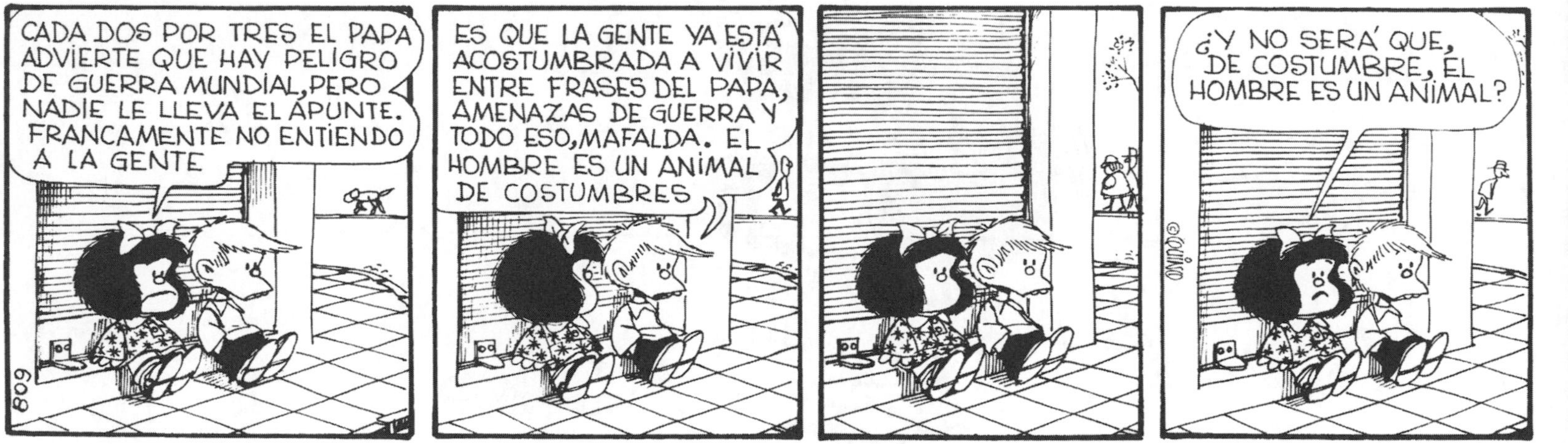
CADA DOS POR TRES EL PAPA ADVIERTE QUE HAY PELIGRO DE GUERRA MUNDIAL, PERO NADIE LE LLEVA EL APUNTE. FRANCAMENTE NO ENTIENDO A LA GENTE
ES QUE LA GENTE YA ESTÁ ACOSTUMBRADA A VIVIR ENTRE FRASES DEL PAPA, AMENAZAS DE GUERRA Y TODO ESO, MAFALDA. EL HOMBRE ES UN ANIMAL DE COSTUMBRES
¿Y NO SERÁ QUE, DE COSTUMBRE, EL HOMBRE ES UN ANIMAL?
809
© QUINO

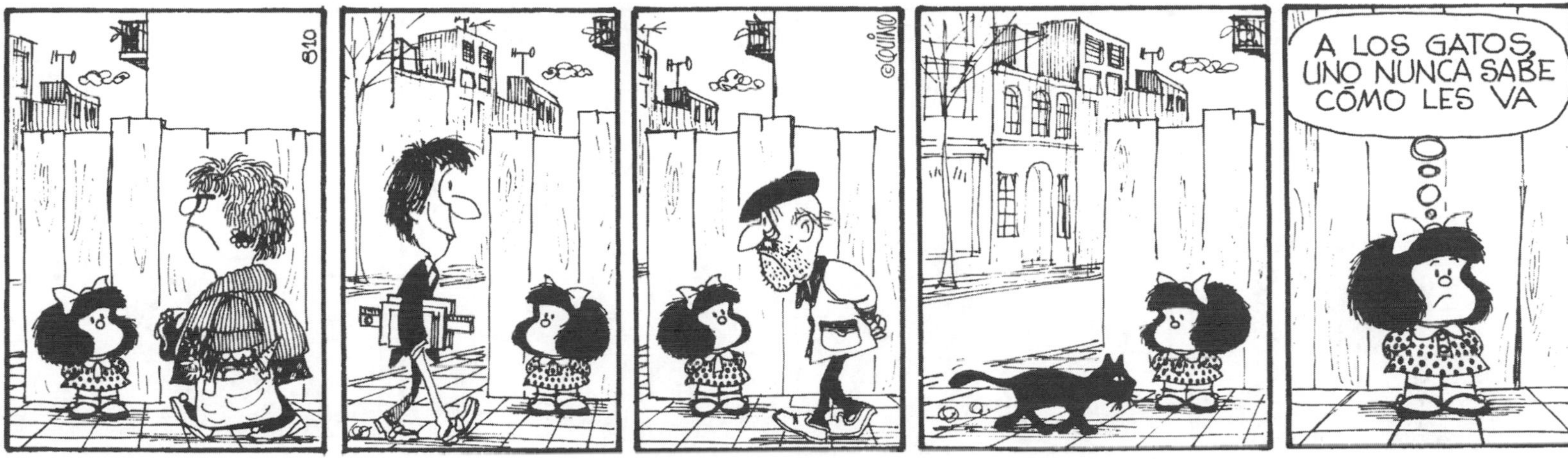
810
©QUINO
A LOS GATOS, UNO NUNCA SABE CÓMO LES VA

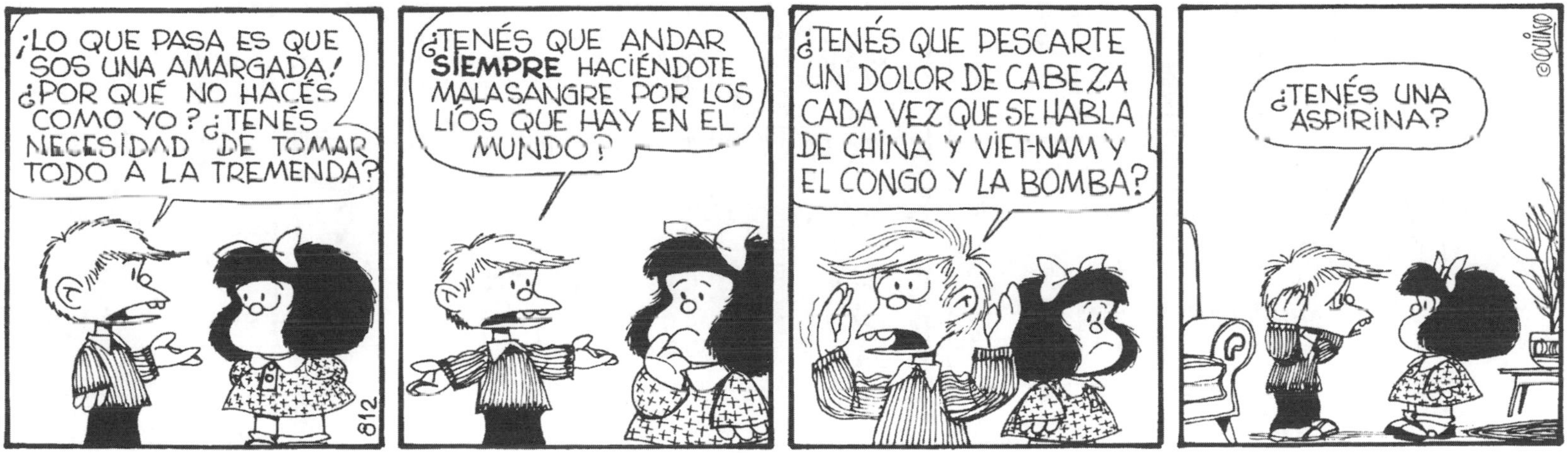
¡LO QUE PASA ES QUE SOS UNA AMARGADA! ¿POR QUÉ NO HACÉS COMO YO? ¿TENÉS NECESIDAD DE TOMAR TODO A LA TREMENDA?
812
¿TENÉS QUE ANDAR **SIEMPRE** HACIÉNDOTE MALASANGRE POR LOS LÍOS QUE HAY EN EL MUNDO?
¿TENÉS QUE PESCARTE UN DOLOR DE CABEZA CADA VEZ QUE SE HABLA DE CHINA Y VIET-NAM Y EL CONGO Y LA BOMBA?
©QUINO
¿TENÉS UNA ASPIRINA?

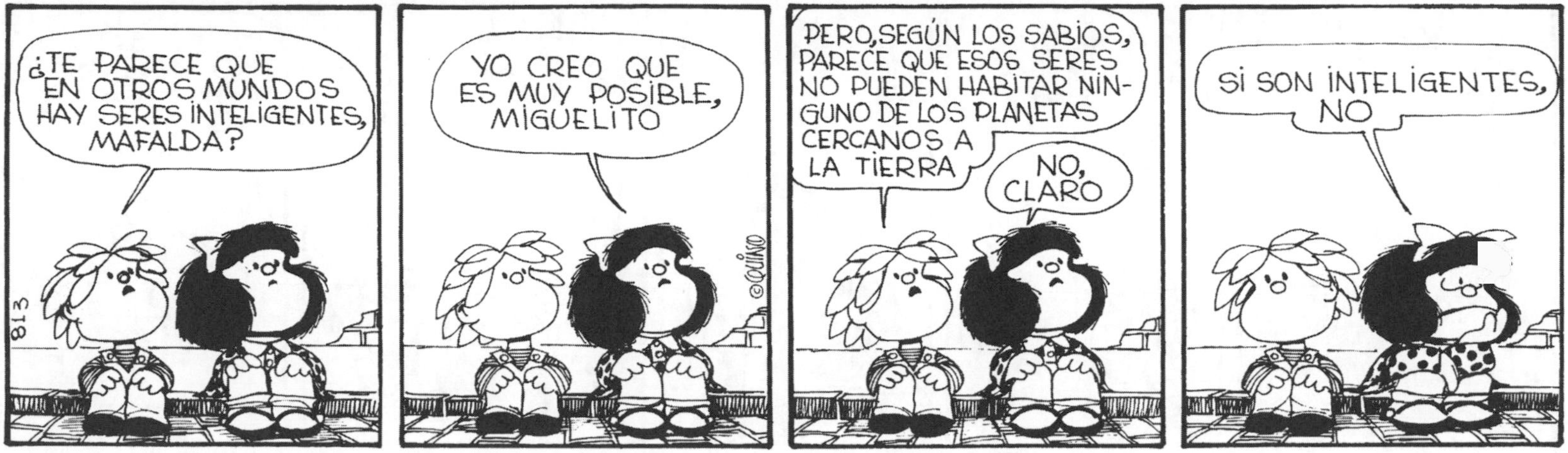
¿TE PARECE QUE EN OTROS MUNDOS HAY SERES INTELIGENTES, MAFALDA?
YO CREO QUE ES MUY POSIBLE, MIGUELITO
PERO, SEGÚN LOS SABIOS, PARECE QUE ESOS SERES NO PUEDEN HABITAR NINGUNO DE LOS PLANETAS CERCANOS A LA TIERRA
NO, CLARO
SI SON INTELIGENTES, NO

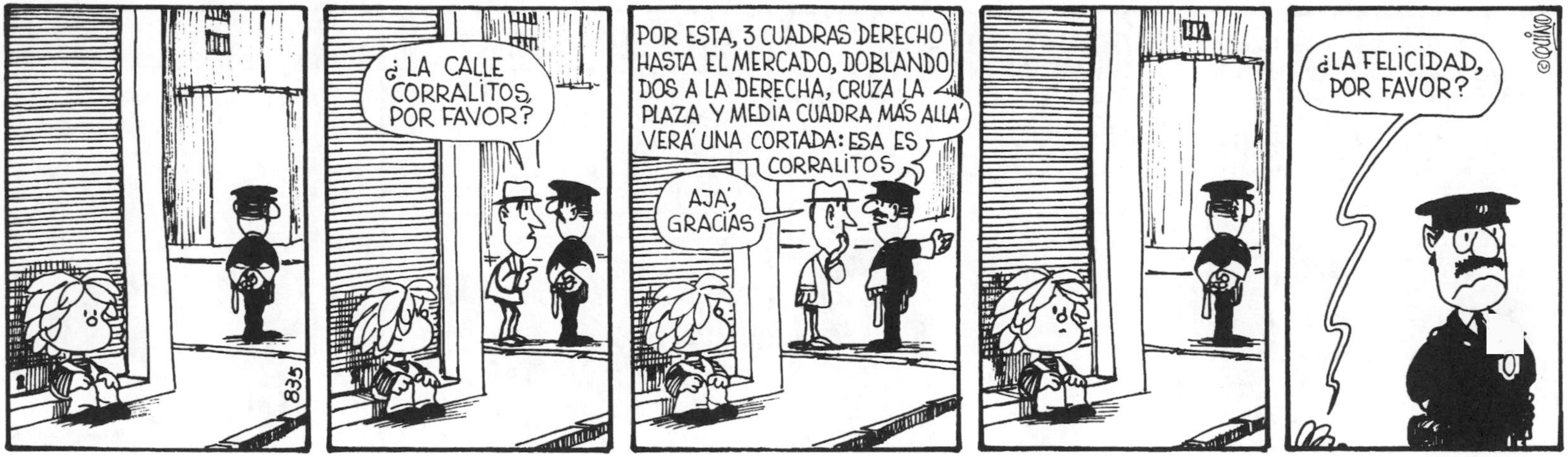
¿LA CALLE CORRALITOS, POR FAVOR?
POR ESTA, 3 CUADRAS DERECHO HASTA EL MERCADO, DOBLANDO DOS A LA DERECHA, CRUZA LA PLAZA Y MEDIA CUADRA MÁS ALLÁ VERÁ UNA CORTADA: ESA ES CORRALITOS
AJÁ, GRACIAS
¿LA FELICIDAD, POR FAVOR?

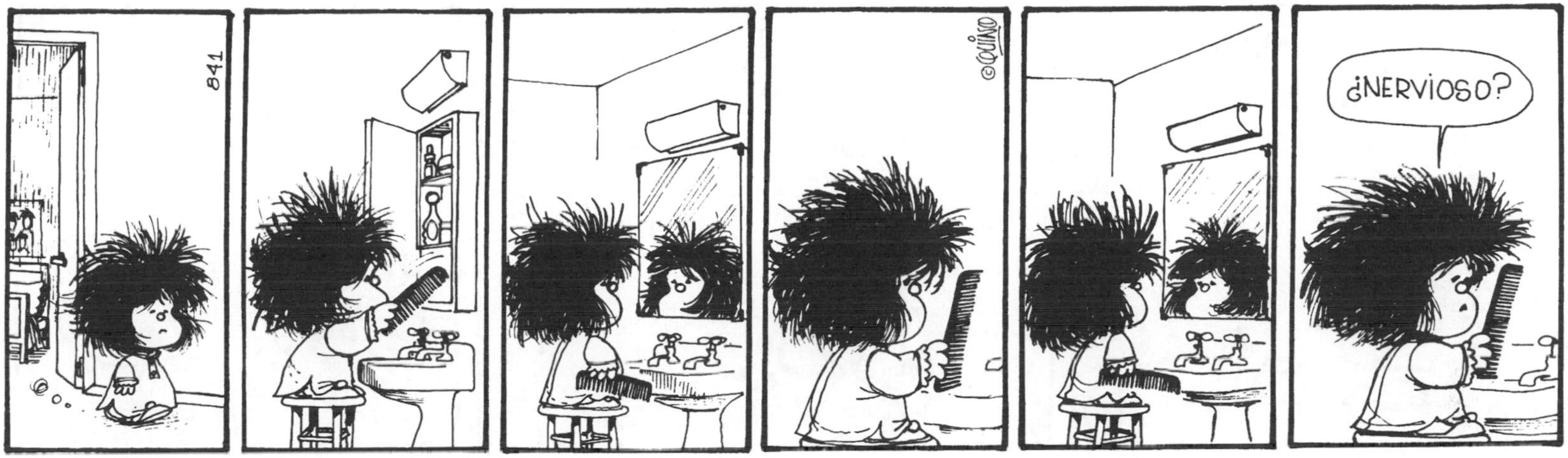
841
©QUINO
¿NERVIOSO?

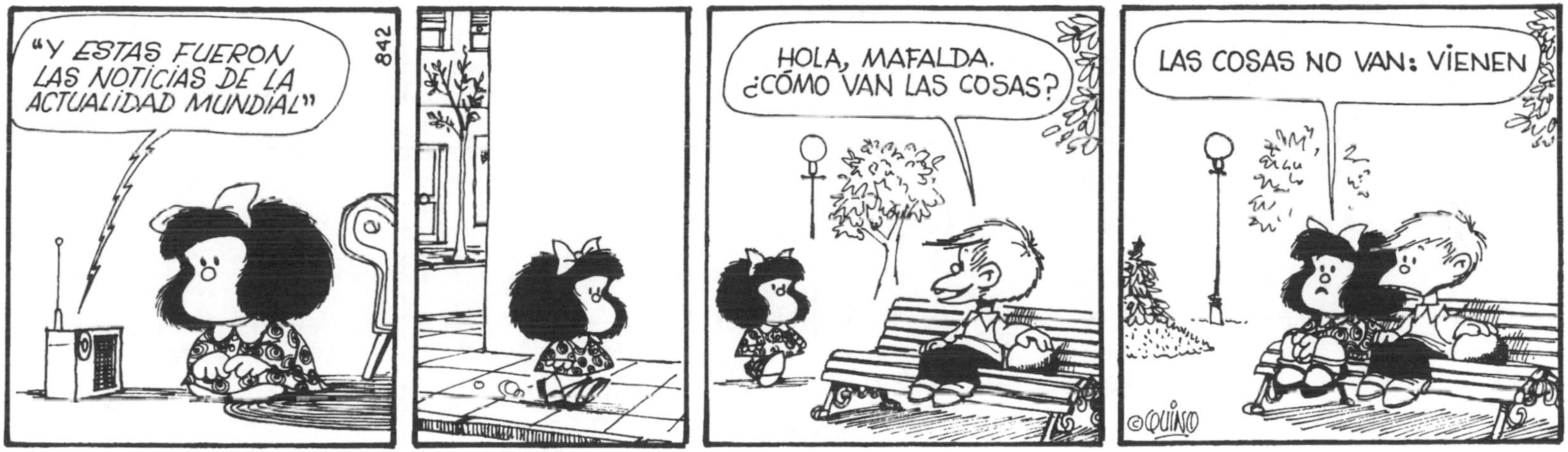
842
“Y ESTAS FUERON LAS NOTICIAS DE LA ACTUALIDAD MUNDIAL”
HOLA, MAFALDA. ¿CÓMO VAN LAS COSAS?
LAS COSAS NO VAN: VIENEN
©QUINO

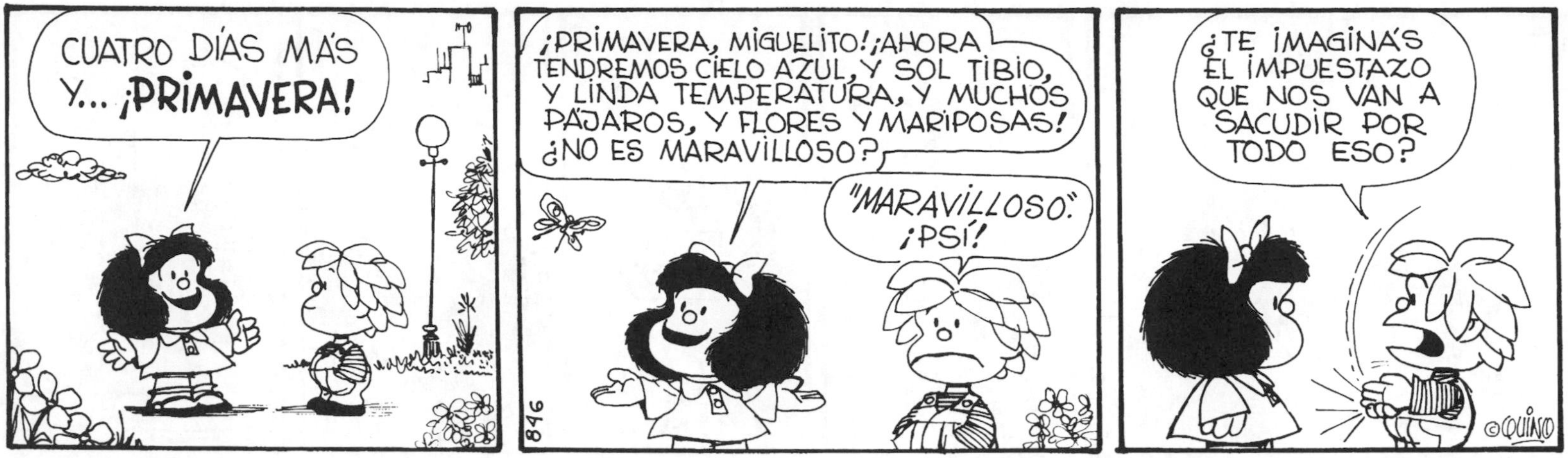
CUATRO DÍAS MÁS Y... ¡PRIMAVERA!
¡PRIMAVERA, MIGUELITO! ¡AHORA TENDREMOS CIELO AZUL, Y SOL TIBIO, Y LINDA TEMPERATURA, Y MUCHOS PÁJAROS, Y FLORES Y MARIPOSAS! ¿NO ES MARAVILLOSO?
"MARAVILLOSO". ¡PSÍ!
¿TE IMAGINÁS EL IMPUESTAZO QUE NOS VAN A SACUDIR POR TODO ESO?
846
©QUINO

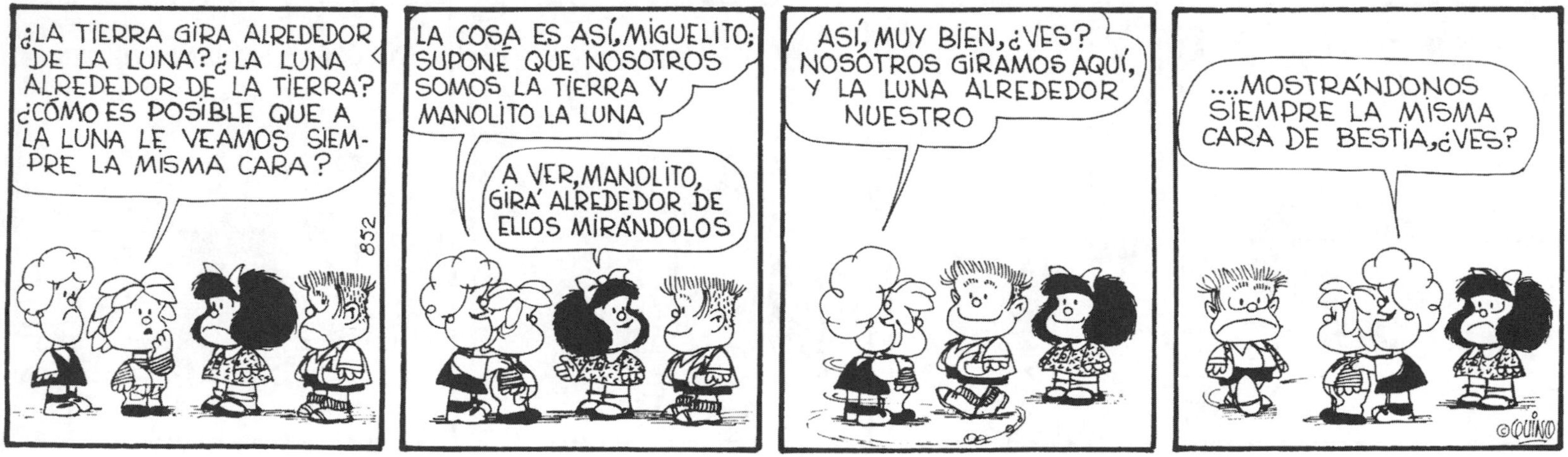
¿LA TIERRA GIRA ALREDEDOR DE LA LUNA? ¿LA LUNA ALREDEDOR DE LA TIERRA? ¿CÓMO ES POSIBLE QUE A LA LUNA LE VEAMOS SIEMPRE LA MISMA CARA?
852
LA COSA ES ASÍ, MIGUELITO; SUPONÉ QUE NOSOTROS SOMOS LA TIERRA Y MANOLITO LA LUNA
A VER, MANOLITO, GIRÁ ALREDEDOR DE ELLOS MIRÁNDOLOS
ASÍ, MUY BIEN, ¿VES? NOSOTROS GIRAMOS AQUÍ, Y LA LUNA ALREDEDOR NUESTRO
....MOSTRÁNDONOS SIEMPRE LA MISMA CARA DE BESTIA, ¿VES?
©QUINO

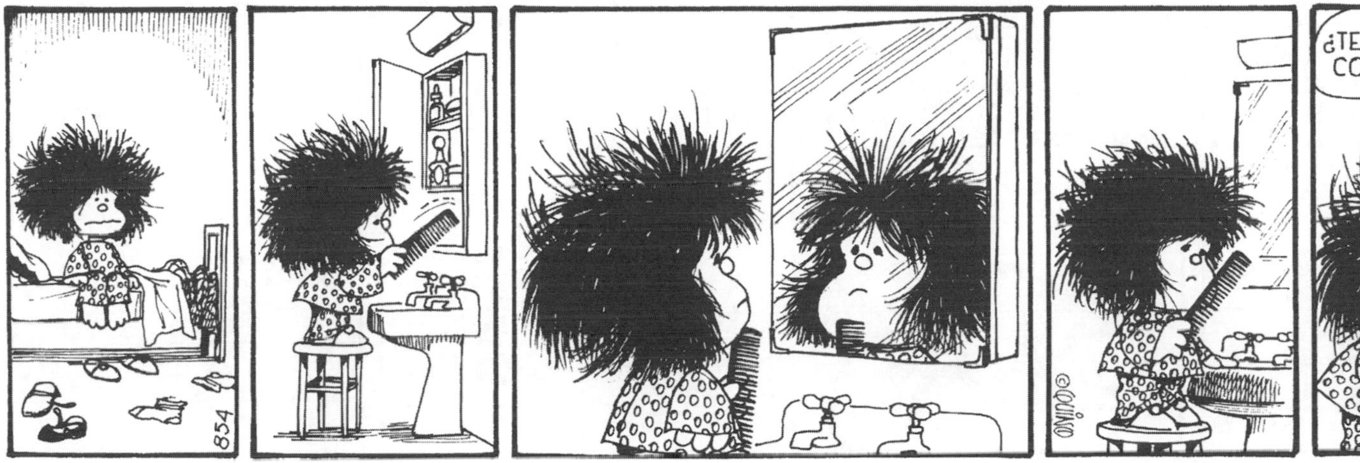
854
©QUINO
¿TE SENTÍS MUY CONFLICTUADO?

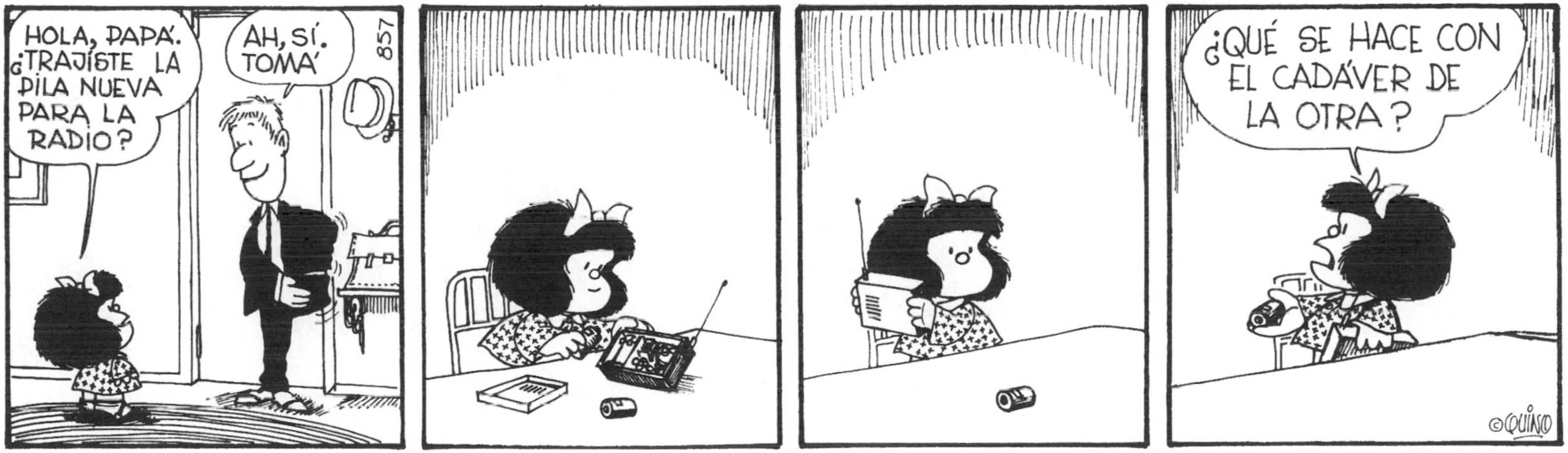
857
HOLA, PAPÁ. ¿TRAJISTE LA PILA NUEVA PARA LA RADIO?
AH, SÍ. TOMÁ
¿QUÉ SE HACE CON EL CADÁVER DE LA OTRA?
©QUINO

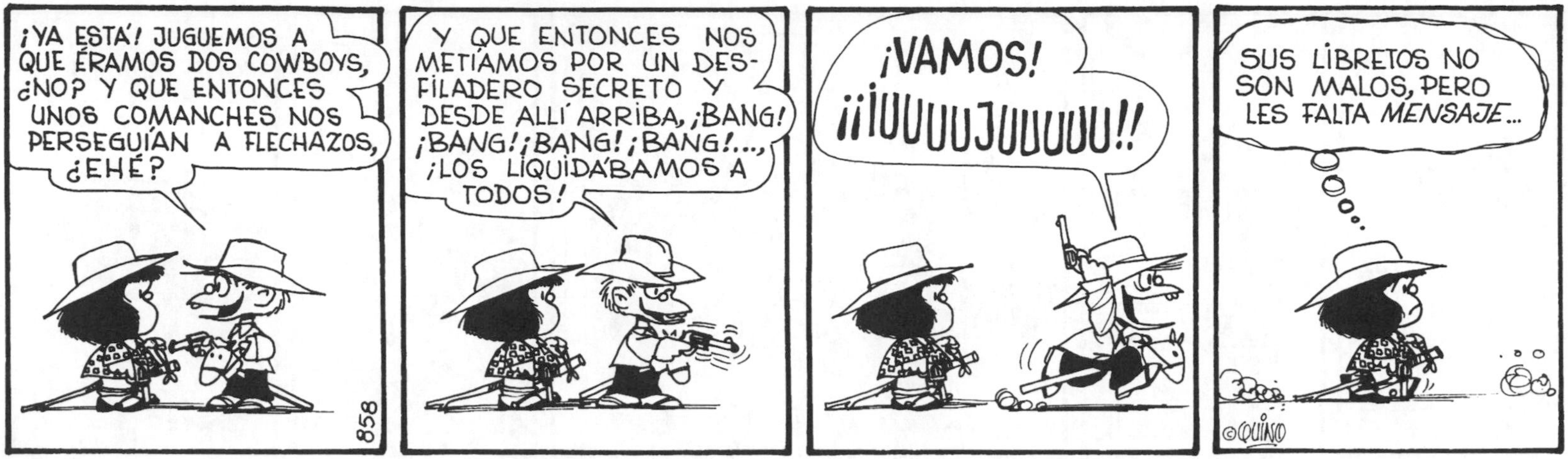
¡YA ESTÁ! JUGUEMOS A QUE ÉRAMOS DOS COWBOYS, ¿NO? Y QUE ENTONCES UNOS COMANCHES NOS PERSEGUÍAN A FLECHAZOS, ¿EHÉ?
858
Y QUE ENTONCES NOS METÍAMOS POR UN DESFILADERO SECRETO Y DESDE ALLÍ ARRIBA, ¡BANG! ¡BANG! ¡BANG! ¡BANG!..., ¡LOS LIQUIDÁBAMOS A TODOS!
¡VAMOS!
¡¡IUUUUJUUUUUU!!
SUS LIBRETOS NO SON MALOS, PERO LES FALTA *MENSAJE*...
©QUINO

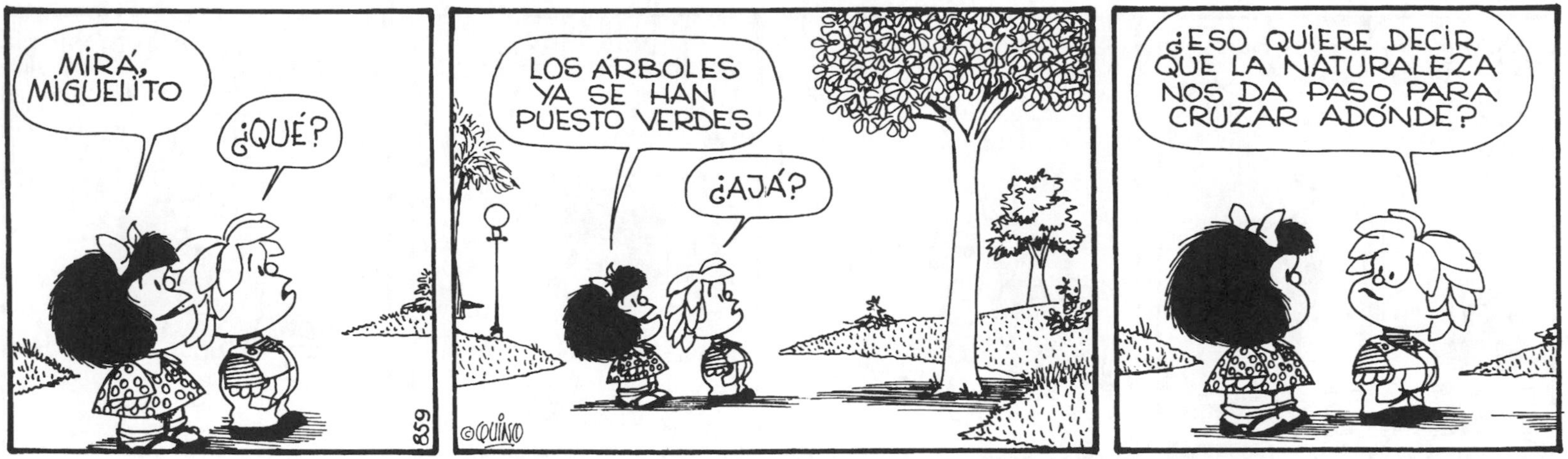
MIRÁ, MIGUELITO
¿QUÉ?
859
LOS ÁRBOLES YA SE HAN PUESTO VERDES
¿AJÁ?
©QUINO
¿ESO QUIERE DECIR QUE LA NATURALEZA NOS DA PASO PARA CRUZAR ADÓNDE?

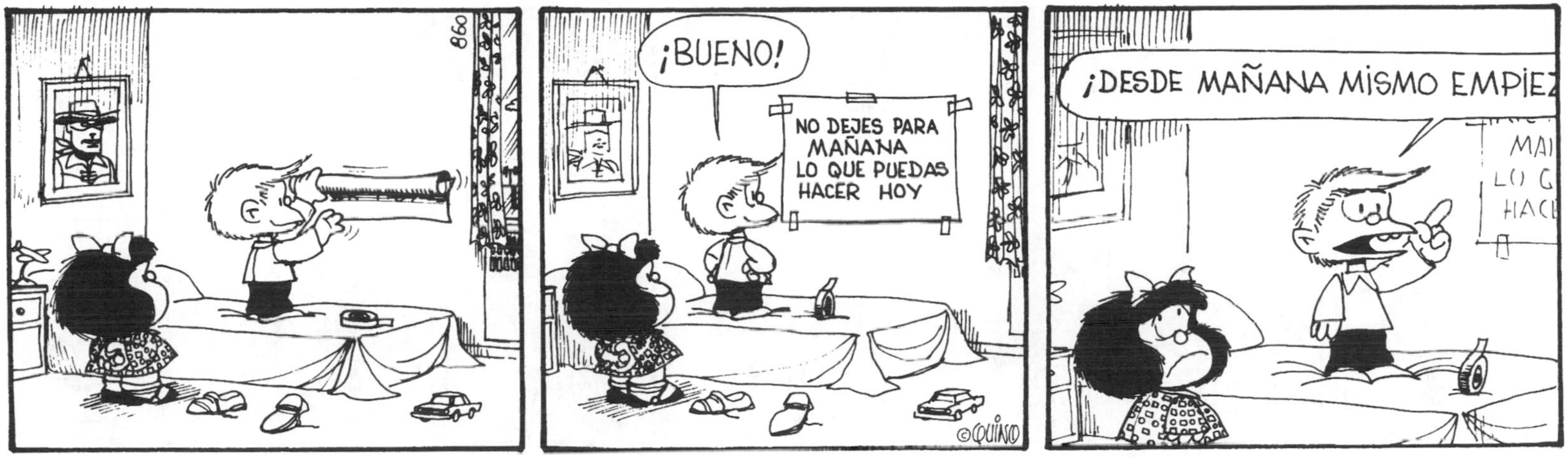
860
¡BUENO!
NO DEJES PARA MAÑANA LO QUE PUEDAS HACER HOY
©QUINO
¡DESDE MAÑANA MISMO EMPIEZ

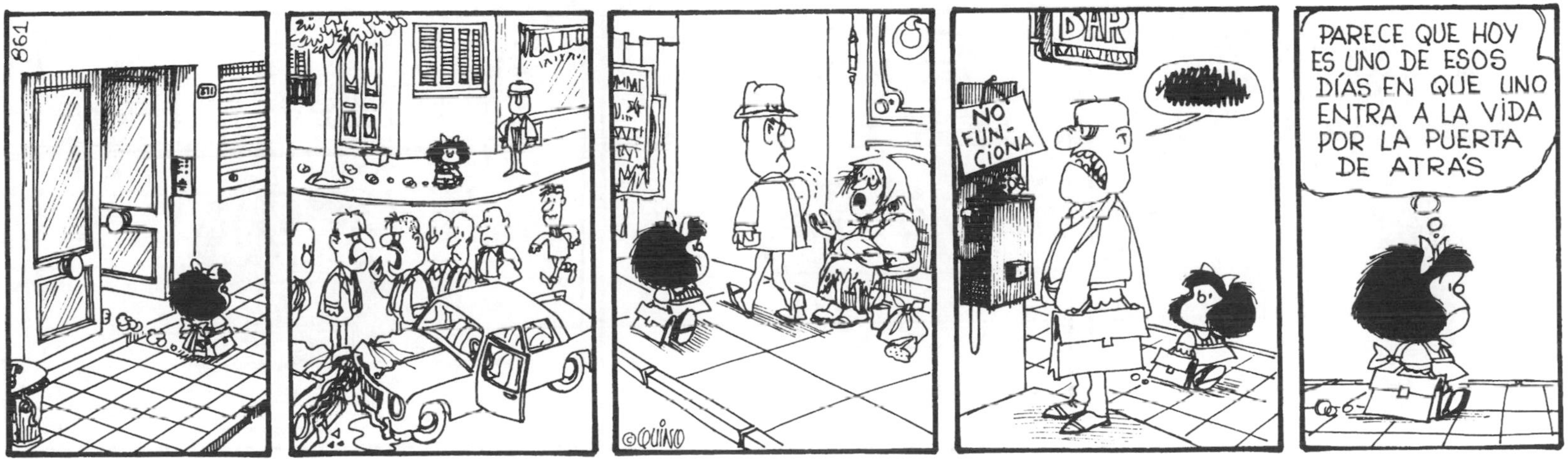
861
BAR
NO FUNCIONA
©QUINO
PARECE QUE HOY ES UNO DE ESOS DÍAS EN QUE UNO ENTRA A LA VIDA POR LA PUERTA DE ATRÁS

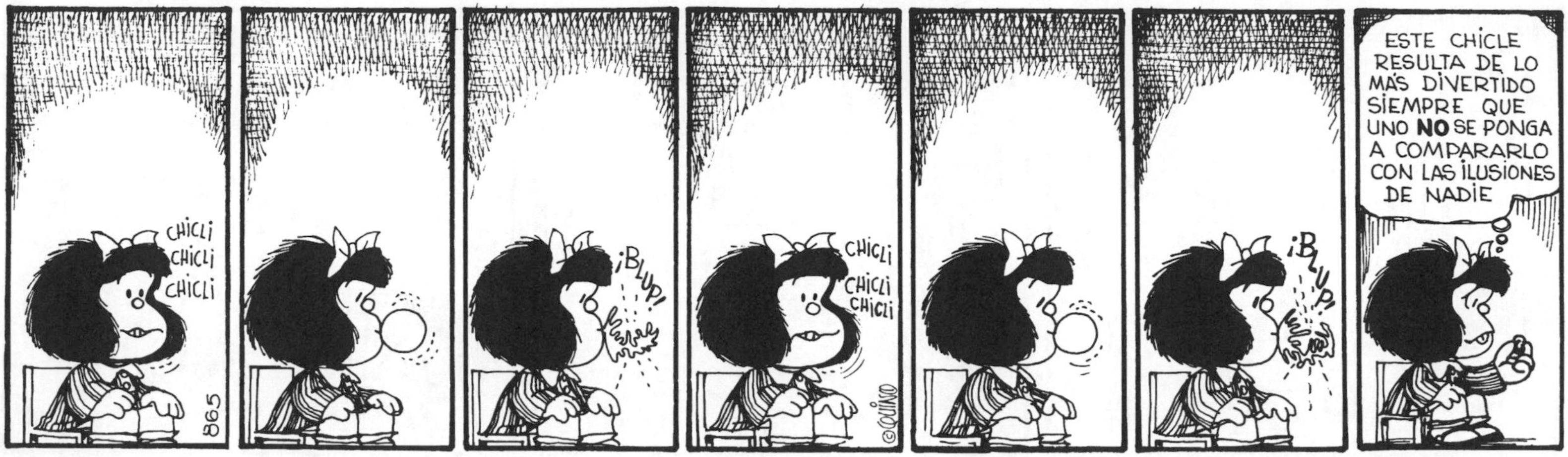
CHICLI CHICLI CHICLI
865
¡BLUP!
CHICLI CHICLI CHICLI
©QUINO
¡BLUP!
ESTE CHICLE RESULTA DE LO MÁS DIVERTIDO SIEMPRE QUE UNO **NO** SE PONGA A COMPARARLO CON LAS ILUSIONES DE NADIE

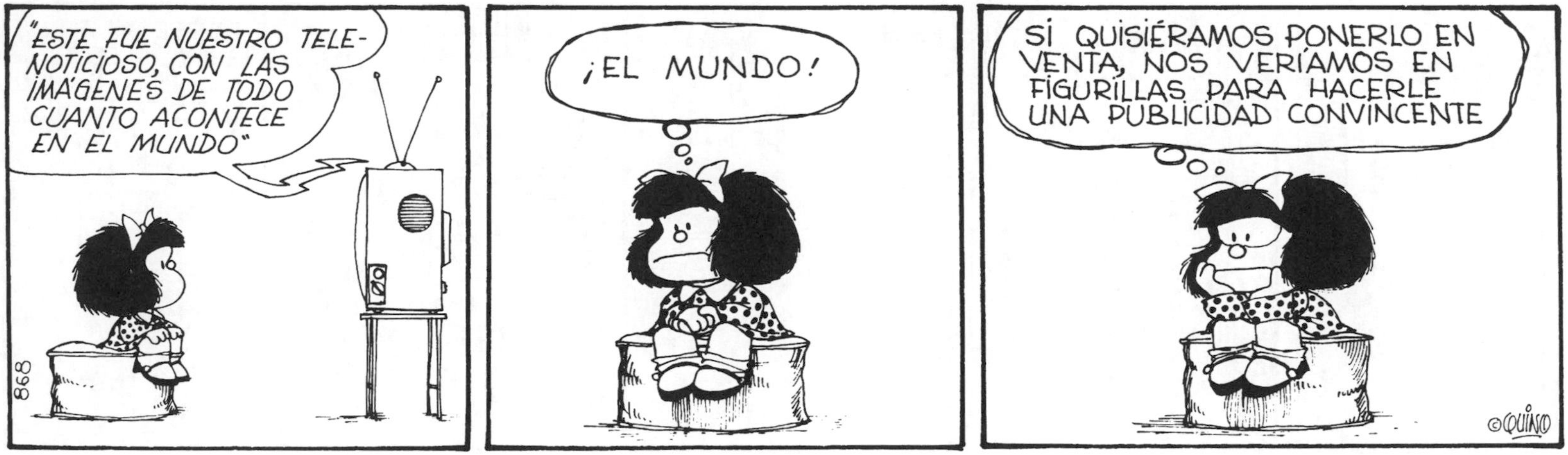
"ESTE FUE NUESTRO TELE-NOTICIOSO, CON LAS IMÁGENES DE TODO CUANTO ACONTECE EN EL MUNDO"
868
¡EL MUNDO!
SI QUISIÉRAMOS PONERLO EN VENTA, NOS VERÍAMOS EN FIGURILLAS PARA HACERLE UNA PUBLICIDAD CONVINCENTE
©QUINO

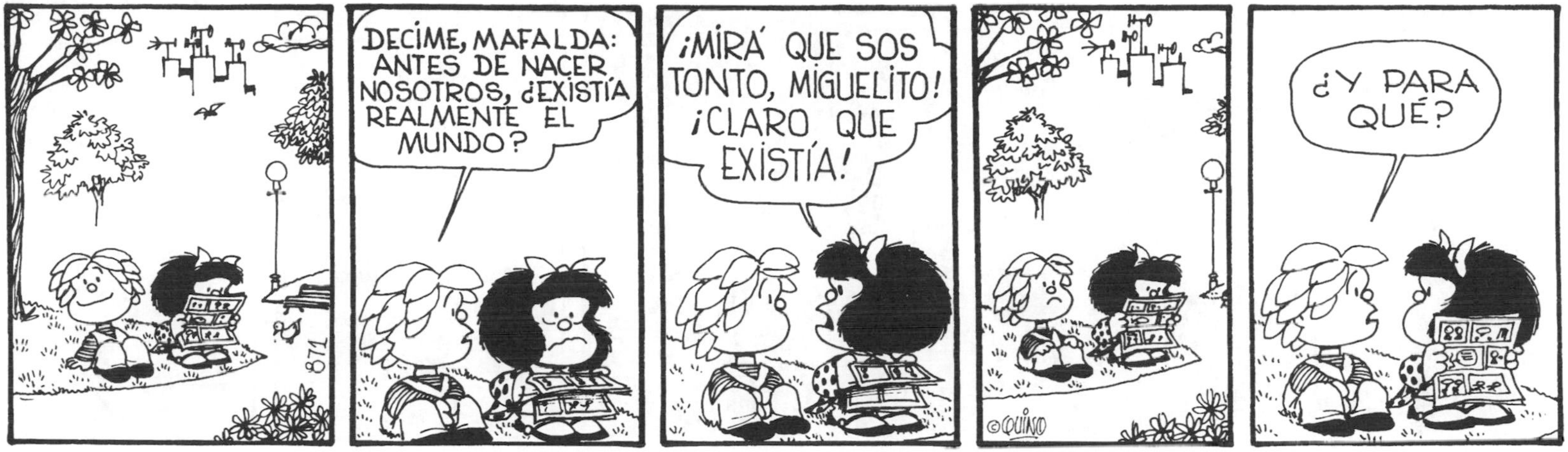

DECIME, MAFALDA: ANTES DE NACER NOSOTROS, ¿EXISTÍA REALMENTE EL MUNDO?
¡MIRÁ QUE SOS TONTO, MIGUELITO! ¡CLARO QUE EXISTÍA!
¿Y PARA QUÉ?

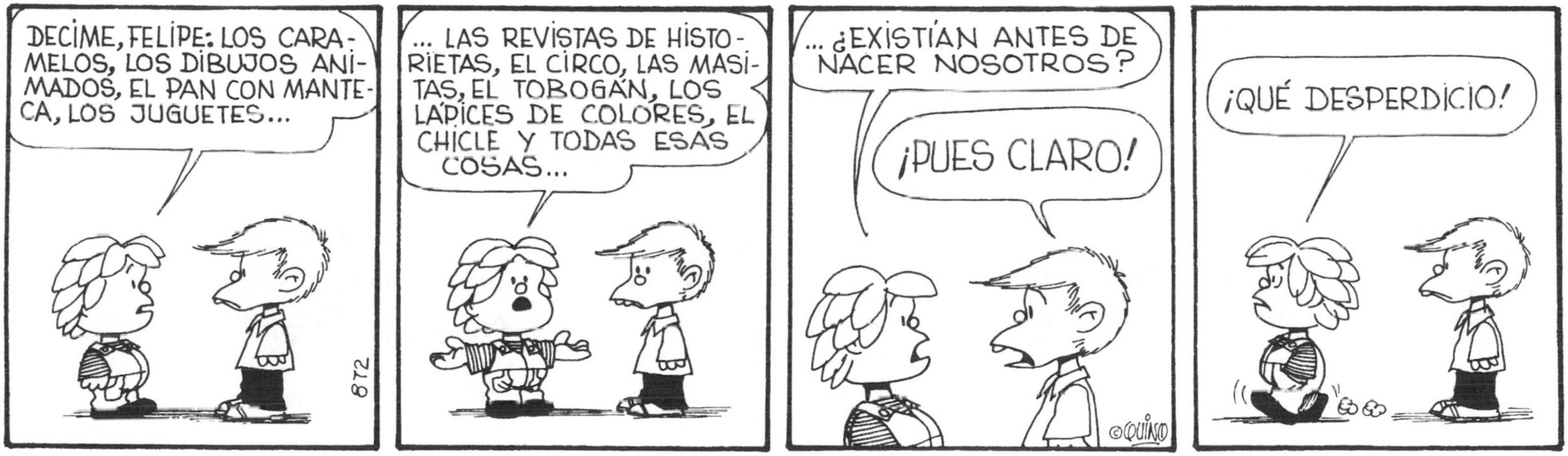

DECIME, FELIPE: LOS CARAMELOS, LOS DIBUJOS ANIMADOS, EL PAN CON MANTECA, LOS JUGUETES...
... LAS REVISTAS DE HISTORIETAS, EL CIRCO, LAS MASITAS, EL TOBOGÁN, LOS LÁPICES DE COLORES, EL CHICLE Y TODAS ESAS COSAS...
... ¿EXISTÍAN ANTES DE NACER NOSOTROS?
¡PUES CLARO!
¡QUÉ DESPERDICIO!

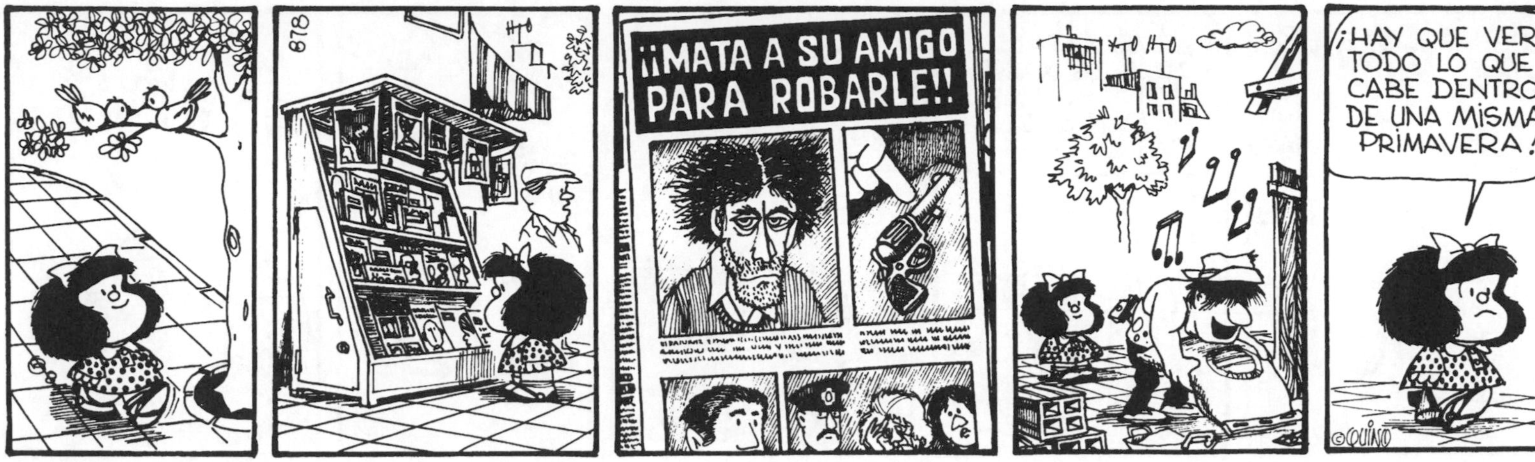
878
¡¡MATA A SU AMIGO PARA ROBARLE!!
¡HAY QUE VER TODO LO QUE CABE DENTRO DE UNA MISMA PRIMAVERA!
©QUINO

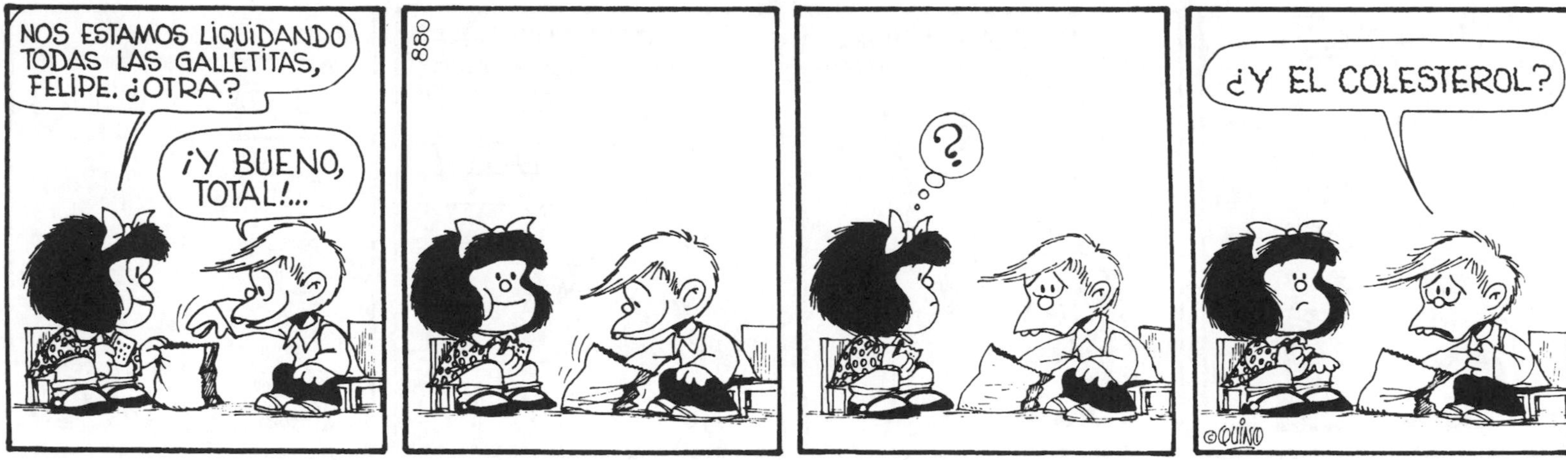
NOS ESTAMOS LIQUIDANDO TODAS LAS GALLETITAS, FELIPE. ¿OTRA?
¡Y BUENO, TOTAL!...
880
?
¿Y EL COLESTEROL?
©QUINO

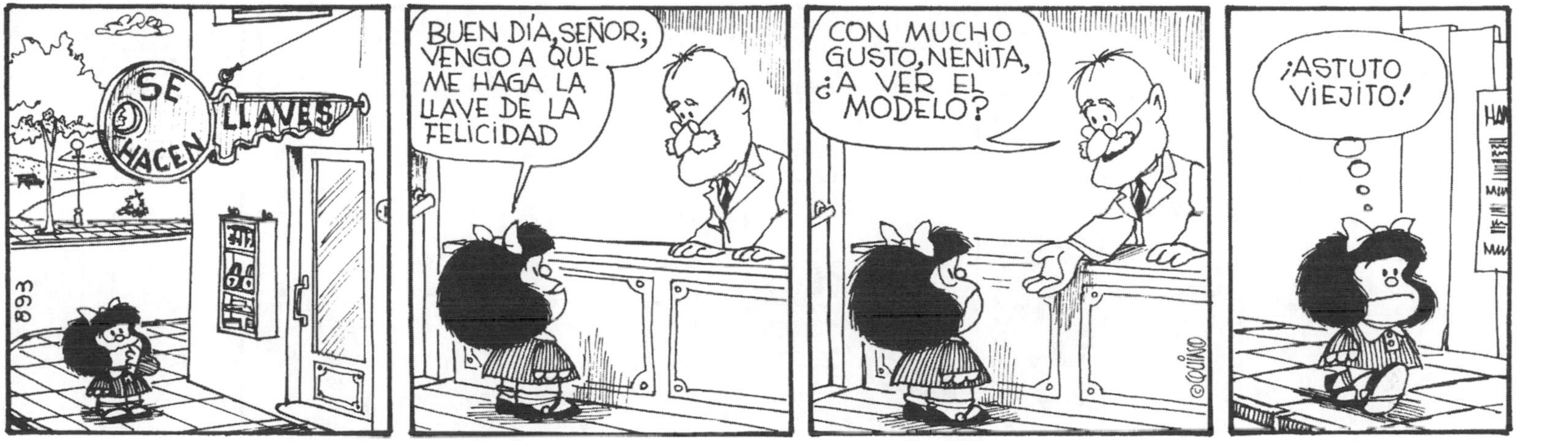
893
SE HACEN LLAVES
BUEN DÍA, SEÑOR; VENGO A QUE ME HAGA LA LLAVE DE LA FELICIDAD
CON MUCHO GUSTO, NENITA, ¿A VER EL MODELO?
¡ASTUTO VIEJITO!
©QUINO

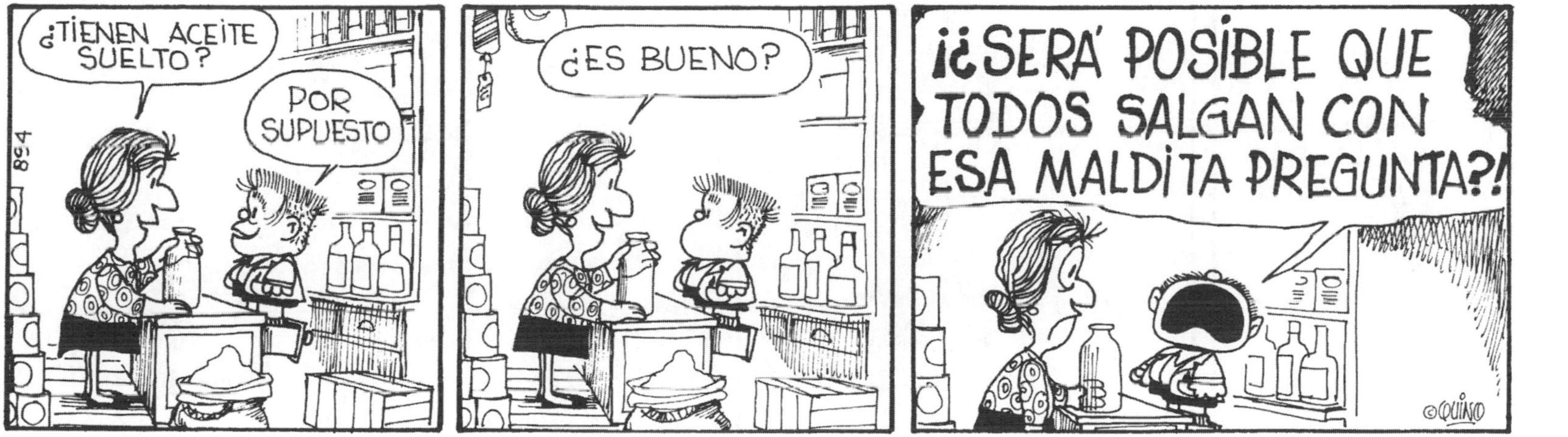
894
¿TIENEN ACEITE SUELTO?
POR SUPUESTO
¿ES BUENO?
¡¿SERÁ POSIBLE QUE TODOS SALGAN CON ESA MALDITA PREGUNTA?!
©QUINO

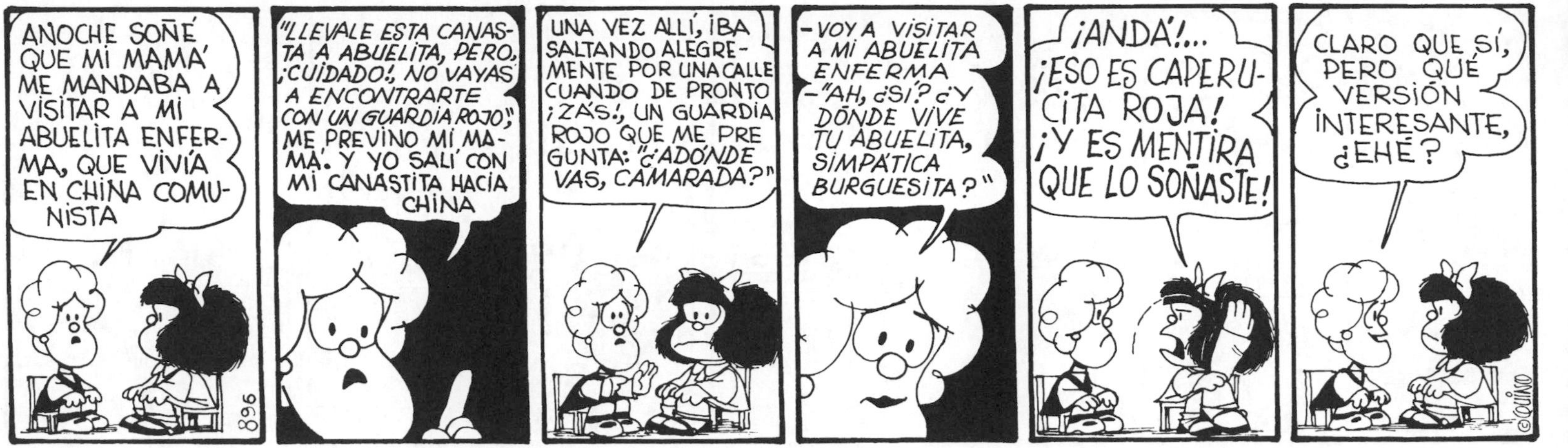
ANOCHE SOÑÉ QUE MI MAMÁ ME MANDABA A VISITAR A MI ABUELITA ENFERMA, QUE VIVÍA EN CHINA COMUNISTA
896
"LLEVALE ESTA CANASTA A ABUELITA, PERO, ¡CUIDADO!, NO VAYAS A ENCONTRARTE CON UN GUARDIA ROJO", ME PREVINO MI MAMÁ. Y YO SALÍ CON MI CANASTITA HACIA CHINA
UNA VEZ ALLÍ, IBA SALTANDO ALEGREMENTE POR UNA CALLE CUANDO DE PRONTO ¡ZÁS!, UN GUARDIA ROJO QUE ME PREGUNTA: "¿ADÓNDE VAS, CAMARADA?"
-VOY A VISITAR A MI ABUELITA ENFERMA
-"AH, ¿SÍ? ¿Y DÓNDE VIVE TU ABUELITA, SIMPÁTICA BURGUESITA?"
¡ANDÁ!... ¡ESO ES CAPERUCITA ROJA! ¡Y ES MENTIRA QUE LO SOÑASTE!
CLARO QUE SÍ, PERO QUÉ VERSIÓN INTERESANTE, ¿EHÉ?
©QUINO

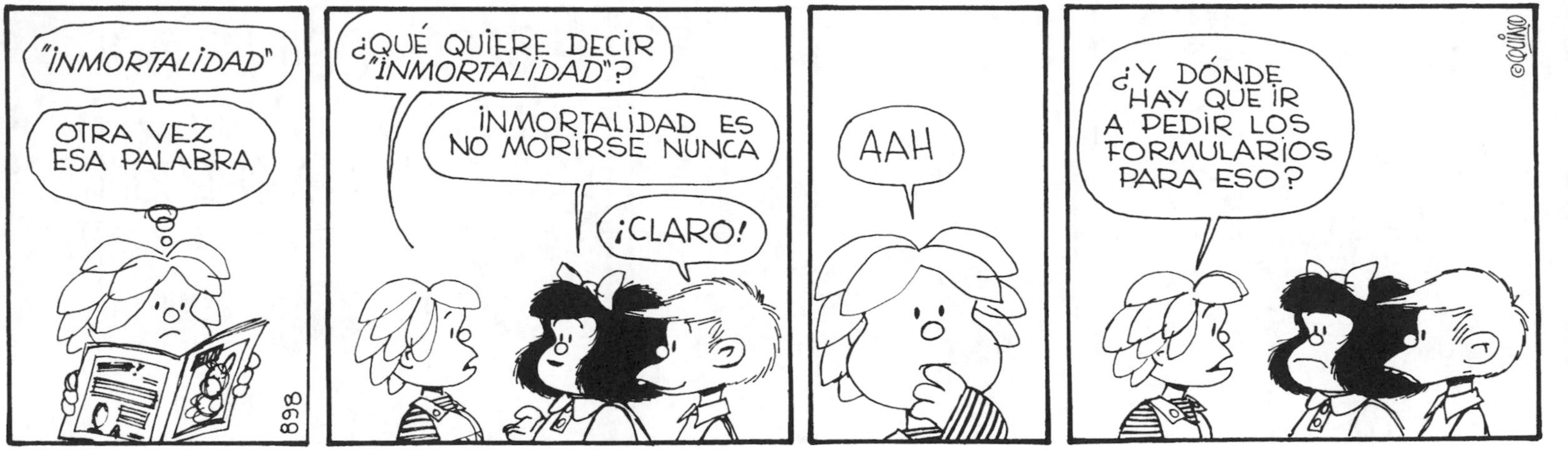
"INMORTALIDAD"
OTRA VEZ ESA PALABRA
898
¿QUÉ QUIERE DECIR "INMORTALIDAD"?
INMORTALIDAD ES NO MORIRSE NUNCA
¡CLARO!
AAH
¿Y DÓNDE HAY QUE IR A PEDIR LOS FORMULARIOS PARA ESO?
©QUINO

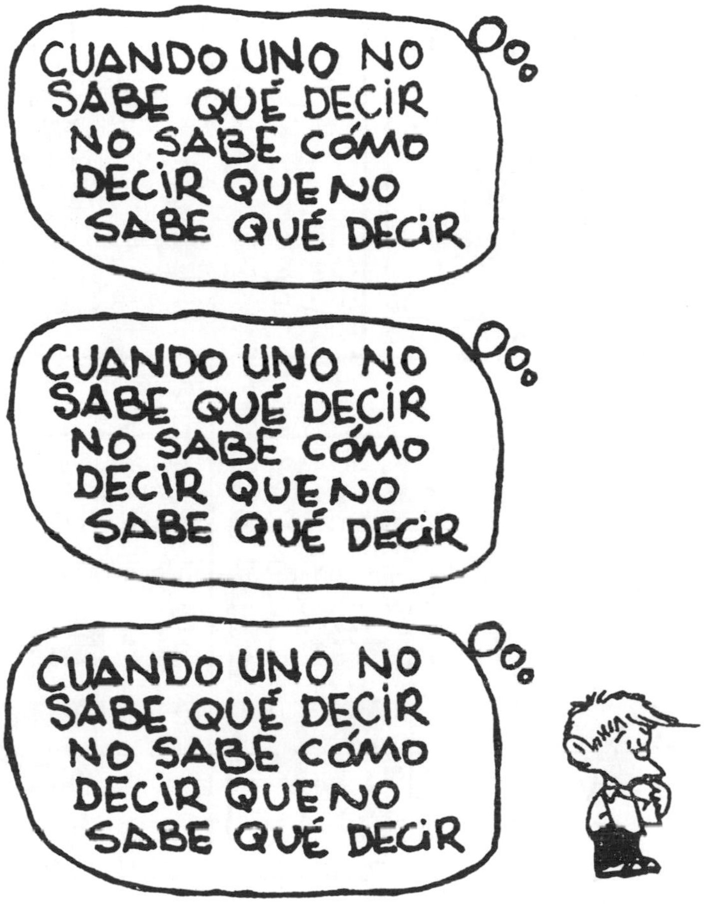
CUANDO UNO NO SABE QUÉ DECIR NO SABE CÓMO DECIR QUE NO SABE QUÉ DECIR
CUANDO UNO NO SABE QUÉ DECIR NO SABE CÓMO DECIR QUE NO SABE QUÉ DECIR
CUANDO UNO NO SABE QUÉ DECIR NO SABE CÓMO DECIR QUE NO SABE QUÉ DECIR

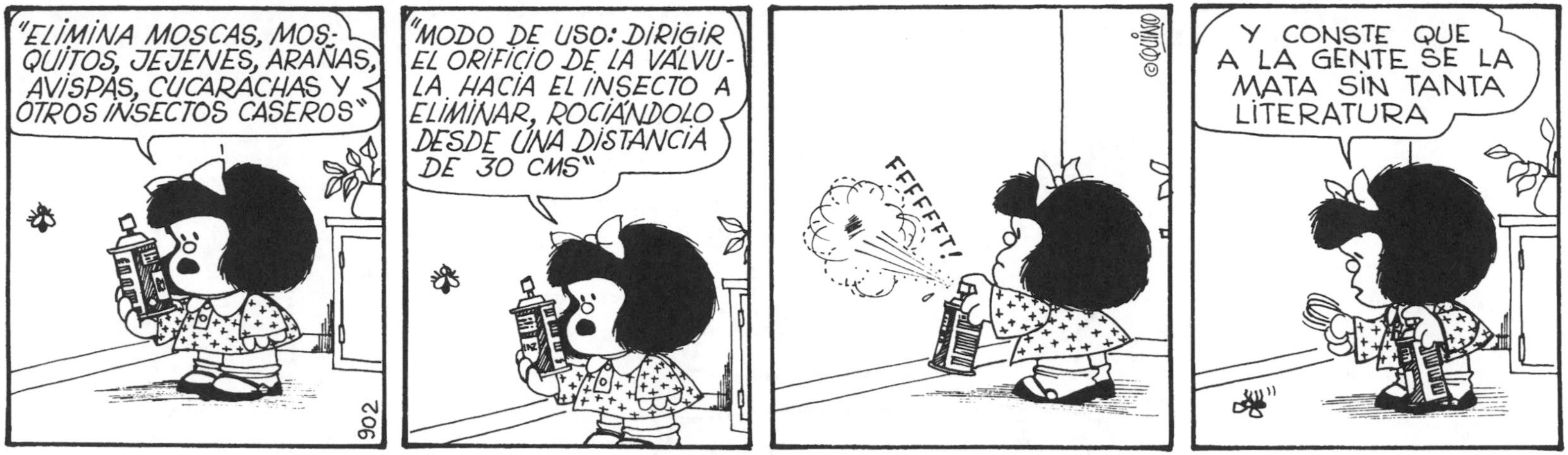
"ELIMINA MOSCAS, MOSQUITOS, JEJENES, ARAÑAS, AVISPAS, CUCARACHAS Y OTROS INSECTOS CASEROS"
902
"MODO DE USO: DIRIGIR EL ORIFICIO DE LA VÁLVULA HACIA EL INSECTO A ELIMINAR, ROCIÁNDOLO DESDE UNA DISTANCIA DE 30 CMS"
FFFFFFT!
©QUINO
Y CONSTE QUE A LA GENTE SE LA MATA SIN TANTA LITERATURA

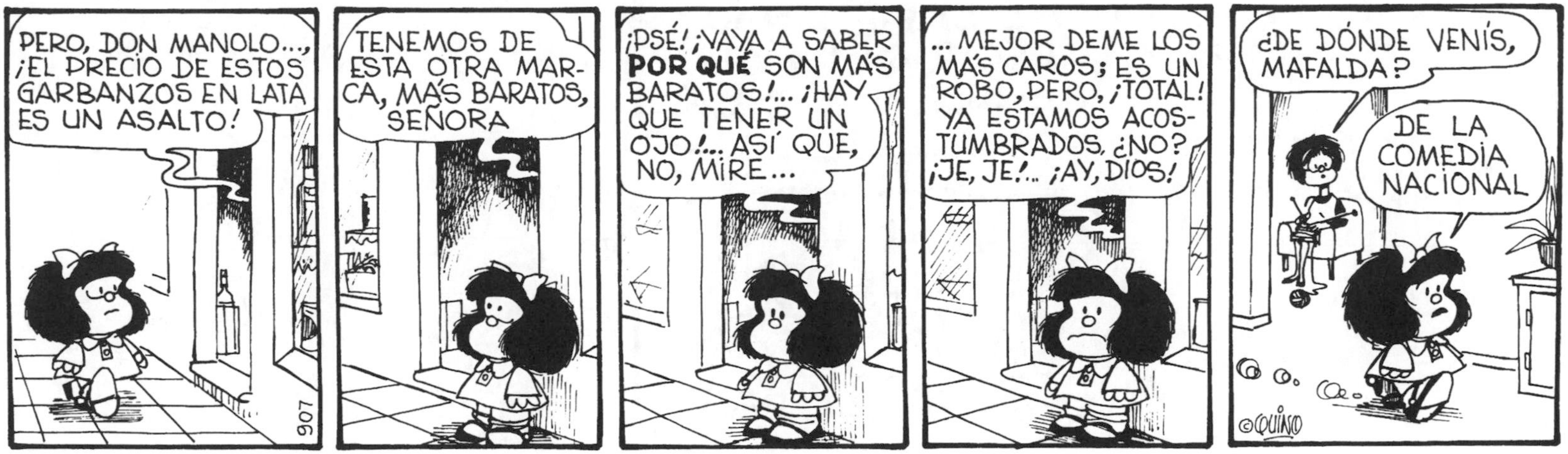
PERO, DON MANOLO..., ¡EL PRECIO DE ESTOS GARBANZOS EN LATA ES UN ASALTO!
907
TENEMOS DE ESTA OTRA MARCA, MÁS BARATOS, SEÑORA
¡PSÉ! ¡VAYA A SABER **POR QUÉ** SON MÁS BARATOS!... ¡HAY QUE TENER UN OJO!... ASÍ QUE, NO, MIRE...
... MEJOR DEME LOS MÁS CAROS; ES UN ROBO, PERO, ¡TOTAL! YA ESTAMOS ACOSTUMBRADOS, ¿NO? ¡JE, JE!... ¡AY, DIOS!
¿DE DÓNDE VENÍS, MAFALDA?
DE LA COMEDIA NACIONAL
©QUINO

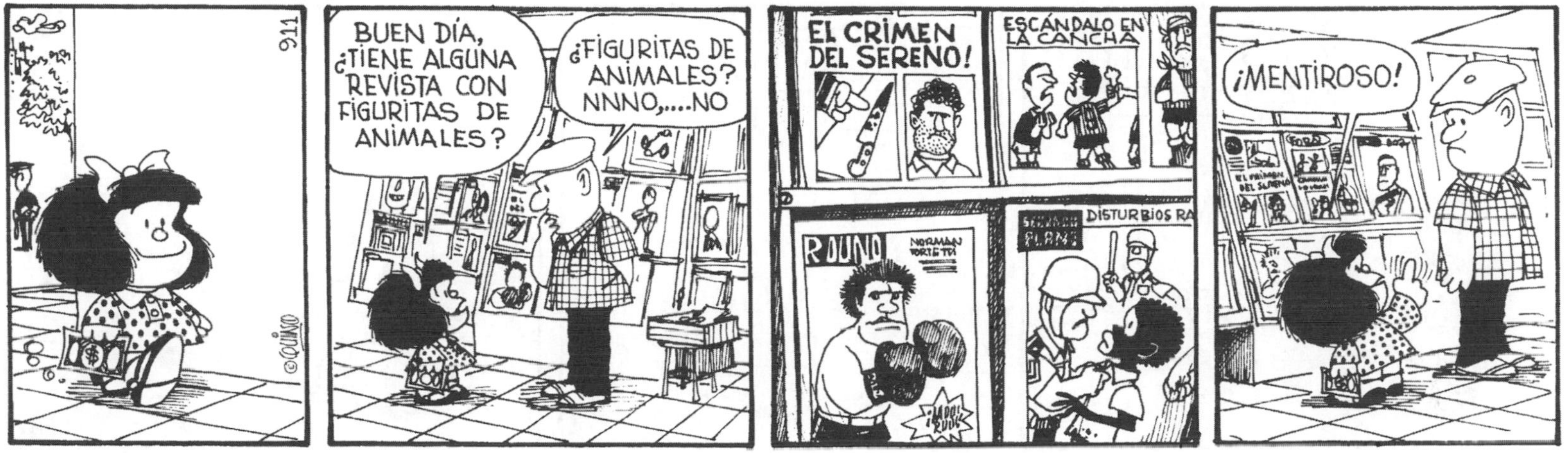
911
BUEN DÍA, ¿TIENE ALGUNA REVISTA CON FIGURITAS DE ANIMALES?
¿FIGURITAS DE ANIMALES? NNNO,....NO
EL CRIMEN DEL SERENO!
ESCÁNDALO EN LA CANCHA
DISTURBIOS RA
¡MENTIROSO!
©QUINO

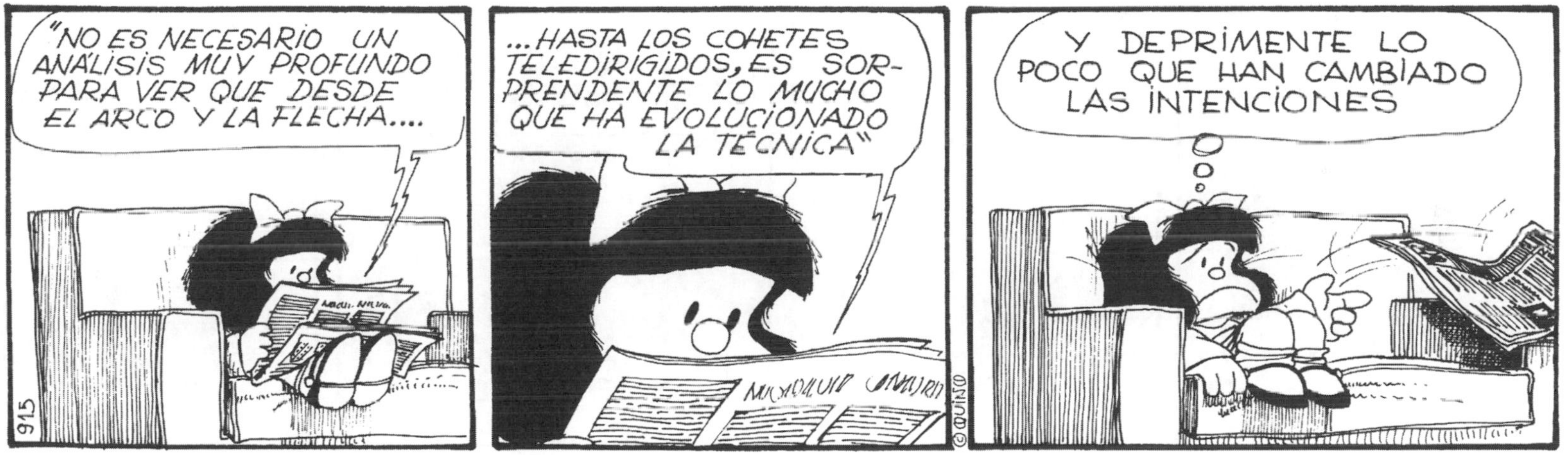
915
"NO ES NECESARIO UN ANÁLISIS MUY PROFUNDO PARA VER QUE DESDE EL ARCO Y LA FLECHA....
...HASTA LOS COHETES TELEDIRIGIDOS, ES SORPRENDENTE LO MUCHO QUE HA EVOLUCIONADO LA TÉCNICA"
Y DEPRIMENTE LO POCO QUE HAN CAMBIADO LAS INTENCIONES
©QUINO

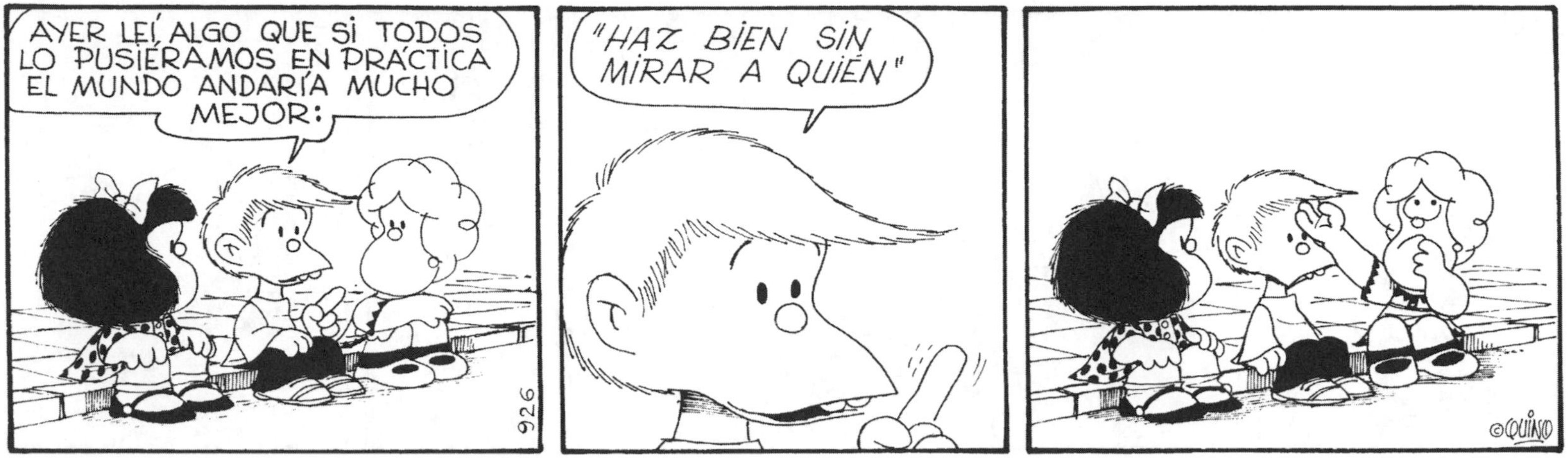

AYER LEÍ ALGO QUE SI TODOS LO PUSIÉRAMOS EN PRÁCTICA EL MUNDO ANDARÍA MUCHO MEJOR:
"HAZ BIEN SIN MIRAR A QUIÉN"
926
©QUINO

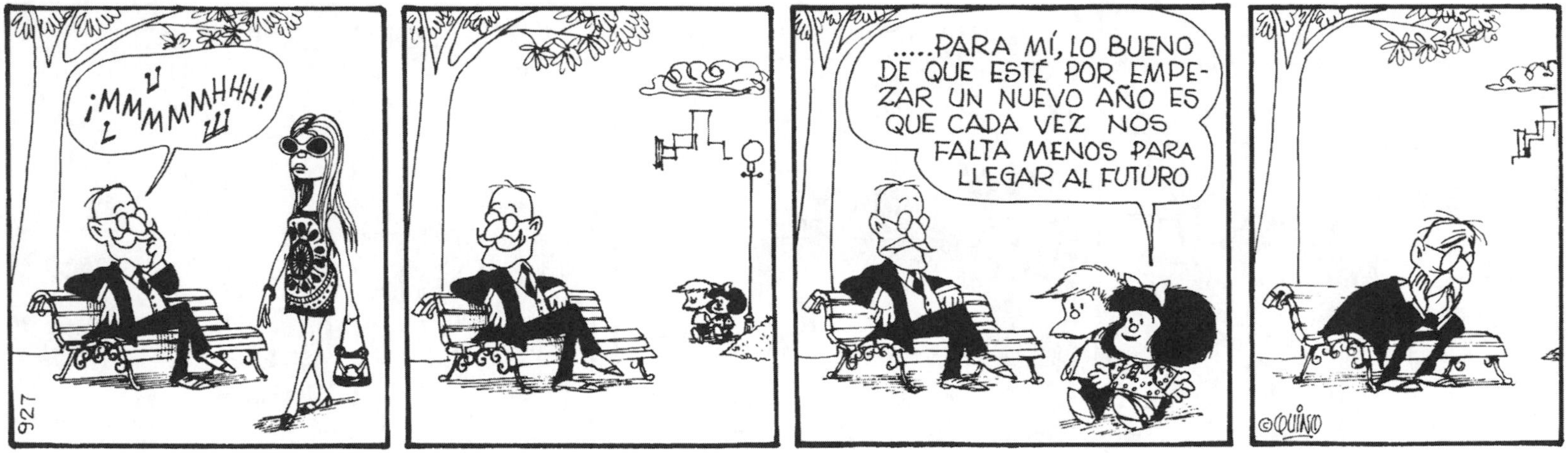

¡MMMMMHHH!
.....PARA MÍ, LO BUENO DE QUE ESTÉ POR EMPEZAR UN NUEVO AÑO ES QUE CADA VEZ NOS FALTA MENOS PARA LLEGAR AL FUTURO
927
©QUINO

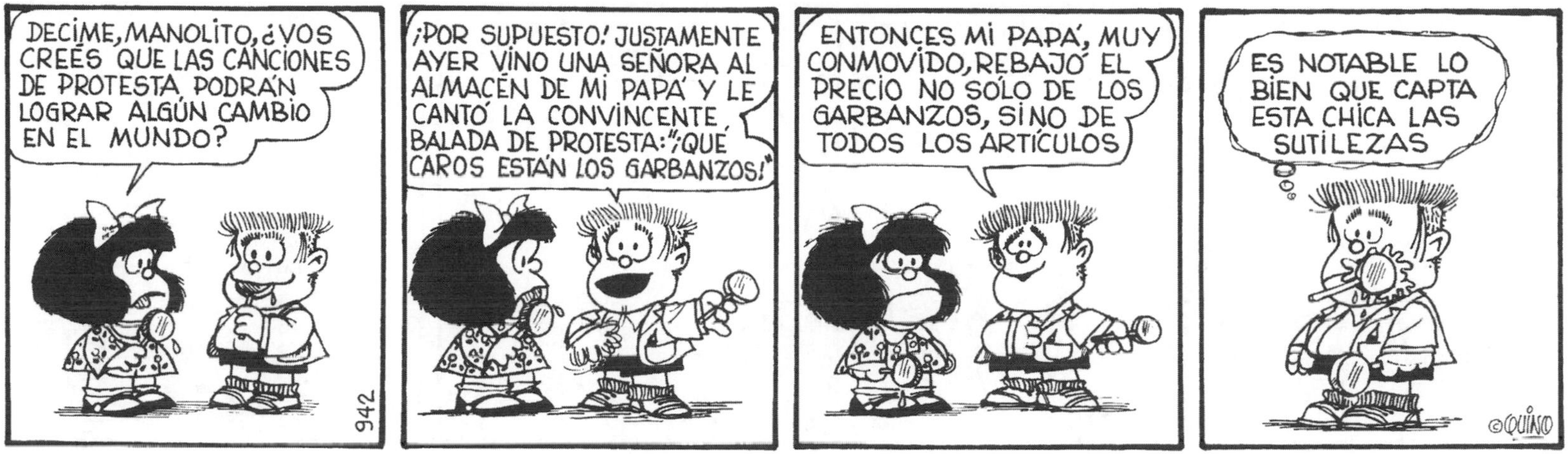
DECIME, MANOLITO, ¿VOS CREÉS QUE LAS CANCIONES DE PROTESTA PODRÁN LOGRAR ALGÚN CAMBIO EN EL MUNDO?
942
¡POR SUPUESTO! JUSTAMENTE AYER VINO UNA SEÑORA AL ALMACÉN DE MI PAPÁ Y LE CANTÓ LA CONVINCENTE BALADA DE PROTESTA: "¡QUÉ CAROS ESTÁN LOS GARBANZOS!"
ENTONCES MI PAPÁ, MUY CONMOVIDO, REBAJÓ EL PRECIO NO SÓLO DE LOS GARBANZOS, SINO DE TODOS LOS ARTÍCULOS
ES NOTABLE LO BIEN QUE CAPTA ESTA CHICA LAS SUTILEZAS
©QUINO

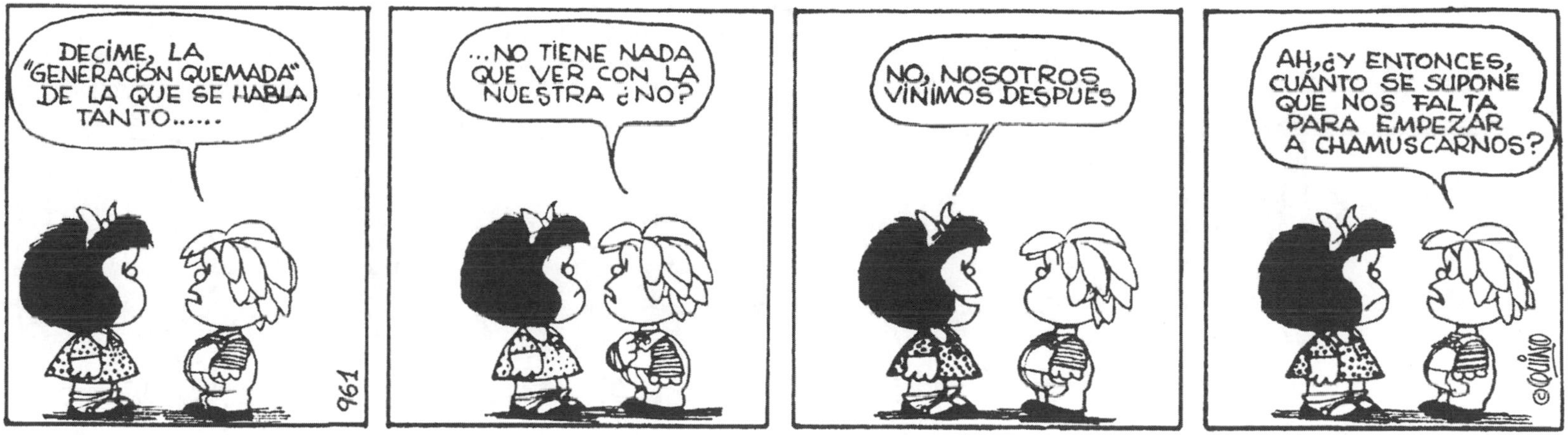
DECIME, LA "GENERACIÓN QUEMADA" DE LA QUE SE HABLA TANTO......
961
...NO TIENE NADA QUE VER CON LA NUESTRA ¿NO?
NO, NOSOTROS VINIMOS DESPUÉS
AH, ¿Y ENTONCES, CUÁNTO SE SUPONE QUE NOS FALTA PARA EMPEZAR A CHAMUSCARNOS?
©QUINO

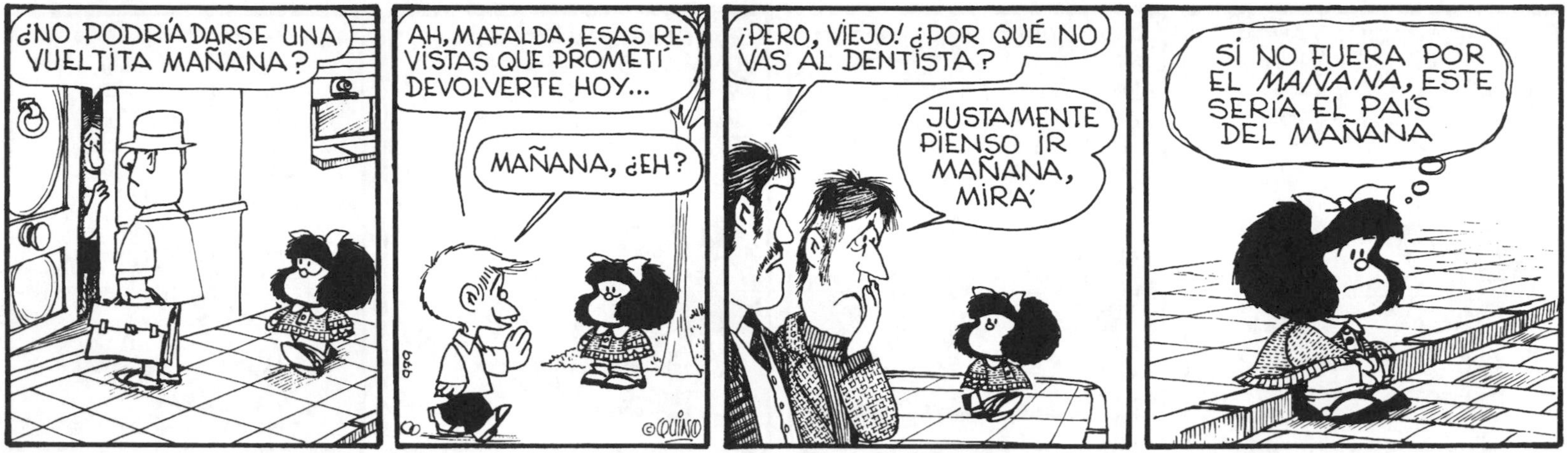
¿NO PODRÍA DARSE UNA VUELTITA MAÑANA?
AH, MAFALDA, ESAS REVISTAS QUE PROMETÍ DEVOLVERTE HOY...
MAÑANA, ¿EH?
©QUINO
¡PERO, VIEJO! ¿POR QUÉ NO VAS AL DENTISTA?
JUSTAMENTE PIENSO IR MAÑANA, MIRÁ
SI NO FUERA POR EL *MAÑANA*, ESTE SERÍA EL PAÍS DEL MAÑANA

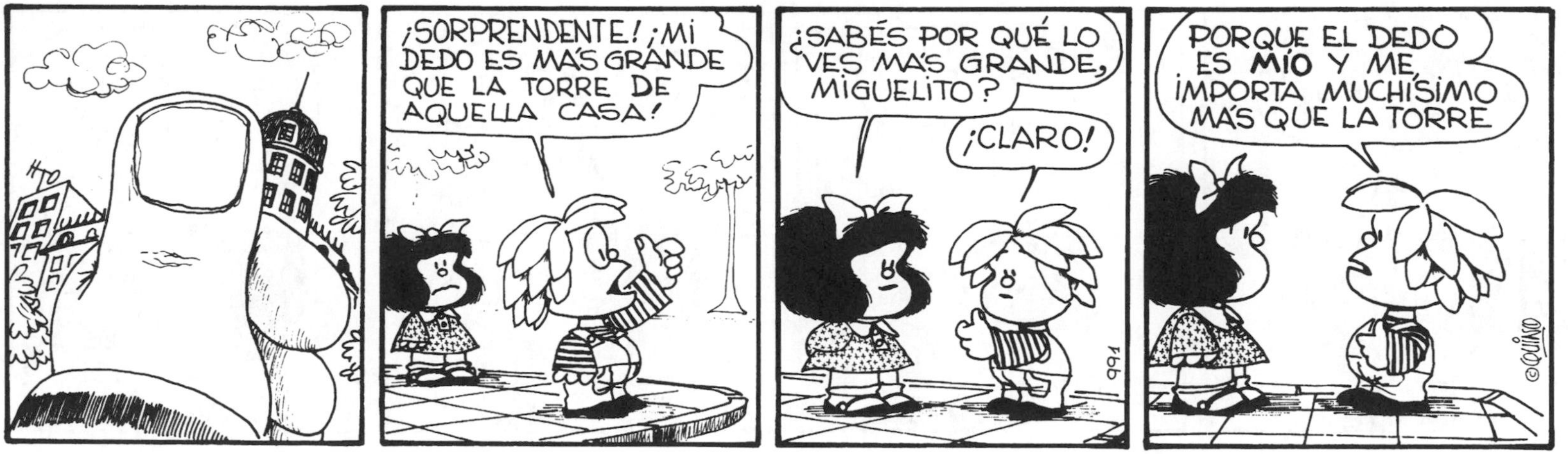
¡SORPRENDENTE! ¡MI DEDO ES MÁS GRANDE QUE LA TORRE DE AQUELLA CASA!
¿SABÉS POR QUÉ LO VES MÁS GRANDE, MIGUELITO?
¡CLARO!
PORQUE EL DEDO ES **MÍO** Y ME IMPORTA MUCHÍSIMO MÁS QUE LA TORRE
©QUINO

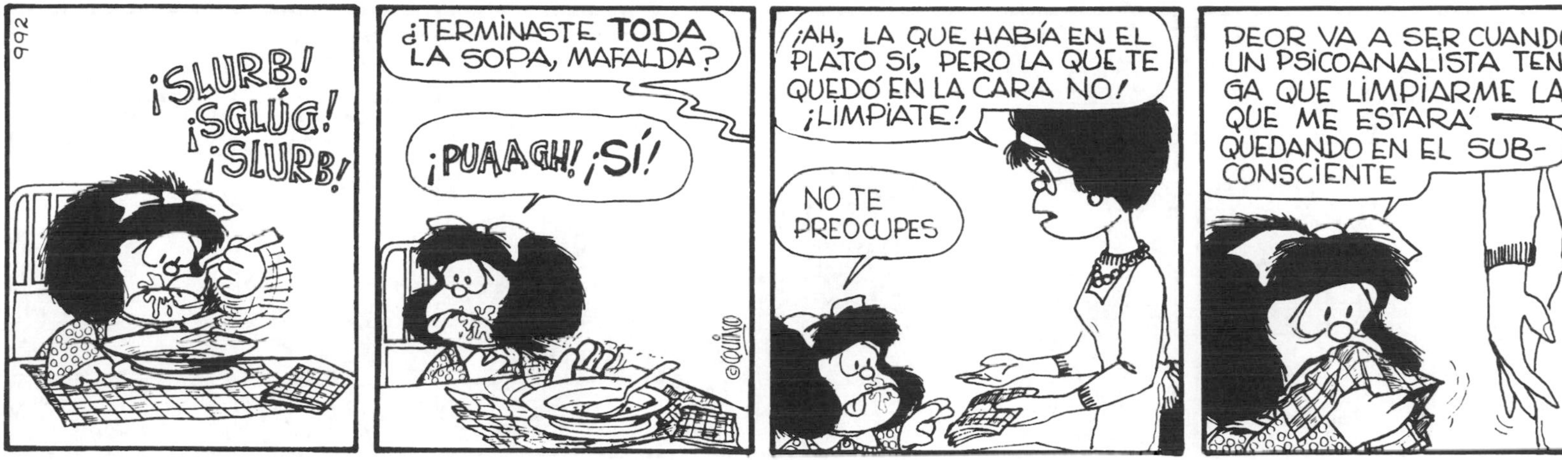
992
¡SLURB! ¡SGLÚG! ¡SLURB!
¿TERMINASTE TODA LA SOPA, MAFALDA?
¡PUAAGH! ¡SÍ!
©QUINO
¡AH, LA QUE HABÍA EN EL PLATO SÍ, PERO LA QUE TE QUEDÓ EN LA CARA NO! ¡LÍMPIATE!
NO TE PREOCUPES
PEOR VA A SER CUANDO UN PSICOANALISTA TENGA QUE LIMPIARME LA QUE ME ESTARÁ QUEDANDO EN EL SUBCONSCIENTE

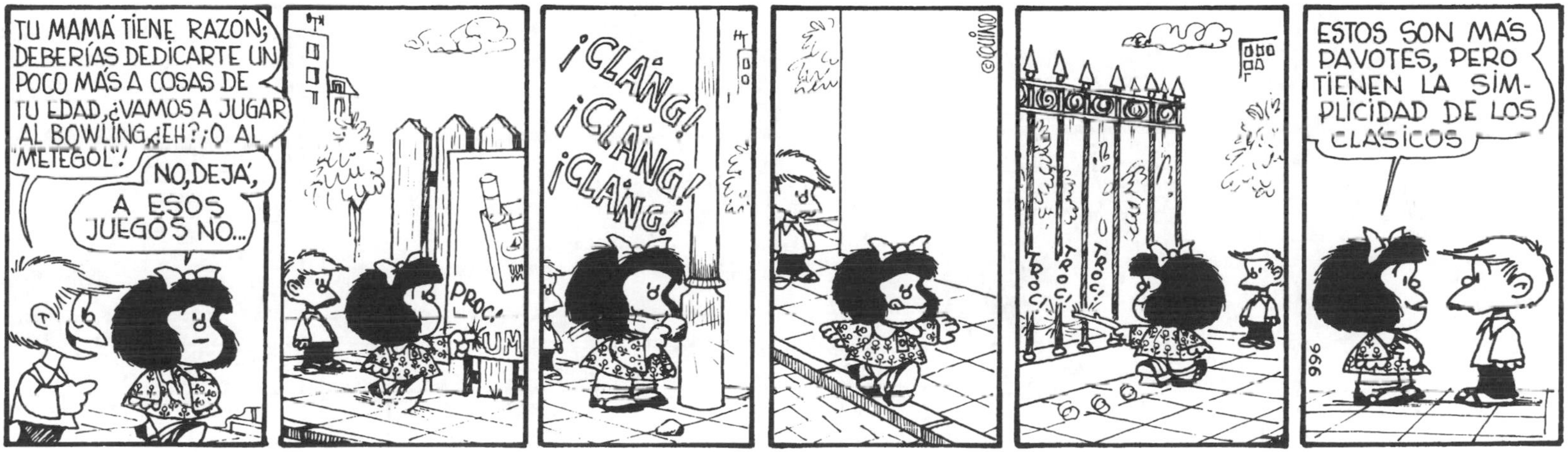
TU MAMÁ TIENE RAZÓN; DEBERÍAS DEDICARTE UN POCO MÁS A COSAS DE TU EDAD, ¿VAMOS A JUGAR AL BOWLING, ¿EH? ¿O AL METEGOL?
NO, DEJÁ, A ESOS JUEGOS NO...
PROC!
UM
¡CLANG! ¡CLANG! ¡CLANG!
©QUINO
TROC! TROC! TROC!
ESTOS SON MÁS PAVOTES, PERO TIENEN LA SIMPLICIDAD DE LOS CLÁSICOS
996

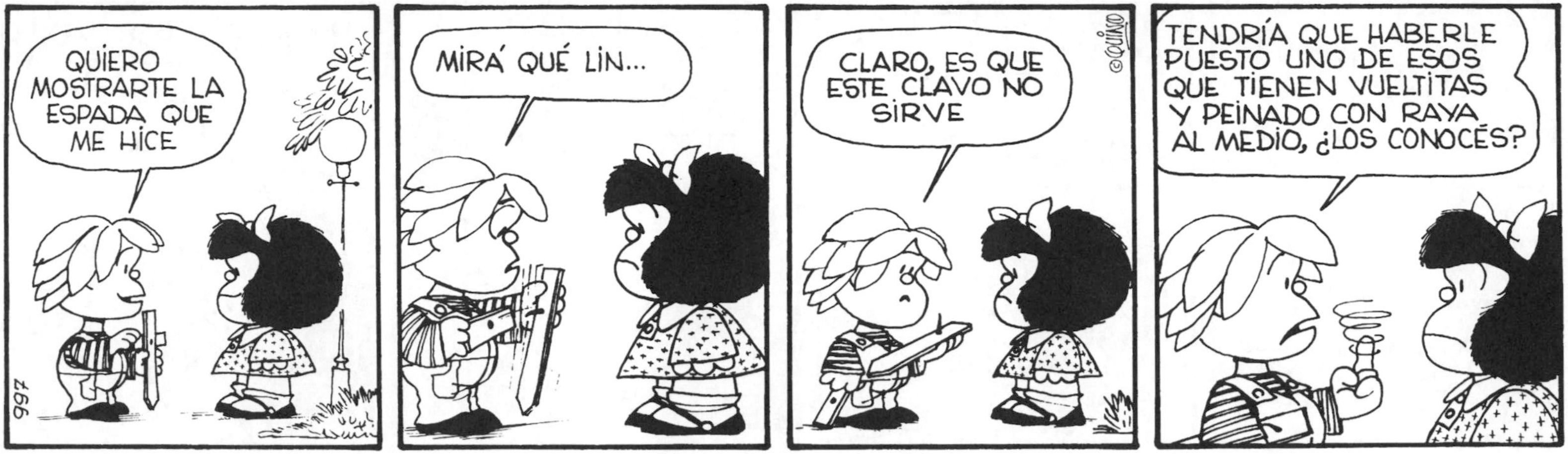
QUIERO MOSTRARTE LA ESPADA QUE ME HICE
997
MIRÁ QUÉ LIN...
CLARO, ES QUE ESTE CLAVO NO SIRVE
©QUINO
TENDRÍA QUE HABERLE PUESTO UNO DE ESOS QUE TIENEN VUELTITAS Y PEINADO CON RAYA AL MEDIO, ¿LOS CONOCÉS?

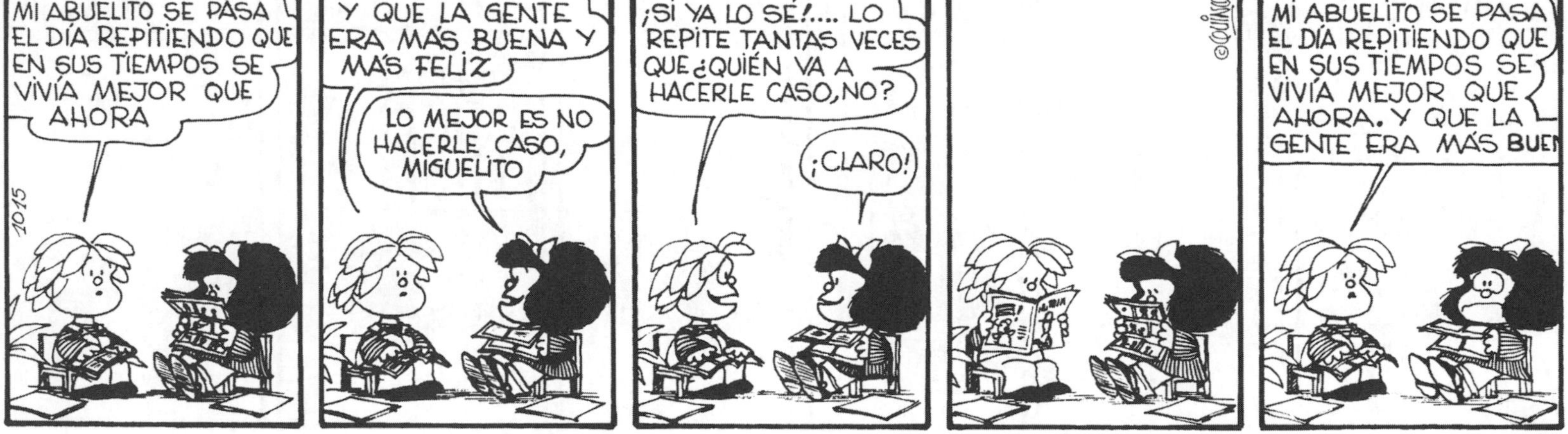
MI ABUELITO SE PASA EL DÍA REPITIENDO QUE EN SUS TIEMPOS SE VIVÍA MEJOR QUE AHORA
1015
Y QUE LA GENTE ERA MÁS BUENA Y MÁS FELIZ
LO MEJOR ES NO HACERLE CASO, MIGUELITO
¡SI YA LO SÉ!.... LO REPITE TANTAS VECES QUE ¿QUIÉN VA A HACERLE CASO, NO?
¡CLARO!
©QUINO
MI ABUELITO SE PASA EL DÍA REPITIENDO QUE EN SUS TIEMPOS SE VIVÍA MEJOR QUE AHORA. Y QUE LA GENTE ERA MÁS BUEN

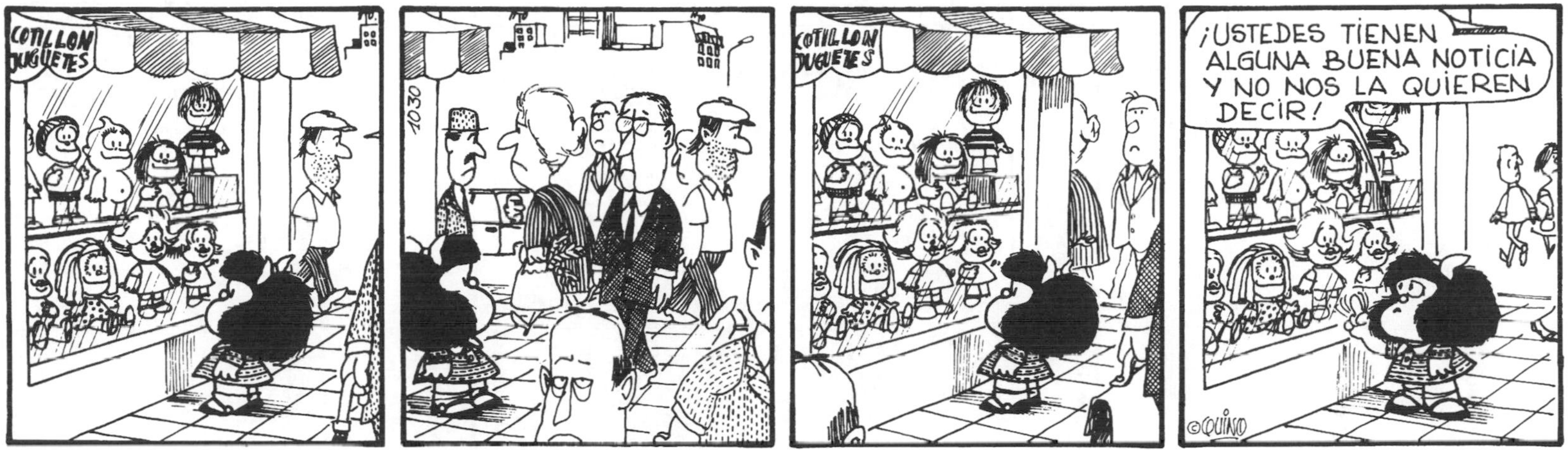
COTILLON JUGUETES
1030
COTILLON JUGUETES
¡USTEDES TIENEN ALGUNA BUENA NOTICIA Y NO NOS LA QUIEREN DECIR!
© QUINO

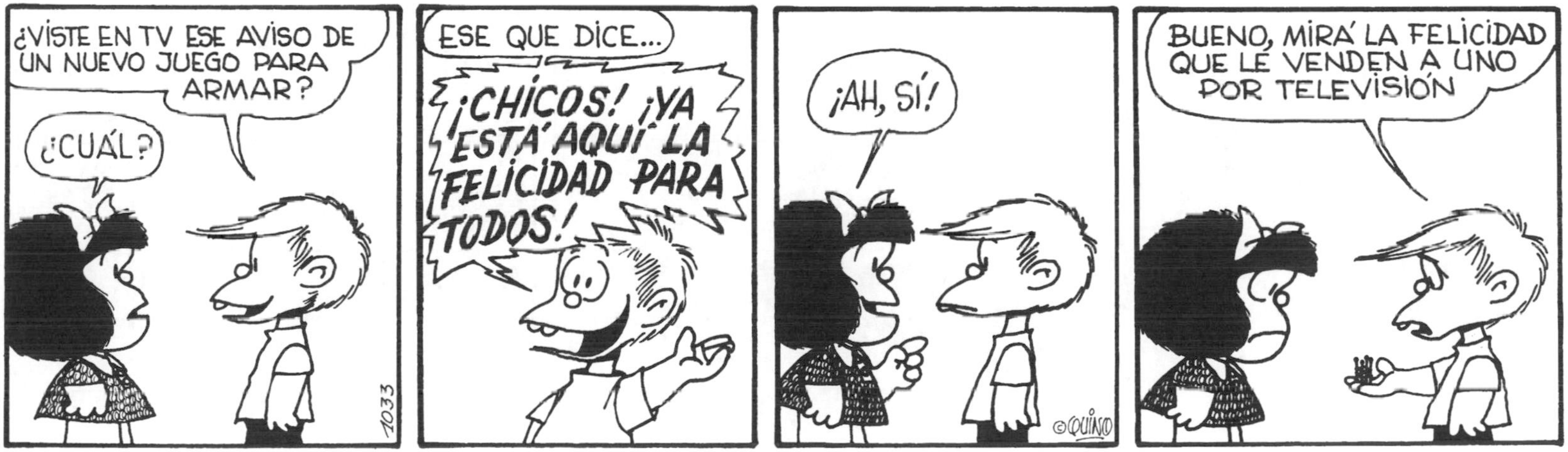
¿VISTE EN TV ESE AVISO DE UN NUEVO JUEGO PARA ARMAR?
¿CUÁL?
1033
ESE QUE DICE...
¡CHICOS! ¡YA ESTÁ AQUÍ LA FELICIDAD PARA TODOS!
¡AH, SÍ!
© QUINO
BUENO, MIRÁ LA FELICIDAD QUE LE VENDEN A UNO POR TELEVISIÓN

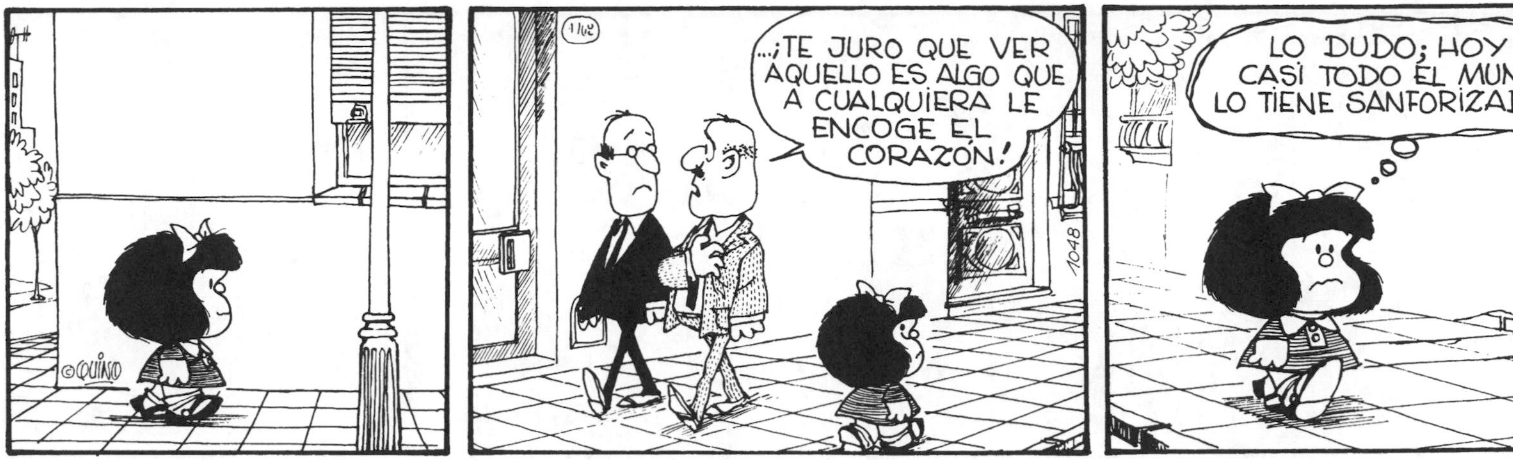
...¡TE JURO QUE VER AQUELLO ES ALGO QUE A CUALQUIERA LE ENCOGE EL CORAZÓN!
LO DUDO; HOY CASI TODO EL MUNDO LO TIENE SANFORIZADO

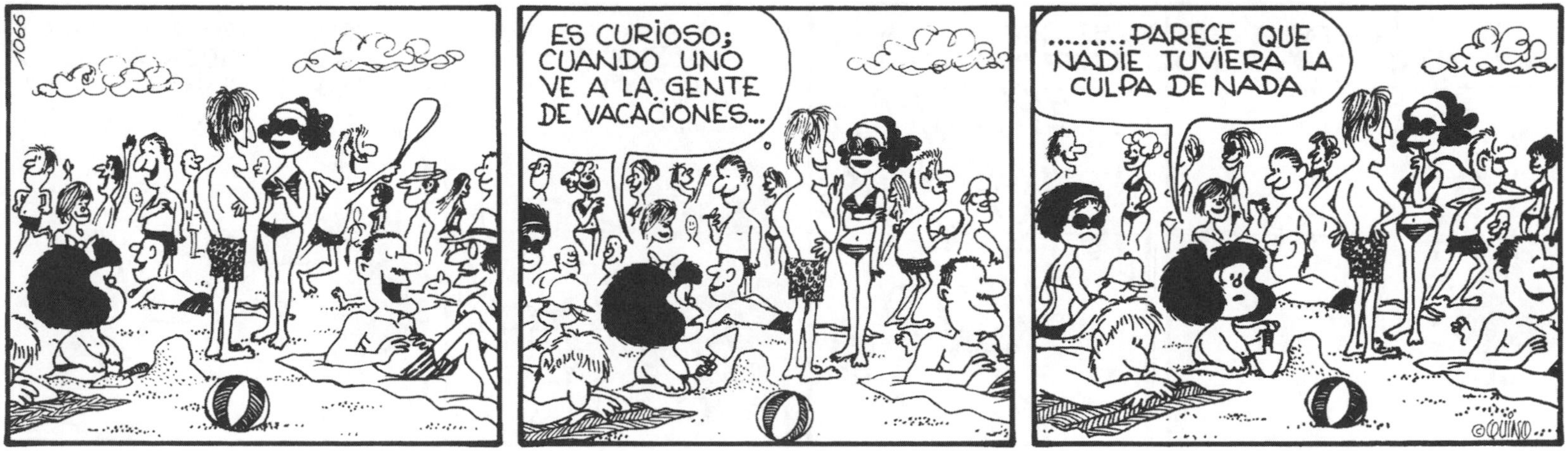
ES CURIOSO; CUANDO UNO VE A LA GENTE DE VACACIONES...
.........PARECE QUE NADIE TUVIERA LA CULPA DE NADA

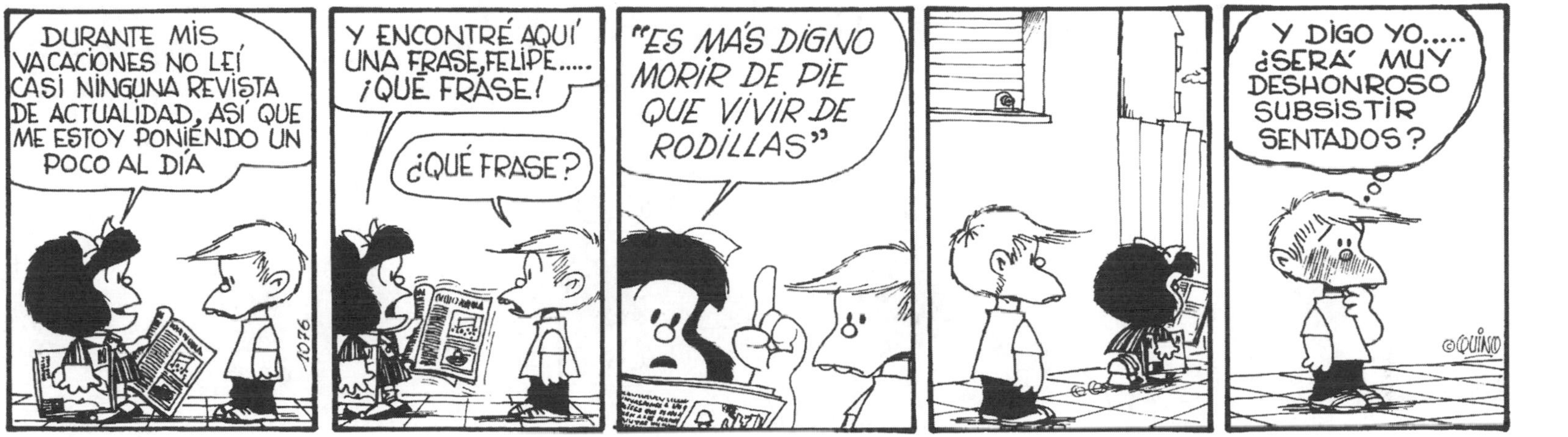
DURANTE MIS VACACIONES NO LEÍ CASI NINGUNA REVISTA DE ACTUALIDAD, ASÍ QUE ME ESTOY PONIENDO UN POCO AL DÍA
1076
Y ENCONTRÉ AQUÍ UNA FRASE, FELIPE..... ¡QUÉ FRASE!
¿QUÉ FRASE?
"ES MÁS DIGNO MORIR DE PIE QUE VIVIR DE RODILLAS"
Y DIGO YO..... ¿SERÁ MUY DESHONROSO SUBSISTIR SENTADOS?
©QUINO

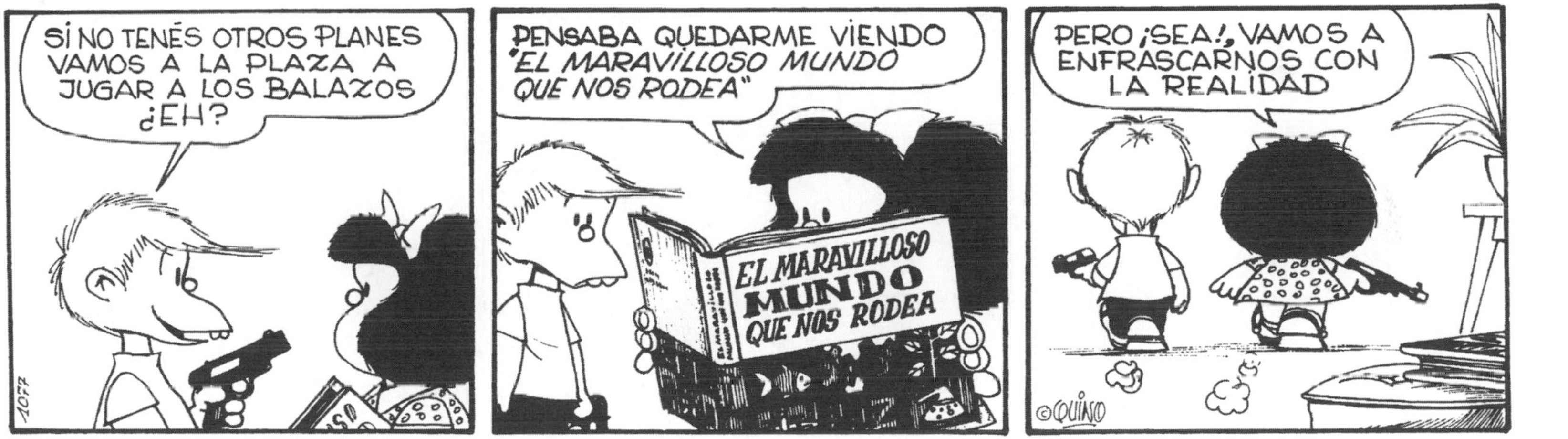
SI NO TENÉS OTROS PLANES VAMOS A LA PLAZA A JUGAR A LOS BALAZOS ¿EH?
1077
PENSABA QUEDARME VIENDO "EL MARAVILLOSO MUNDO QUE NOS RODEA"
EL MARAVILLOSO MUNDO QUE NOS RODEA
PERO ¡SEA!, VAMOS A ENFRASCARNOS CON LA REALIDAD
©QUINO

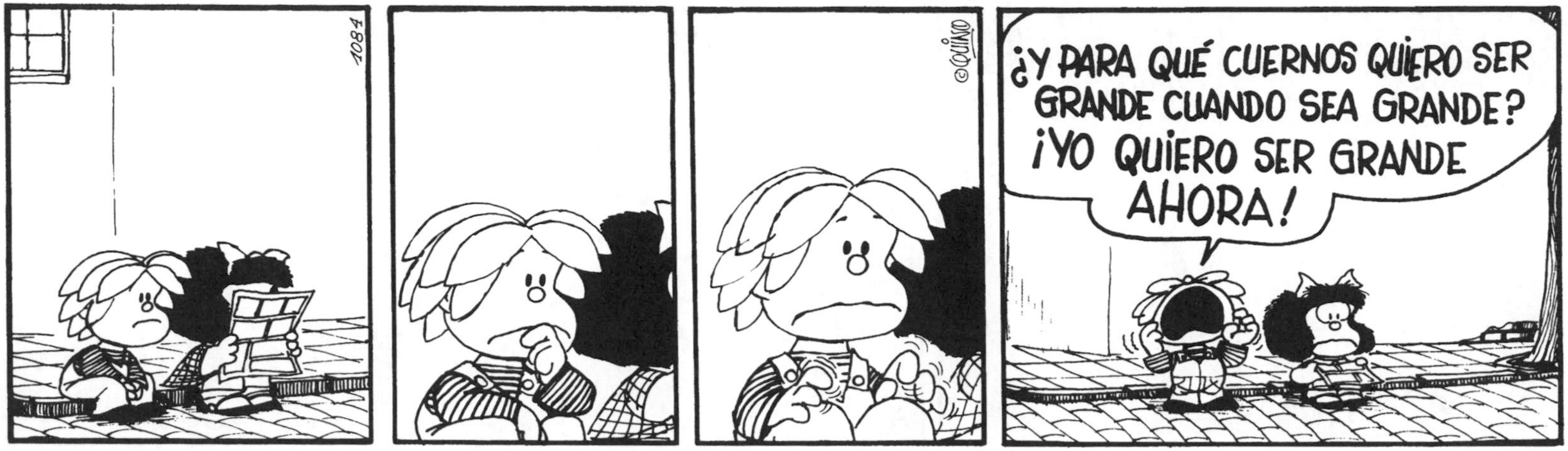
1084
©QUINO
¿Y PARA QUÉ CUERNOS QUIERO SER GRANDE CUANDO SEA GRANDE? ¡YO QUIERO SER GRANDE AHORA!

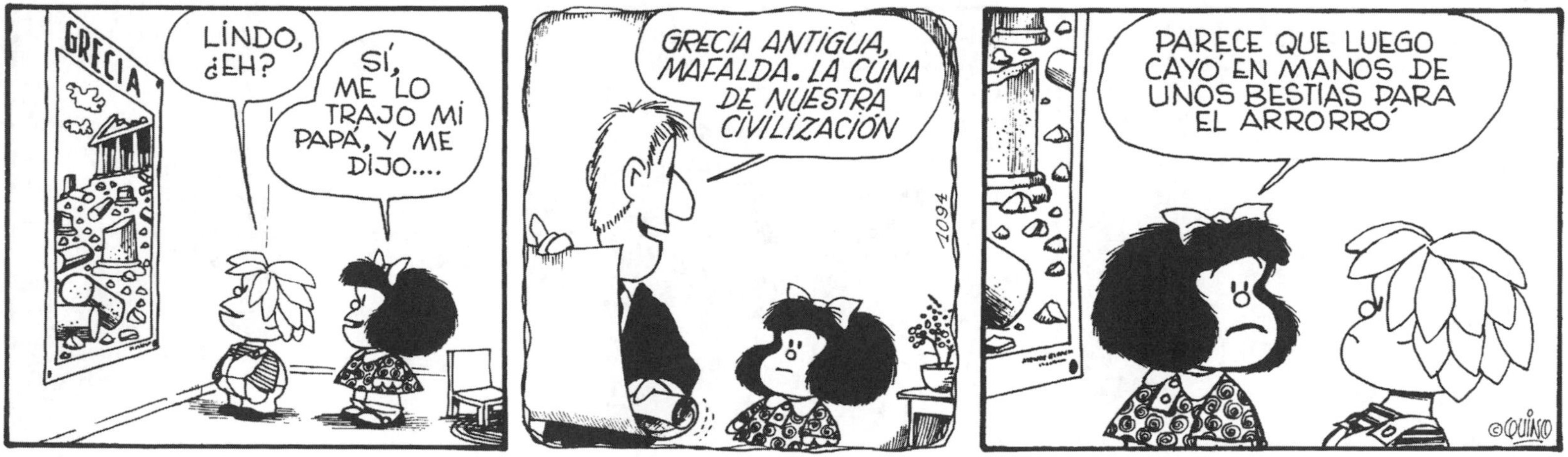
GRECIA
LINDO, ¿EH?
SÍ, ME LO TRAJO MI PAPÁ, Y ME DIJO....
GRECIA ANTIGUA, MAFALDA. LA CUNA DE NUESTRA CIVILIZACIÓN
1094
PARECE QUE LUEGO CAYÓ EN MANOS DE UNOS BESTIAS PARA EL ARRORRÓ
©QUINO

"La libertad existe tan solo en la tierra de los sueños."

Schiller

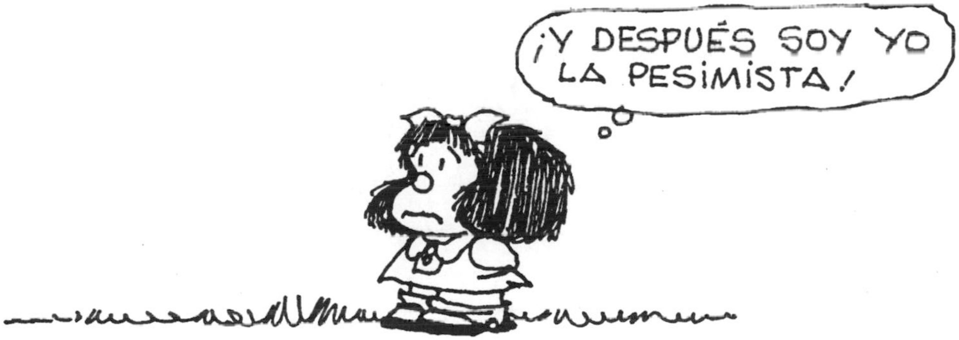
¡Y DESPUÉS SOY YO LA PESIMISTA!

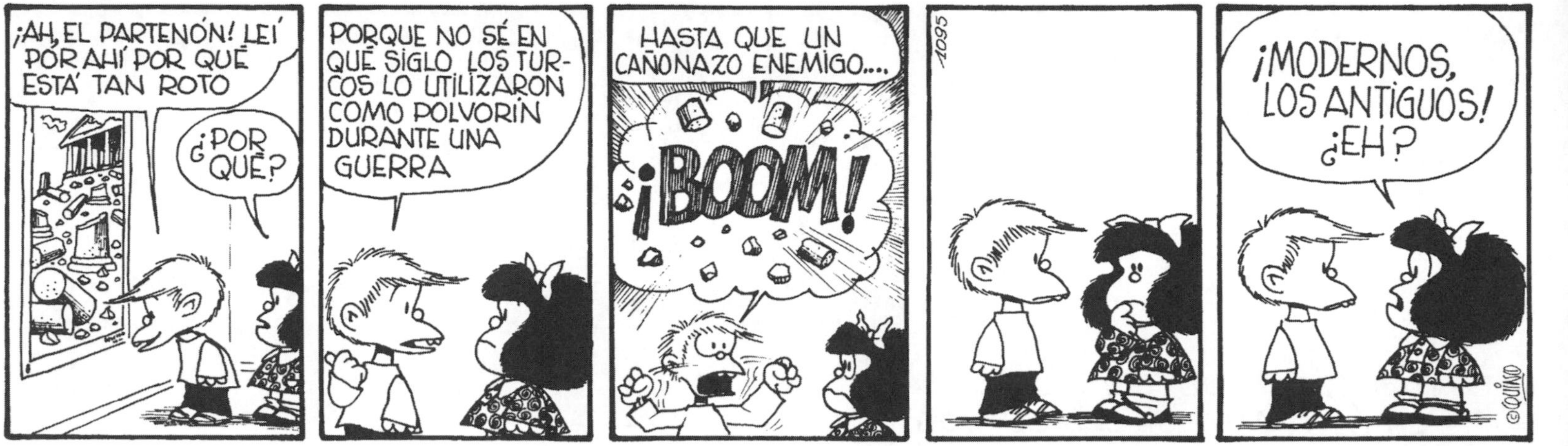
¡AH, EL PARTENÓN! LEÍ POR AHÍ POR QUÉ ESTÁ TAN ROTO
¿POR QUÉ?
PORQUE NO SÉ EN QUÉ SIGLO LOS TURCOS LO UTILIZARON COMO POLVORÍN DURANTE UNA GUERRA
HASTA QUE UN CAÑONAZO ENEMIGO....
¡BOOM!
1095
¡MODERNOS, LOS ANTIGUOS! ¿EH?
© QUINO

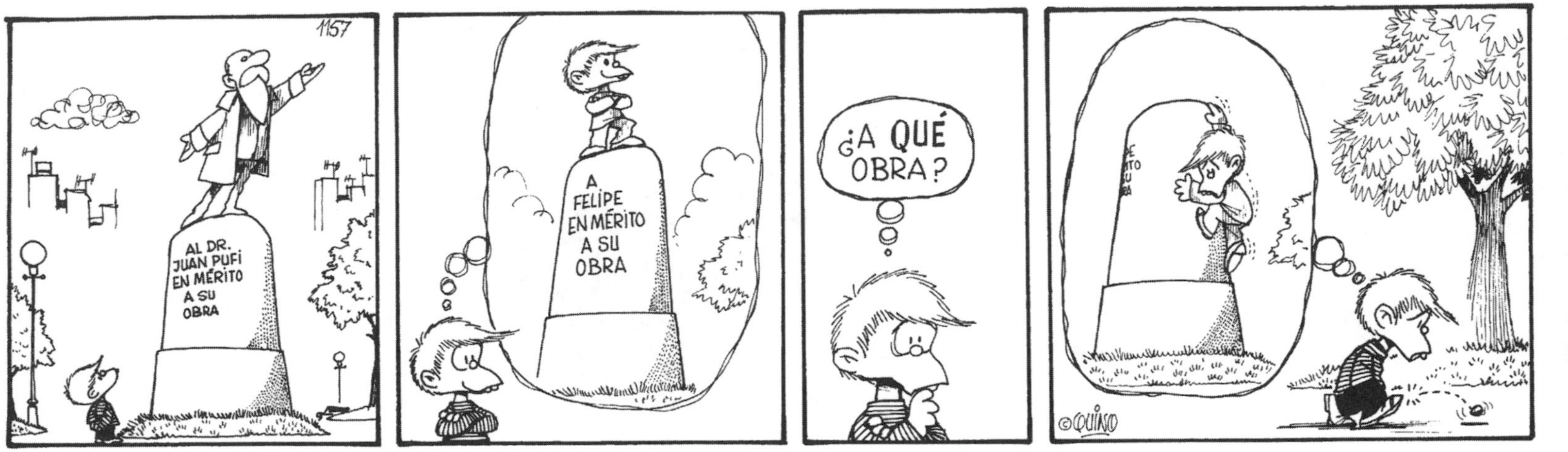
1157
AL DR. JUAN PUFI EN MÉRITO A SU OBRA
A FELIPE EN MÉRITO A SU OBRA
¿A QUÉ OBRA?
© QUINO

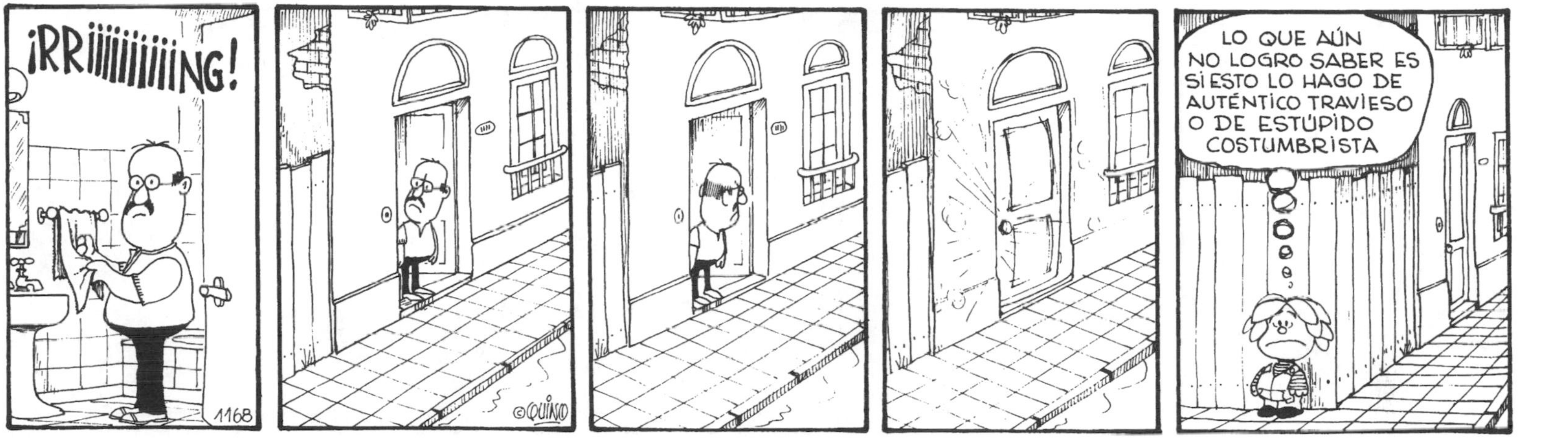
¡RRiiiiiiiiiiNG!
1168
©QUINO
LO QUE AÚN NO LOGRO SABER ES SI ESTO LO HAGO DE AUTÉNTICO TRAVIESO O DE ESTÚPIDO COSTUMBRISTA

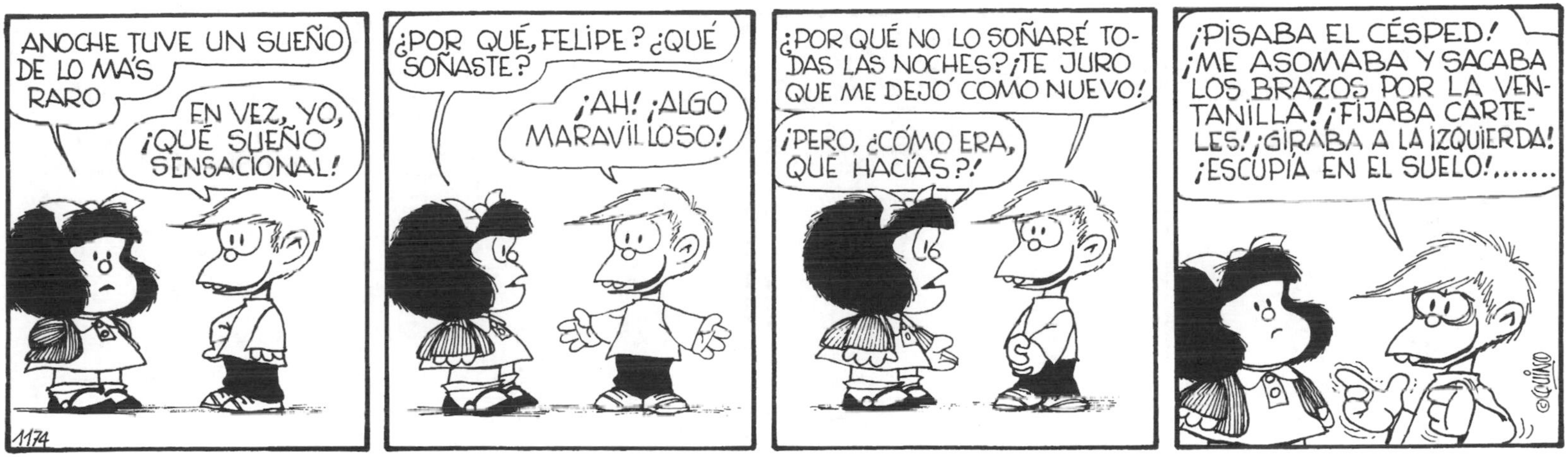
ANOCHE TUVE UN SUEÑO DE LO MÁS RARO
EN VEZ, YO, ¡QUÉ SUEÑO SENSACIONAL!
1174
¿POR QUÉ, FELIPE? ¿QUÉ SOÑASTE?
¡AH! ¡ALGO MARAVILLOSO!
¡PERO, ¿CÓMO ERA, QUÉ HACÍAS?!
¿POR QUÉ NO LO SOÑARÉ TODAS LAS NOCHES? ¡TE JURO QUE ME DEJÓ COMO NUEVO!
¡PISABA EL CÉSPED! ¡ME ASOMABA Y SACABA LOS BRAZOS POR LA VENTANILLA! ¡FIJABA CARTELES! ¡GIRABA A LA IZQUIERDA! ¡ESCUPÍA EN EL SUELO!......
©QUINO

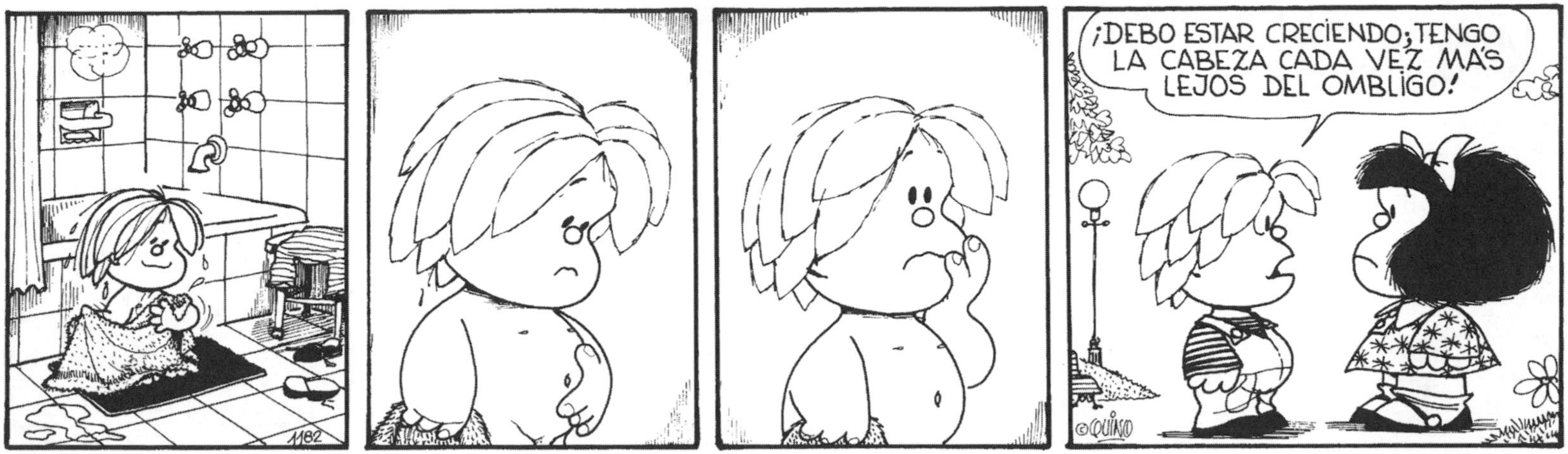

1182
¡DEBO ESTAR CRECIENDO; TENGO LA CABEZA CADA VEZ MÁS LEJOS DEL OMBLIGO!

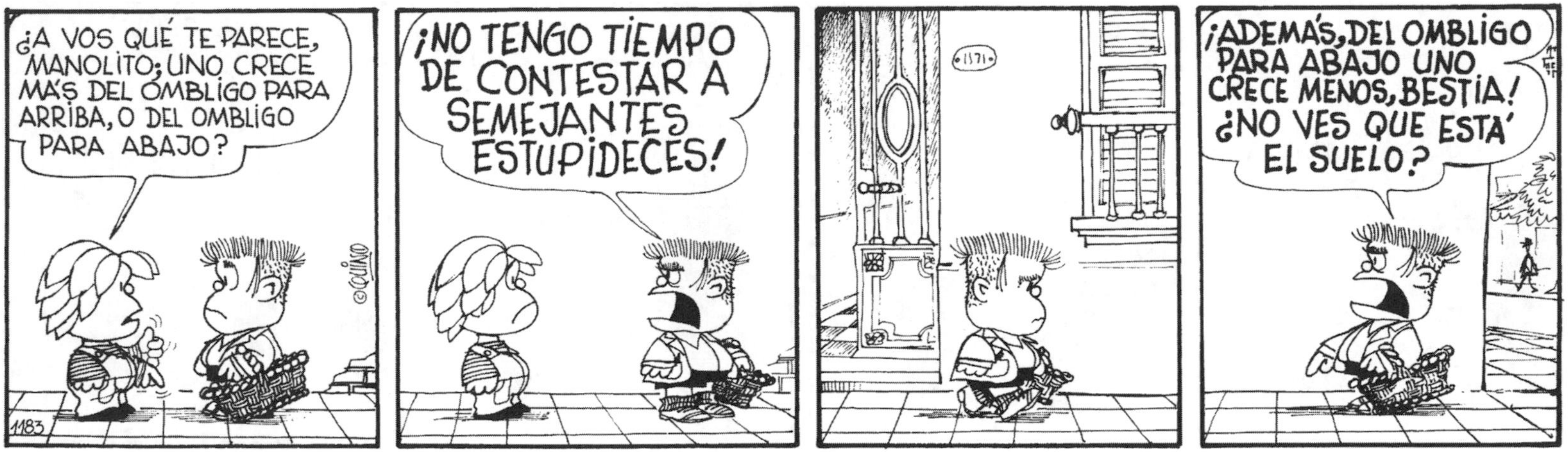

1183
¿A VOS QUÉ TE PARECE, MANOLITO; UNO CRECE MÁS DEL OMBLIGO PARA ARRIBA, O DEL OMBLIGO PARA ABAJO?
¡NO TENGO TIEMPO DE CONTESTAR A SEMEJANTES ESTUPIDECES!
1371
¡ADEMÁS, DEL OMBLIGO PARA ABAJO UNO CRECE MENOS, BESTIA! ¿NO VES QUE ESTÁ EL SUELO?

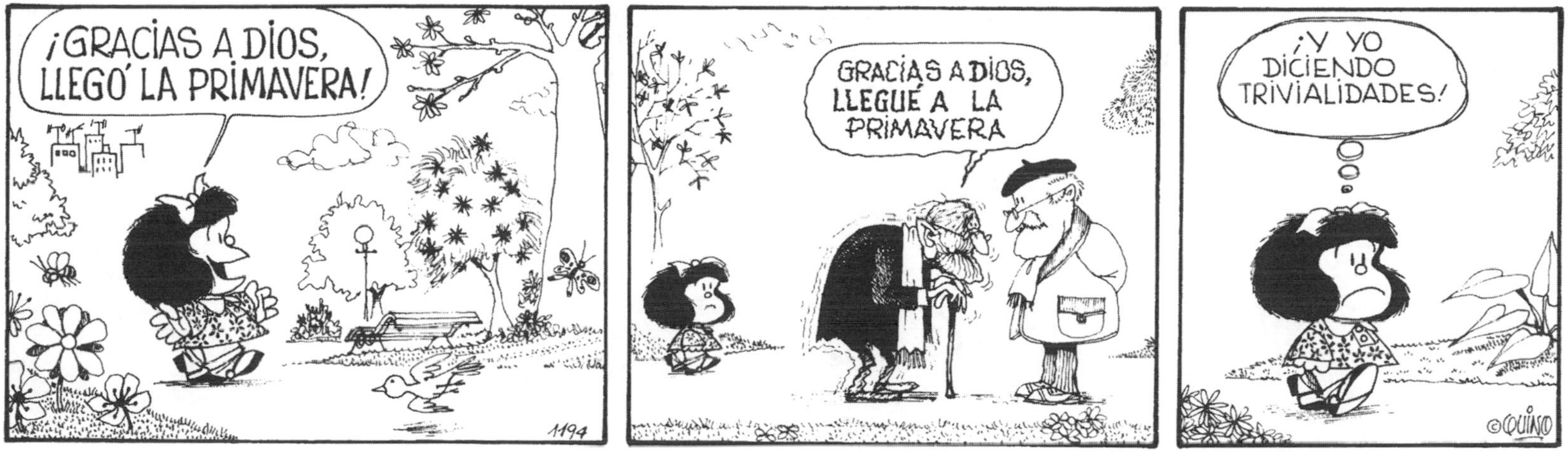
¡GRACIAS A DIOS, LLEGÓ LA PRIMAVERA!
1194
GRACIAS A DIOS, LLEGUÉ A LA PRIMAVERA
¡Y YO DICIENDO TRIVIALIDADES!
©QUINO

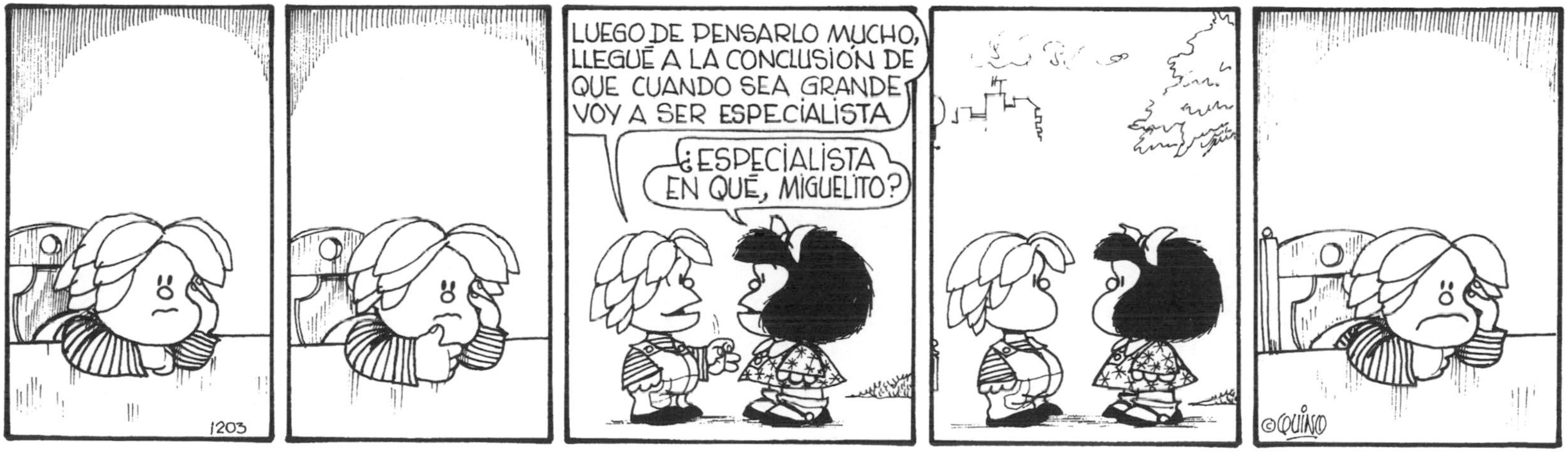
1203
LUEGO DE PENSARLO MUCHO, LLEGUÉ A LA CONCLUSIÓN DE QUE CUANDO SEA GRANDE VOY A SER ESPECIALISTA
¿ESPECIALISTA EN QUÉ, MIGUELITO?
©QUINO

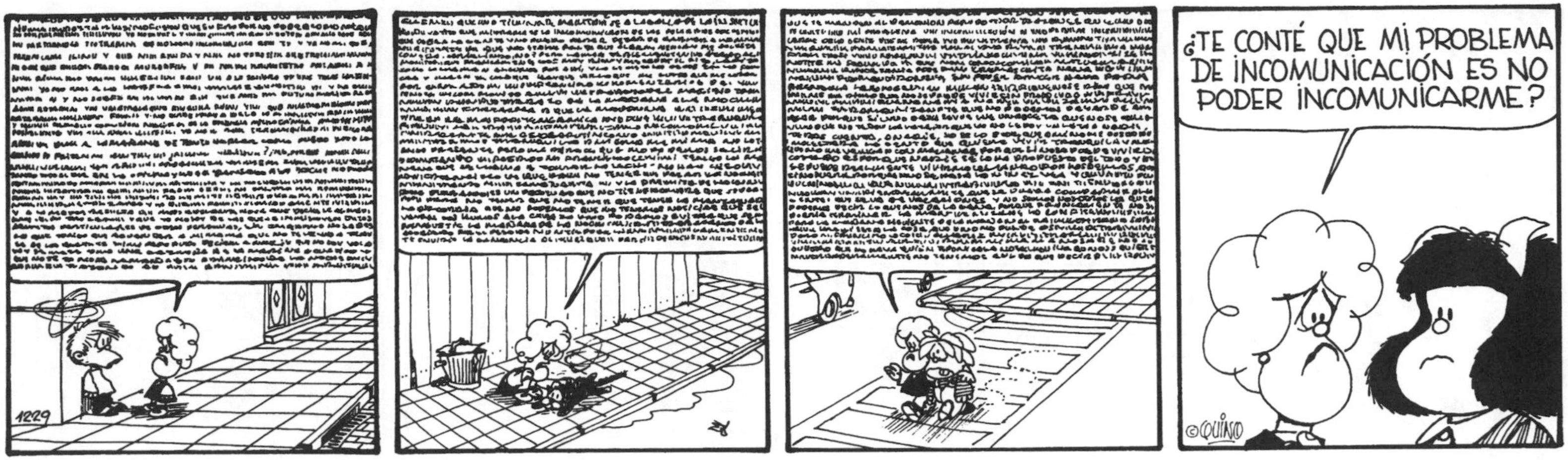
¿TE CONTÉ QUE MI PROBLEMA DE INCOMUNICACIÓN ES NO PODER INCOMUNICARME?

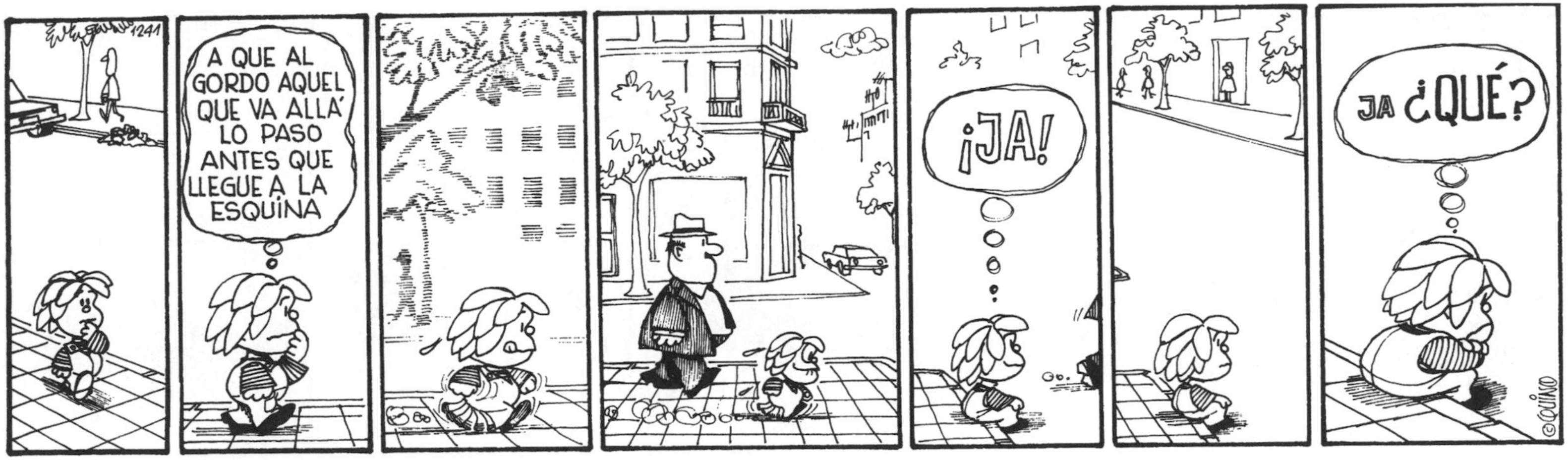
A QUE AL GORDO AQUEL QUE VA ALLÁ LO PASO ANTES QUE LLEGUE A LA ESQUINA
¡JA!
JA ¿QUÉ?

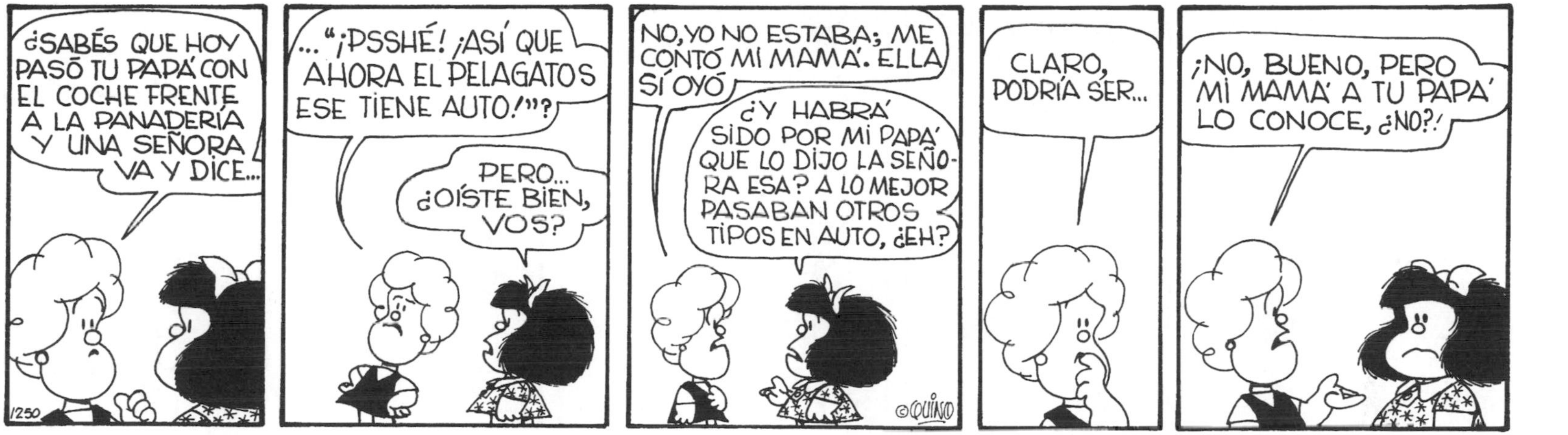
¿SABÉS QUE HOY PASÓ TU PAPÁ CON EL COCHE FRENTE A LA PANADERÍA Y UNA SEÑORA VA Y DICE...
1250
..."¡PSSHÉ! ¡ASÍ QUE AHORA EL PELAGATOS ESE TIENE AUTO!"?
PERO... ¿OÍSTE BIEN, VOS?
NO, YO NO ESTABA; ME CONTÓ MI MAMÁ. ELLA SÍ OYÓ
¿Y HABRÁ SIDO POR MI PAPÁ QUE LO DIJO LA SEÑORA ESA? A LO MEJOR PASABAN OTROS TIPOS EN AUTO, ¿EH?
©QUINO
CLARO, PODRÍA SER...
¡NO, BUENO, PERO MI MAMÁ A TU PAPÁ LO CONOCE, ¿NO?!

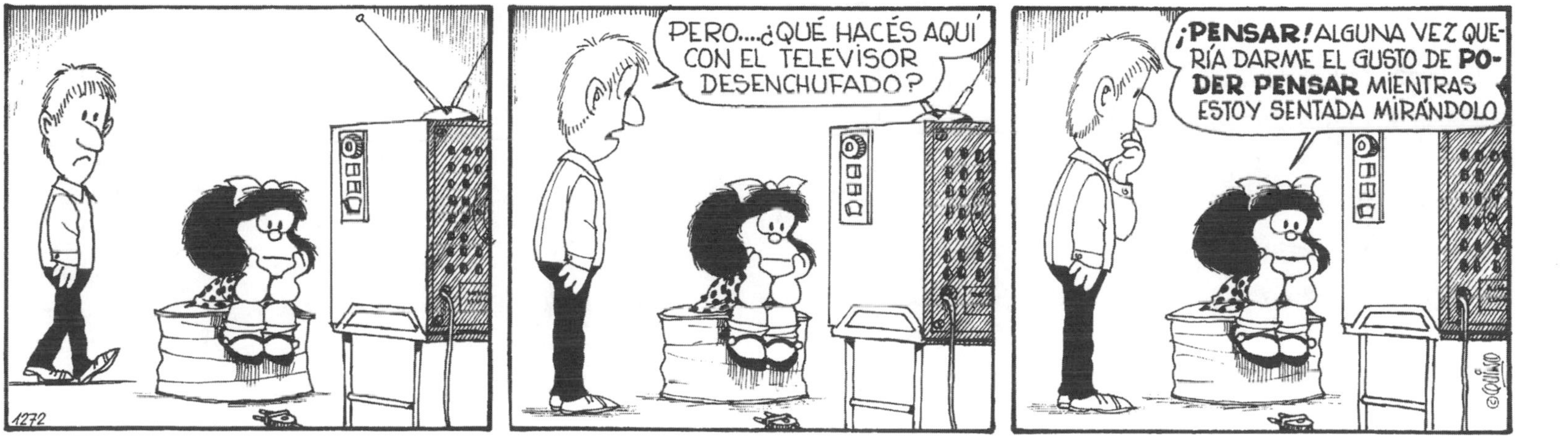
1272
PERO...¿QUÉ HACÉS AQUÍ CON EL TELEVISOR DESENCHUFADO?
¡PENSAR! ALGUNA VEZ QUERÍA DARME EL GUSTO DE PODER PENSAR MIENTRAS ESTOY SENTADA MIRÁNDOLO
©QUINO

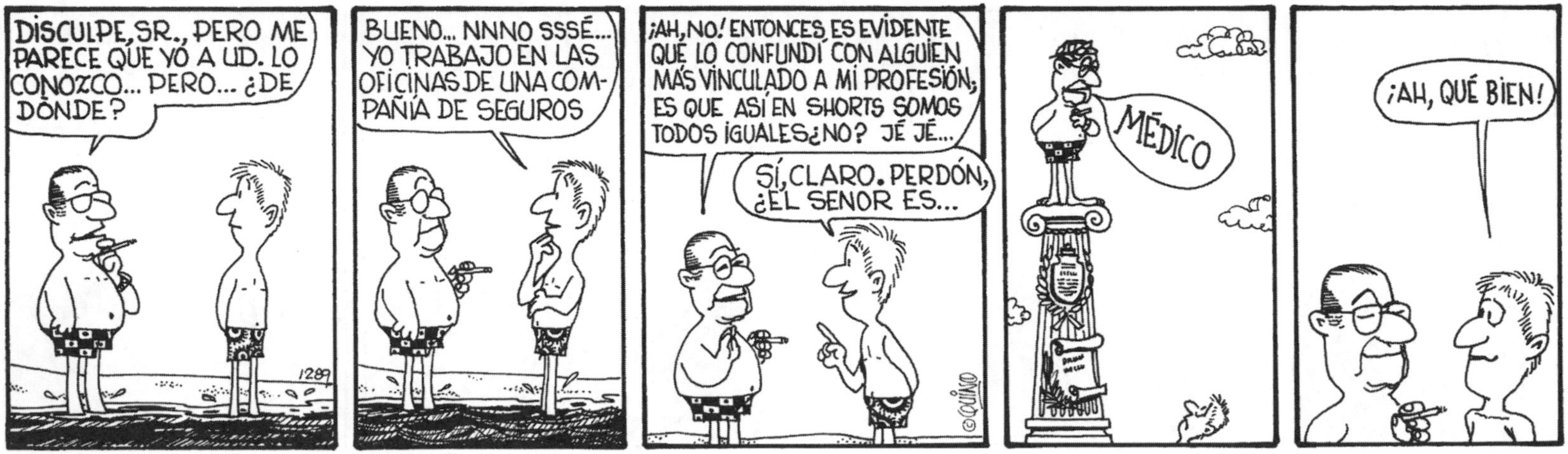
DISCULPE, SR., PERO ME PARECE QUE YO A UD. LO CONOZCO... PERO... ¿DE DÓNDE?
1289
BUENO... NNNO SSSÉ... YO TRABAJO EN LAS OFICINAS DE UNA COMPAÑÍA DE SEGUROS
¡AH, NO! ENTONCES ES EVIDENTE QUE LO CONFUNDÍ CON ALGUIEN MÁS VINCULADO A MI PROFESIÓN; ES QUE ASÍ EN SHORTS SOMOS TODOS IGUALES ¿NO? JÉ JÉ...
SÍ, CLARO. PERDÓN, ¿EL SEÑOR ES...
©QUINO
MÉDICO
¡AH, QUÉ BIEN!

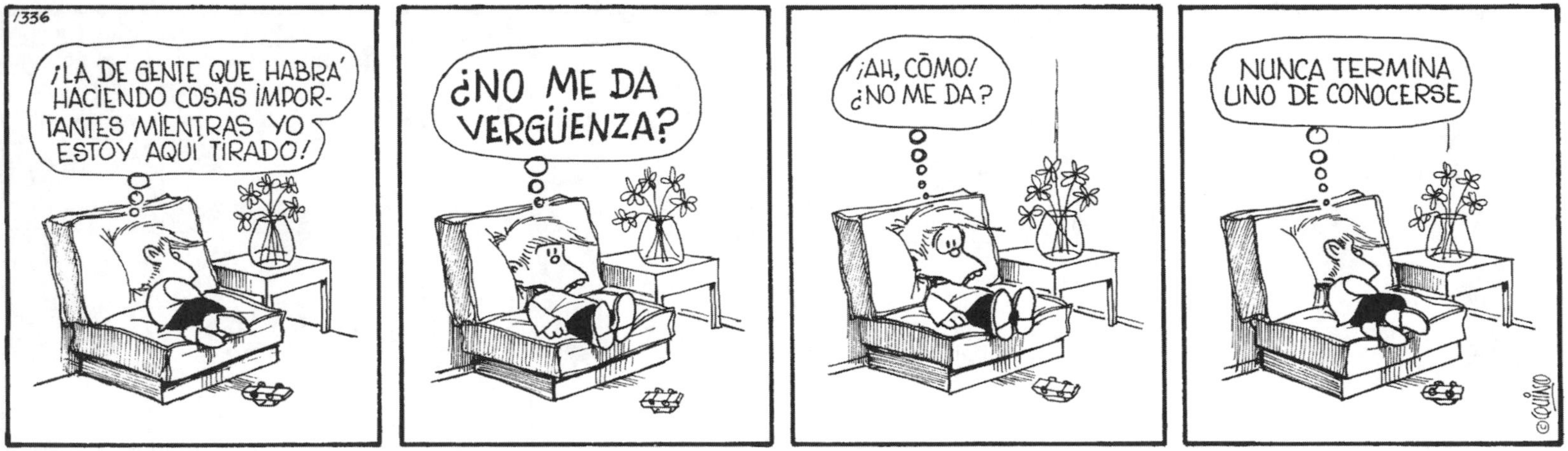
1336
¡LA DE GENTE QUE HABRÁ HACIENDO COSAS IMPORTANTES MIENTRAS YO ESTOY AQUÍ TIRADO!
¿NO ME DA VERGÜENZA?
¡AH, CÓMO! ¿NO ME DA?
NUNCA TERMINA UNO DE CONOCERSE
©QUINO

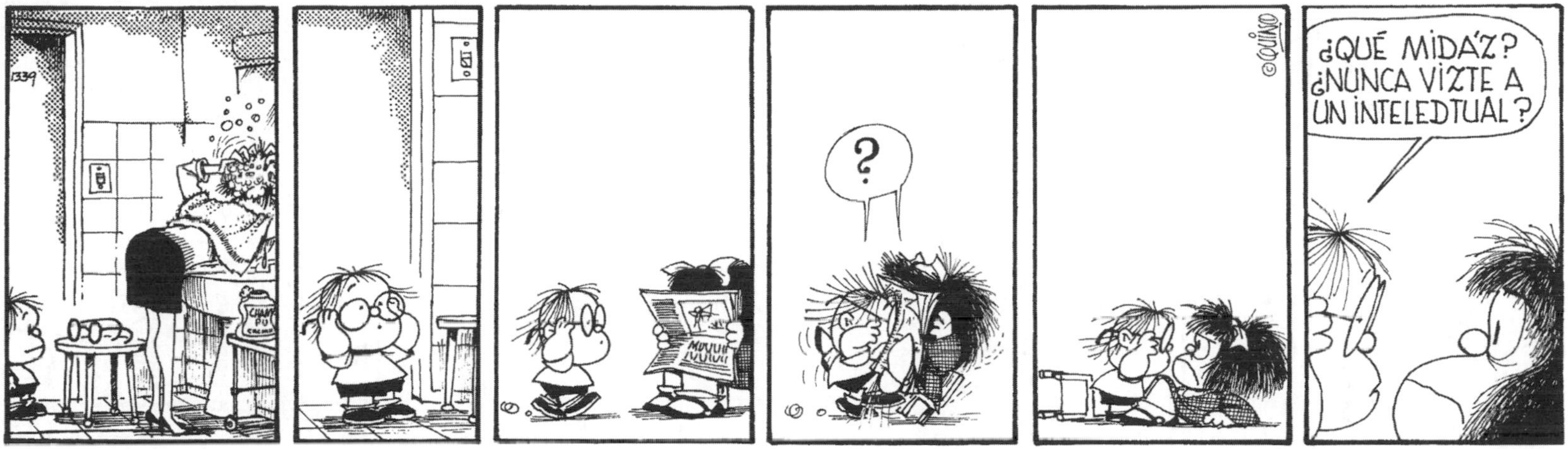
1339
?
¿QUÉ MIDÁZ? ¿NUNCA VIZTE A UN INTELEDTUAL?

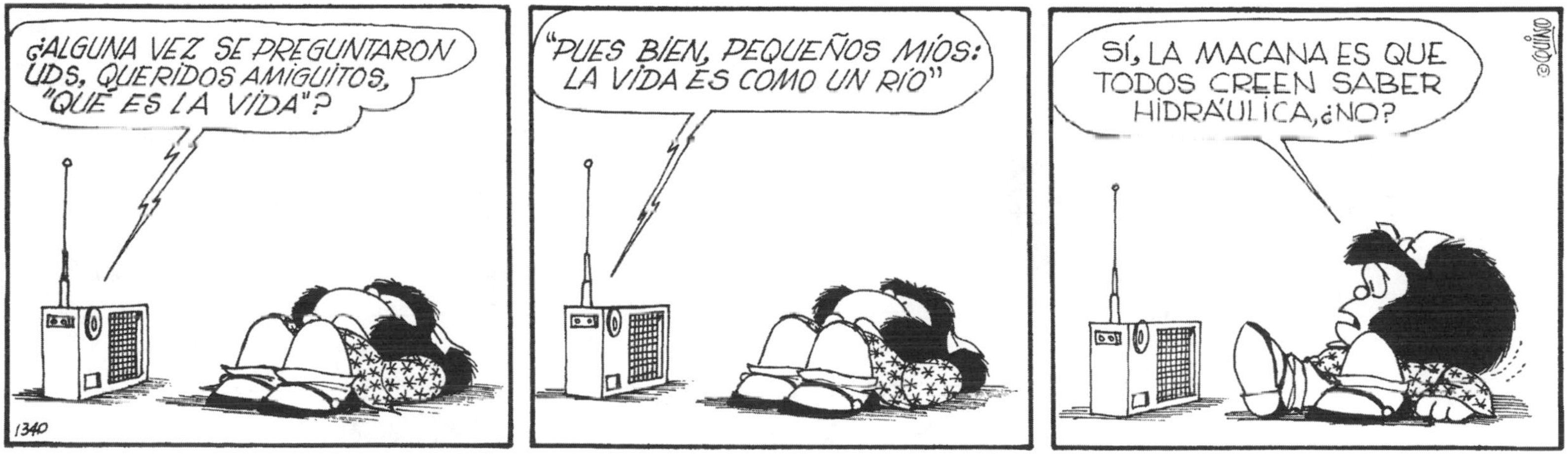
¿ALGUNA VEZ SE PREGUNTARON UDS, QUERIDOS AMIGUITOS, "QUÉ ES LA VIDA"?
"PUES BIEN, PEQUEÑOS MÍOS: LA VIDA ES COMO UN RÍO"
SÍ, LA MACANA ES QUE TODOS CREEN SABER HIDRÁULICA, ¿NO?
1340

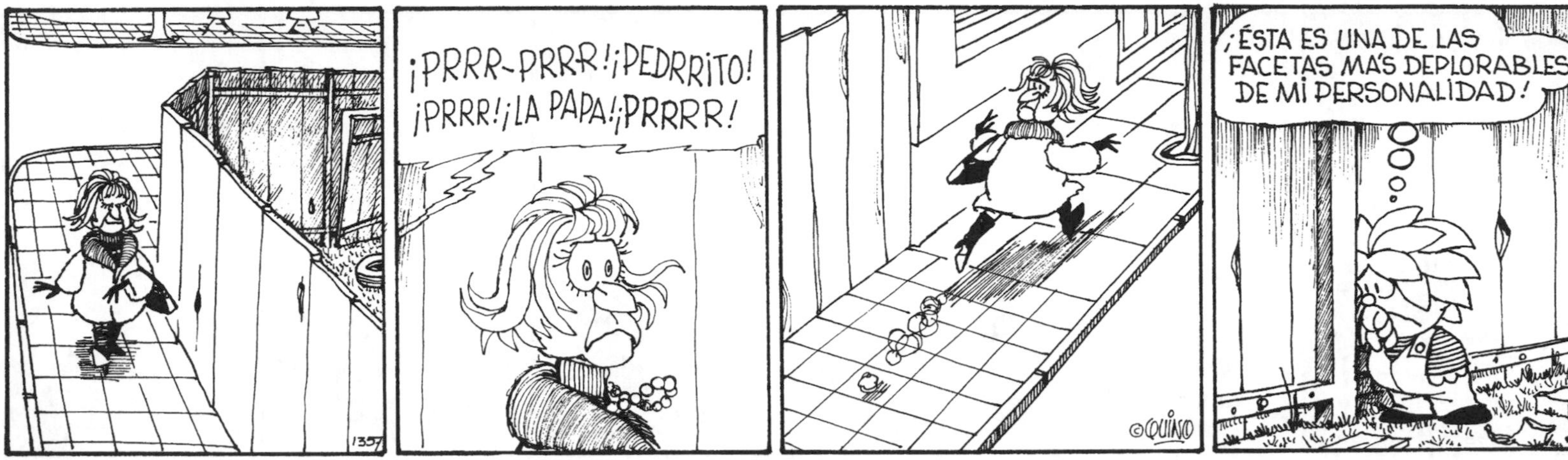
1357
¡PRRR-PRRR!¡PEDRRITO! ¡PRRR!¡LA PAPA!¡PRRRR!
©QUINO
¡ÉSTA ES UNA DE LAS FACETAS MÁS DEPLORABLES DE MI PERSONALIDAD!

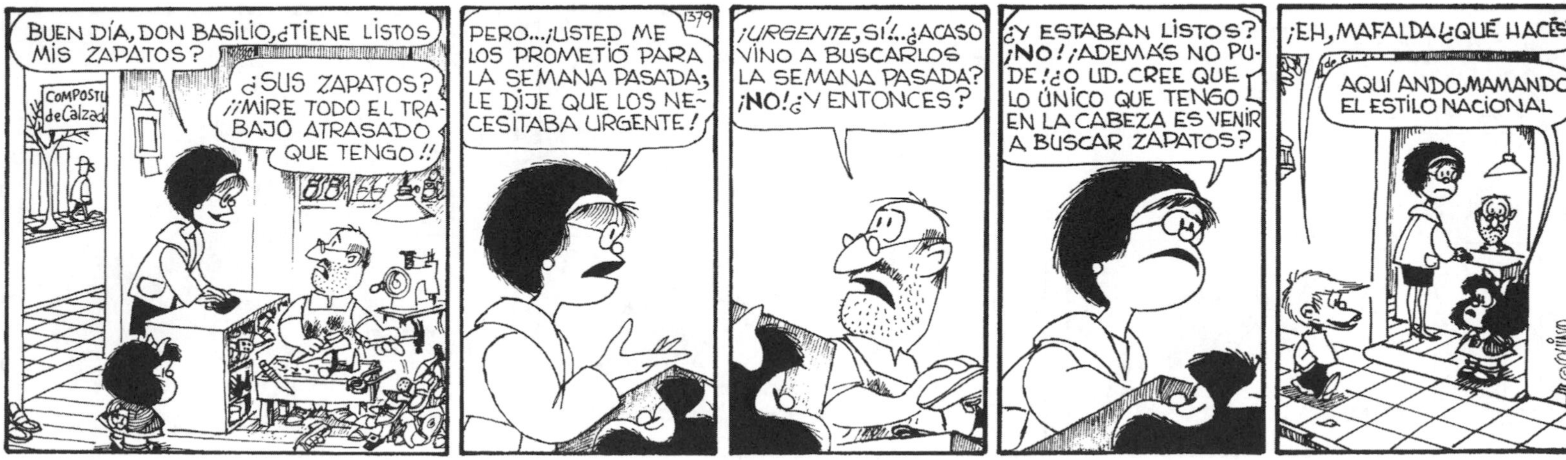
BUEN DÍA, DON BASILIO,¿TIENE LISTOS MIS ZAPATOS?
¿SUS ZAPATOS? ¡¡MIRE TODO EL TRABAJO ATRASADO QUE TENGO!!
COMPOSTU
de Calzad
1379
PERO...¡USTED ME LOS PROMETIÓ PARA LA SEMANA PASADA; LE DIJE QUE LOS NECESITABA URGENTE!
¡URGENTE, SÍ!...¿ACASO VINO A BUSCARLOS LA SEMANA PASADA? ¡NO!¿Y ENTONCES?
¿Y ESTABAN LISTOS? ¡NO!¡ADEMÁS NO PUDE!¿O UD. CREE QUE LO ÚNICO QUE TENGO EN LA CABEZA ES VENIR A BUSCAR ZAPATOS?
¡EH, MAFALDA!¿QUÉ HACÉS?
AQUÍ ANDO,MAMANDO EL ESTILO NACIONAL
©QUINO

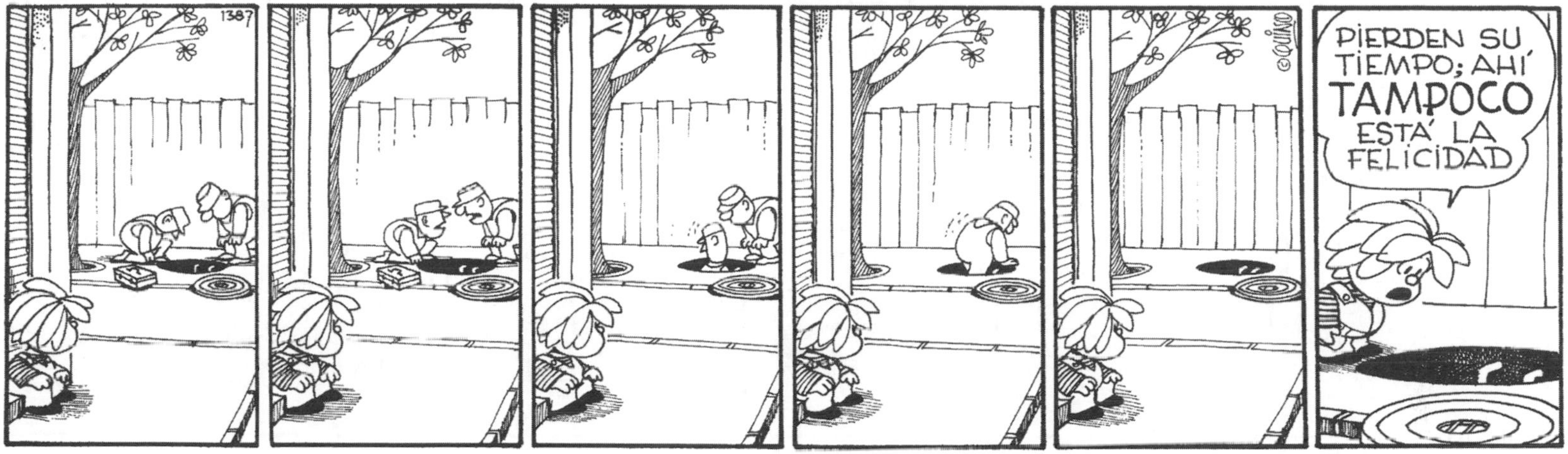
1387
©QUINO
PIERDEN SU TIEMPO; AHÍ TAMPOCO ESTÁ LA FELICIDAD

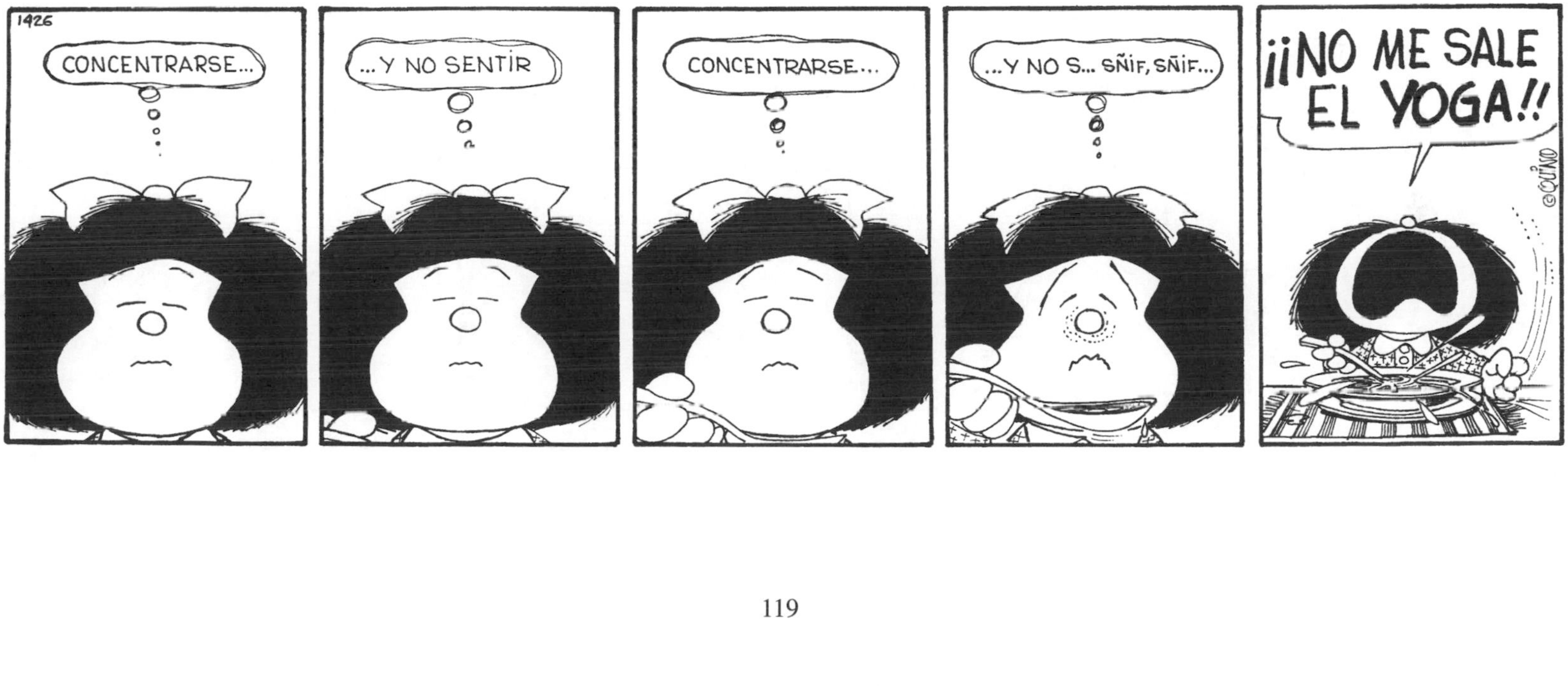
1426
CONCENTRARSE...
...Y NO SENTIR
CONCENTRARSE...
...Y NO S... SÑIF, SÑIF...
¡¡NO ME SALE EL YOGA!!
©QUINO

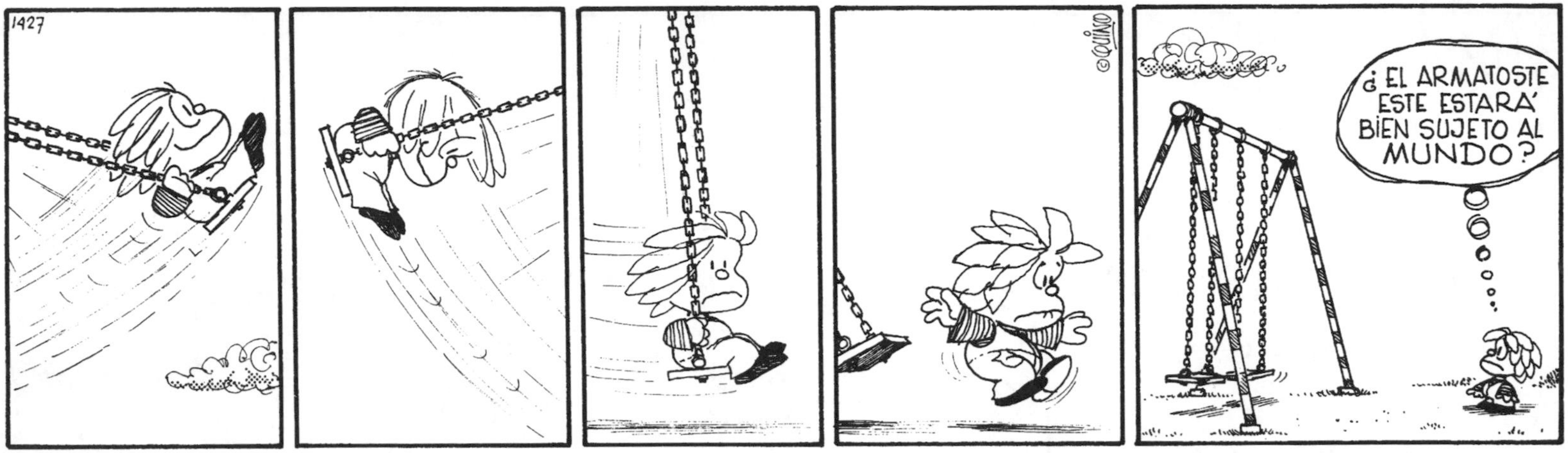
1427
¿EL ARMATOSTE ESTE ESTARÁ BIEN SUJETO AL MUNDO?

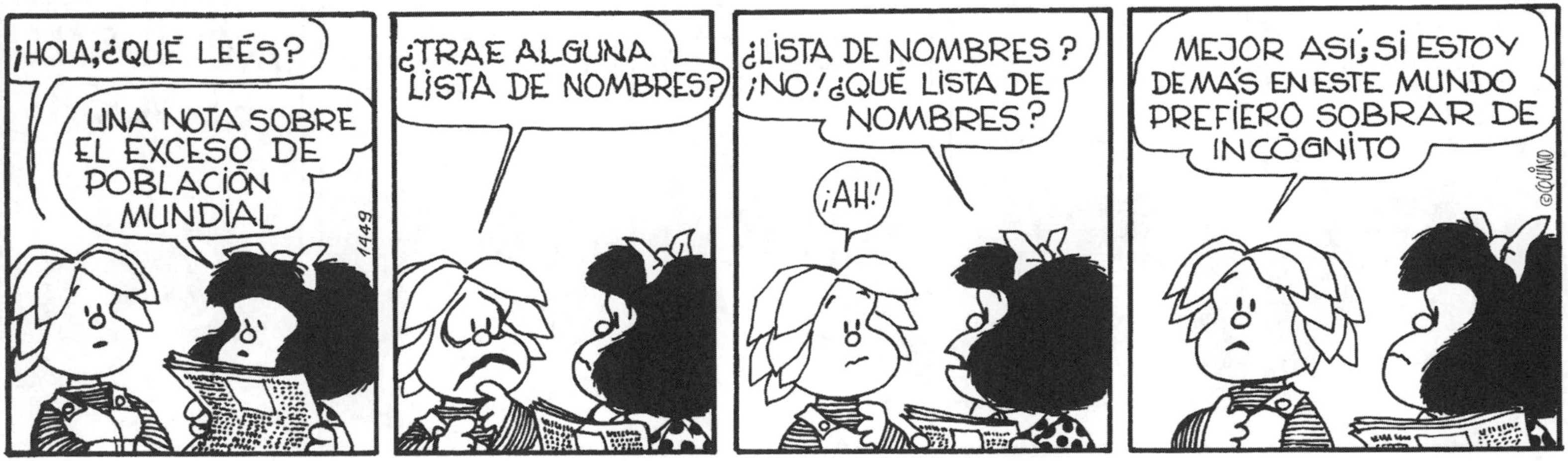
¡HOLA! ¿QUÉ LEÉS?
UNA NOTA SOBRE EL EXCESO DE POBLACIÓN MUNDIAL
1449
¿TRAE ALGUNA LISTA DE NOMBRES?
¿LISTA DE NOMBRES? ¡NO! ¿QUÉ LISTA DE NOMBRES?
¡AH!
MEJOR ASÍ; SI ESTOY DEMÁS EN ESTE MUNDO PREFIERO SOBRAR DE INCÓGNITO

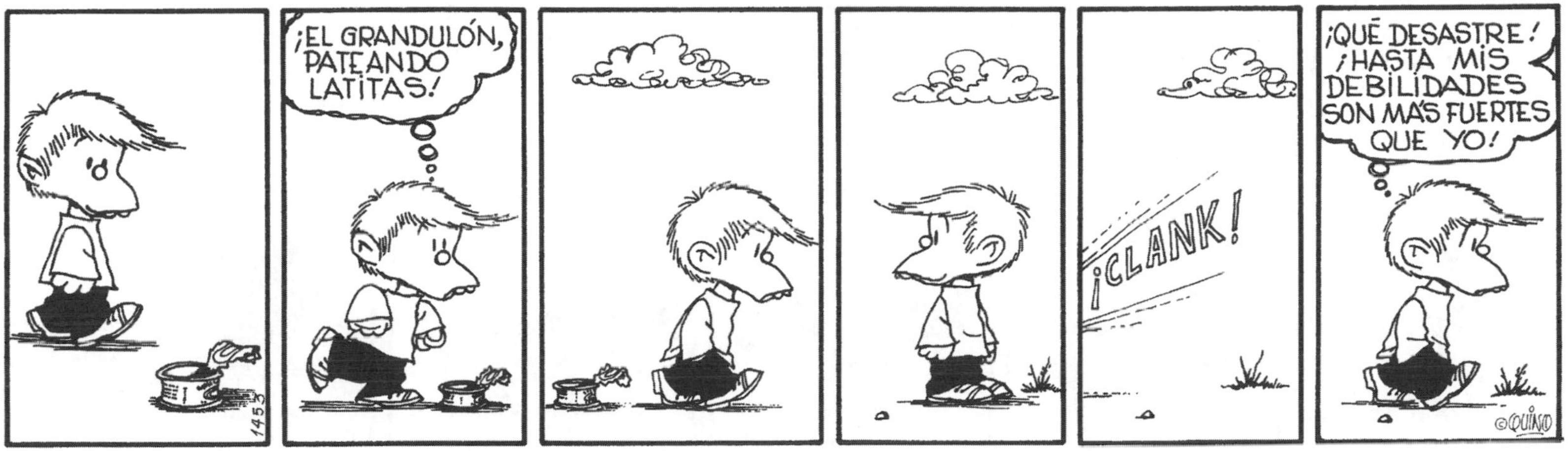
1453
¡EL GRANDULÓN, PATEANDO LATITAS!
¡CLANK!
¡QUÉ DESASTRE! ¡HASTA MIS DEBILIDADES SON MÁS FUERTES QUE YO!
©QUINO

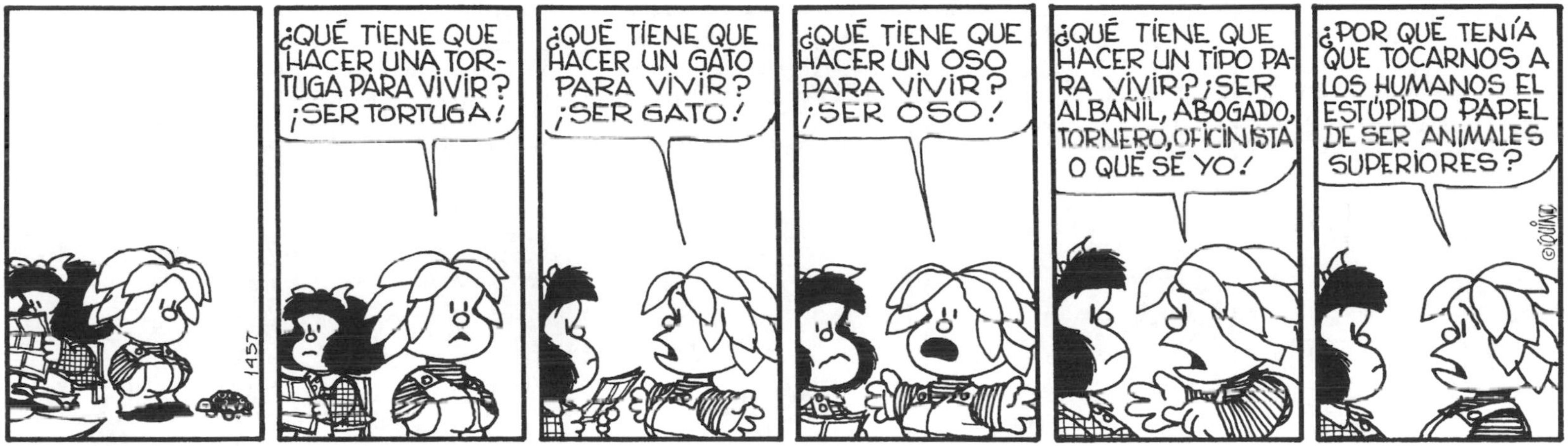
1457
¿QUÉ TIENE QUE HACER UNA TORTUGA PARA VIVIR? ¡SER TORTUGA!
¿QUÉ TIENE QUE HACER UN GATO PARA VIVIR? ¡SER GATO!
¿QUÉ TIENE QUE HACER UN OSO PARA VIVIR? ¡SER OSO!
¿QUÉ TIENE QUE HACER UN TIPO PARA VIVIR? ¡SER ALBAÑIL, ABOGADO, TORNERO, OFICINISTA O QUÉ SÉ YO!
¿POR QUÉ TENÍA QUE TOCARNOS A LOS HUMANOS EL ESTÚPIDO PAPEL DE SER ANIMALES SUPERIORES?
©QUINO

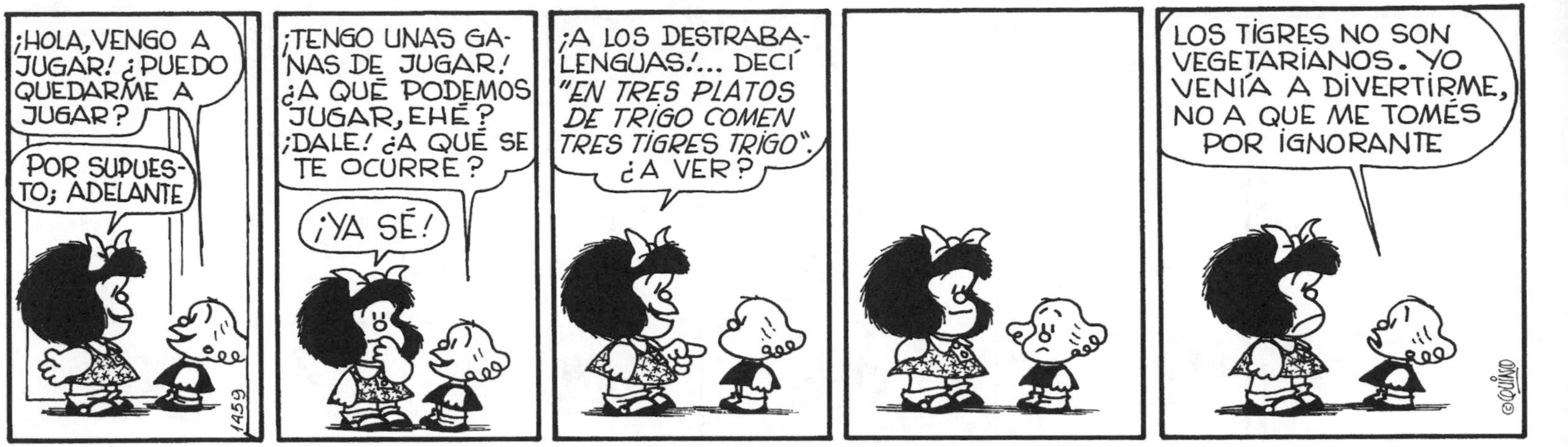
¡HOLA, VENGO A JUGAR! ¿PUEDO QUEDARME A JUGAR?
POR SUPUESTO; ADELANTE
1459
¡TENGO UNAS GANAS DE JUGAR! ¿A QUÉ PODEMOS JUGAR, EHÉ? ¡DALE! ¿A QUÉ SE TE OCURRE?
¡YA SÉ!
¡A LOS DESTRABALENGUAS!... DECÍ "EN TRES PLATOS DE TRIGO COMEN TRES TIGRES TRIGO". ¿A VER?
LOS TIGRES NO SON VEGETARIANOS. YO VENÍA A DIVERTIRME, NO A QUE ME TOMÉS POR IGNORANTE
©QUINO

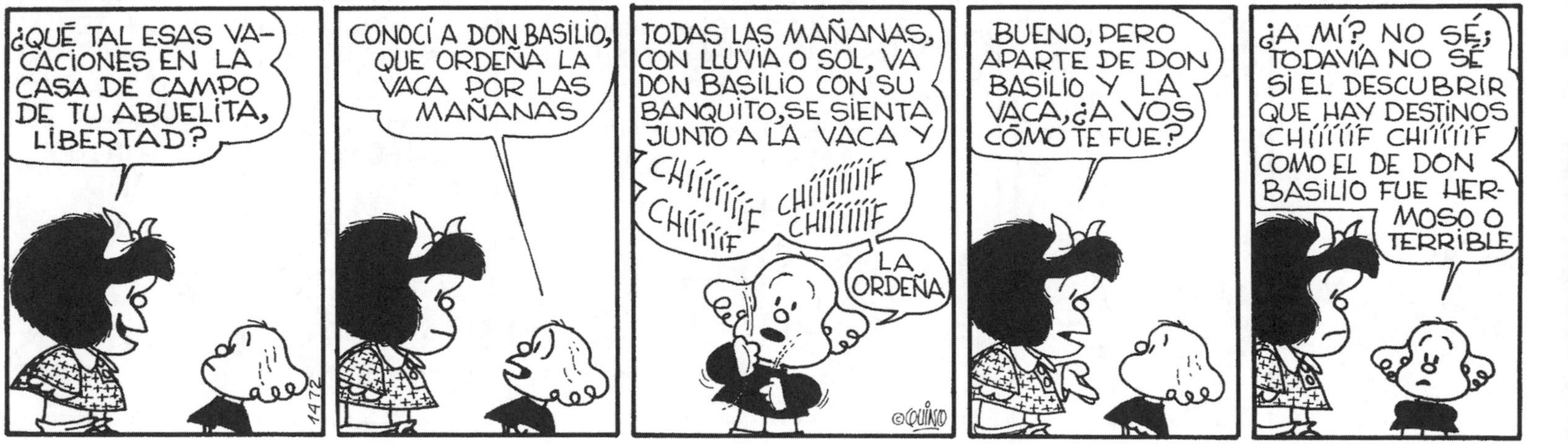
¿QUÉ TAL ESAS VACACIONES EN LA CASA DE CAMPO DE TU ABUELITA, LIBERTAD?
1472
CONOCÍ A DON BASILIO, QUE ORDEÑA LA VACA POR LAS MAÑANAS
TODAS LAS MAÑANAS, CON LLUVIA O SOL, VA DON BASILIO CON SU BANQUITO, SE SIENTA JUNTO A LA VACA Y
CHÍÍÍÍÍÍÍF CHÍÍÍÍÍF CHÍÍÍÍÍÍÍF CHÍÍÍÍÍÍÍF
LA ORDEÑA
©QUINO
BUENO, PERO APARTE DE DON BASILIO Y LA VACA, ¿A VOS CÓMO TE FUE?
¿A MÍ? NO SÉ; TODAVÍA NO SÉ SI EL DESCUBRIR QUE HAY DESTINOS CHÍÍÍÍÍF CHÍÍÍÍÍF COMO EL DE DON BASILIO FUE HERMOSO O TERRIBLE

«El hombre sincero tiene derecho al error.»
Martí.

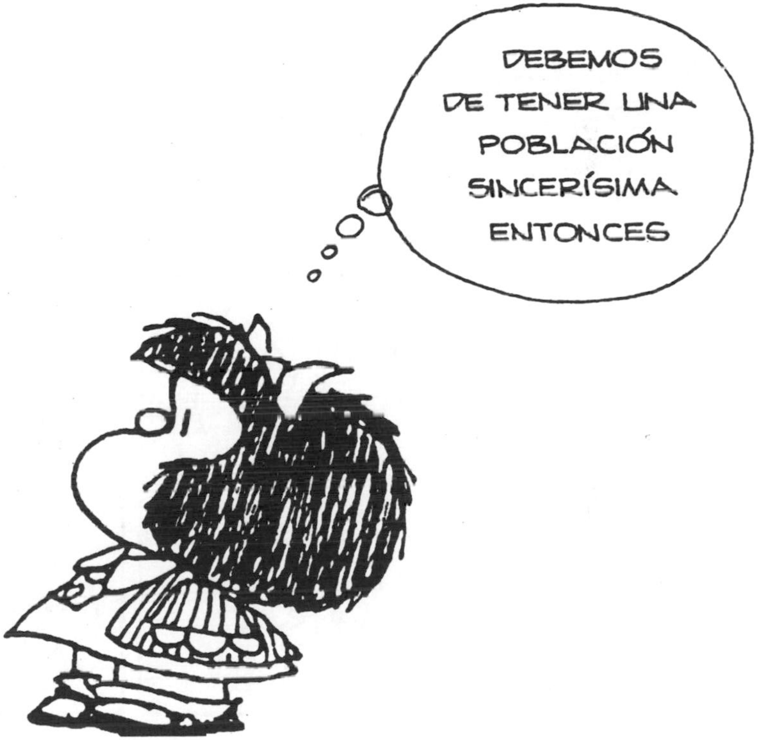
DEBEMOS DE TENER UNA POBLACIÓN SINCERÍSIMA ENTONCES

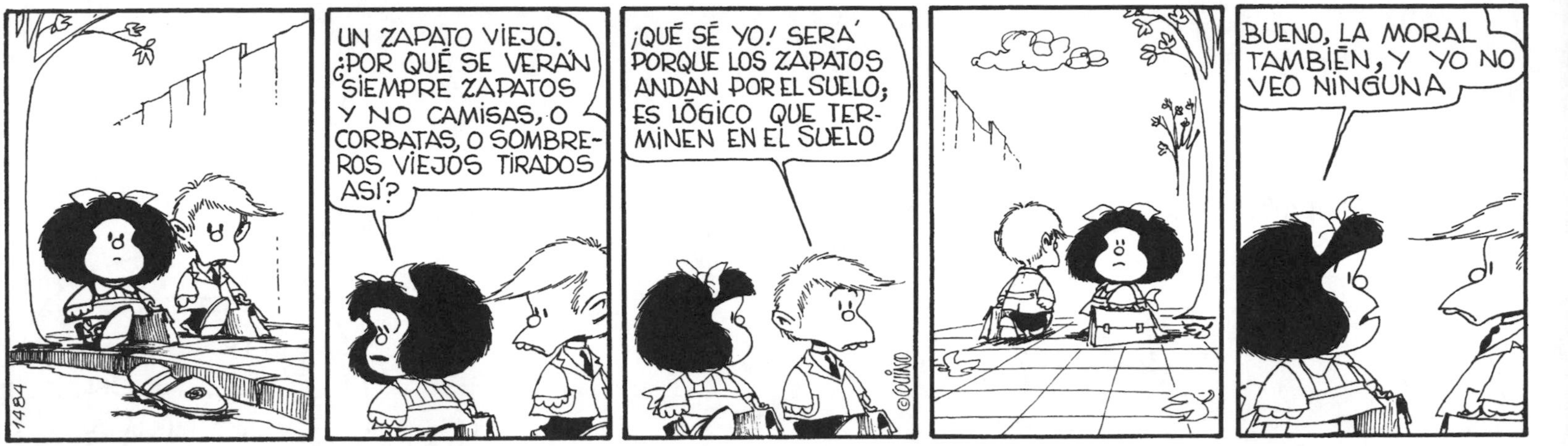
1484
UN ZAPATO VIEJO. ¿POR QUÉ SE VERÁN SIEMPRE ZAPATOS Y NO CAMISAS, O CORBATAS, O SOMBREROS VIEJOS TIRADOS ASÍ?
¡QUÉ SÉ YO! SERÁ PORQUE LOS ZAPATOS ANDAN POR EL SUELO; ES LÓGICO QUE TERMINEN EN EL SUELO
©QUINO
BUENO, LA MORAL TAMBIÉN, Y YO NO VEO NINGUNA

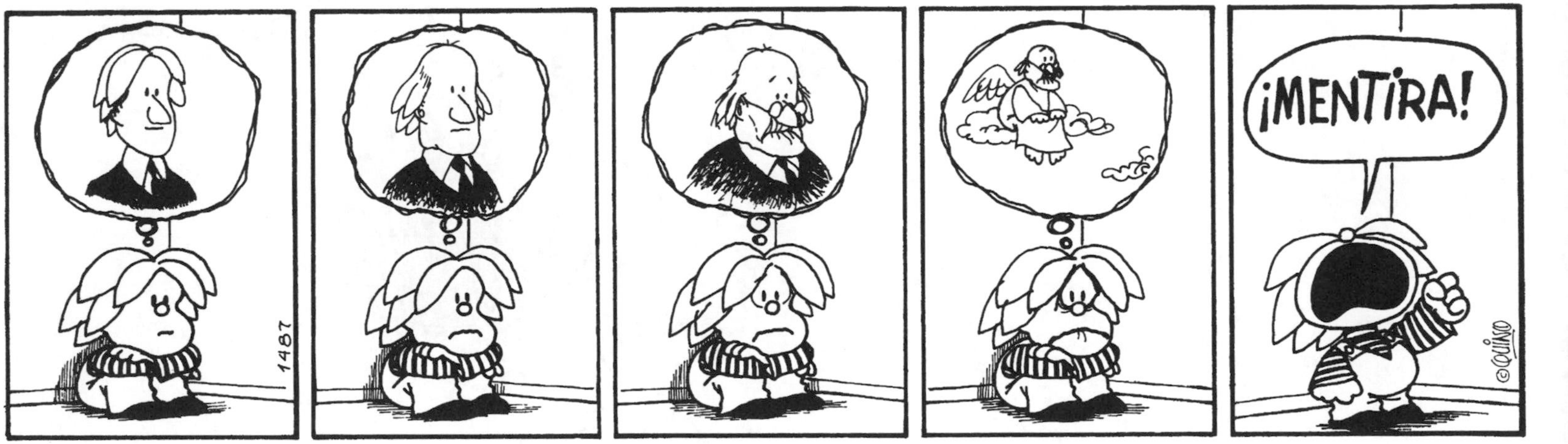
1487
¡MENTIRA!
©QUINO

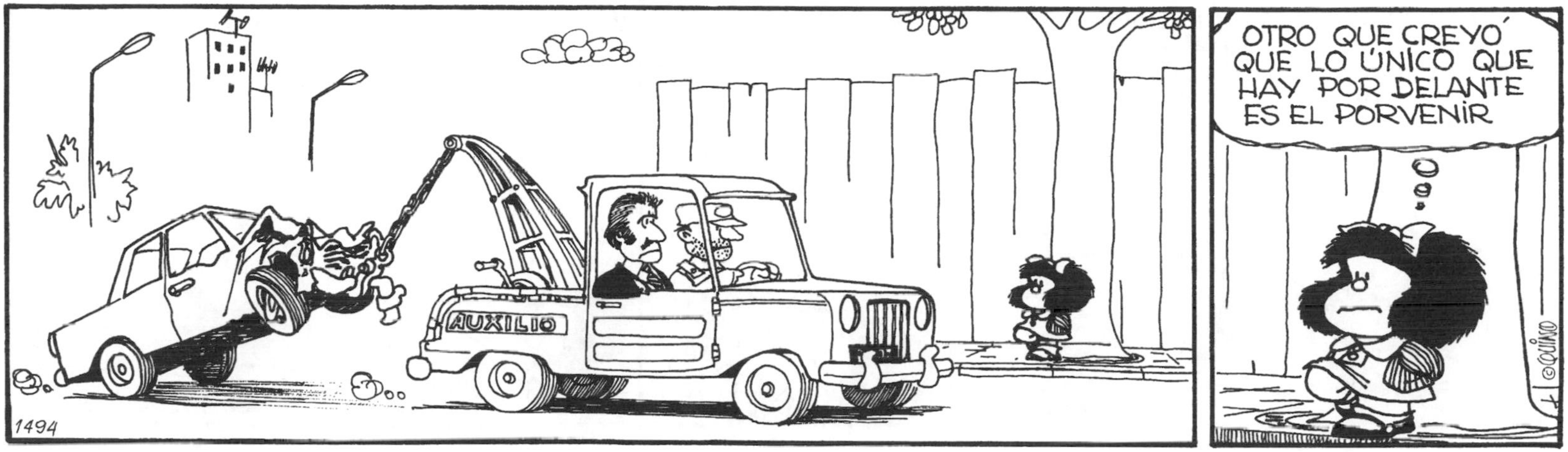
AUXILIO
1494
OTRO QUE CREYÓ QUE LO ÚNICO QUE HAY POR DELANTE ES EL PORVENIR
©QUINO

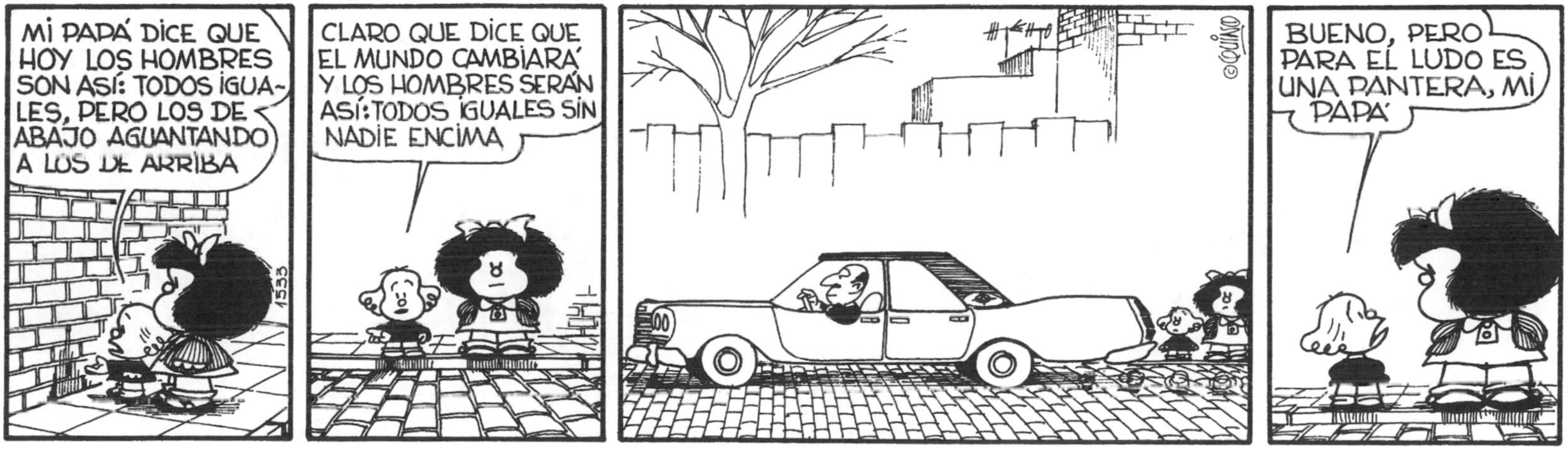
MI PAPÁ DICE QUE HOY LOS HOMBRES SON ASÍ: TODOS IGUALES, PERO LOS DE ABAJO AGUANTANDO A LOS DE ARRIBA
1533
CLARO QUE DICE QUE EL MUNDO CAMBIARÁ Y LOS HOMBRES SERÁN ASÍ: TODOS IGUALES SIN NADIE ENCIMA
©QUINO
BUENO, PERO PARA EL LUDO ES UNA PANTERA, MI PAPÁ

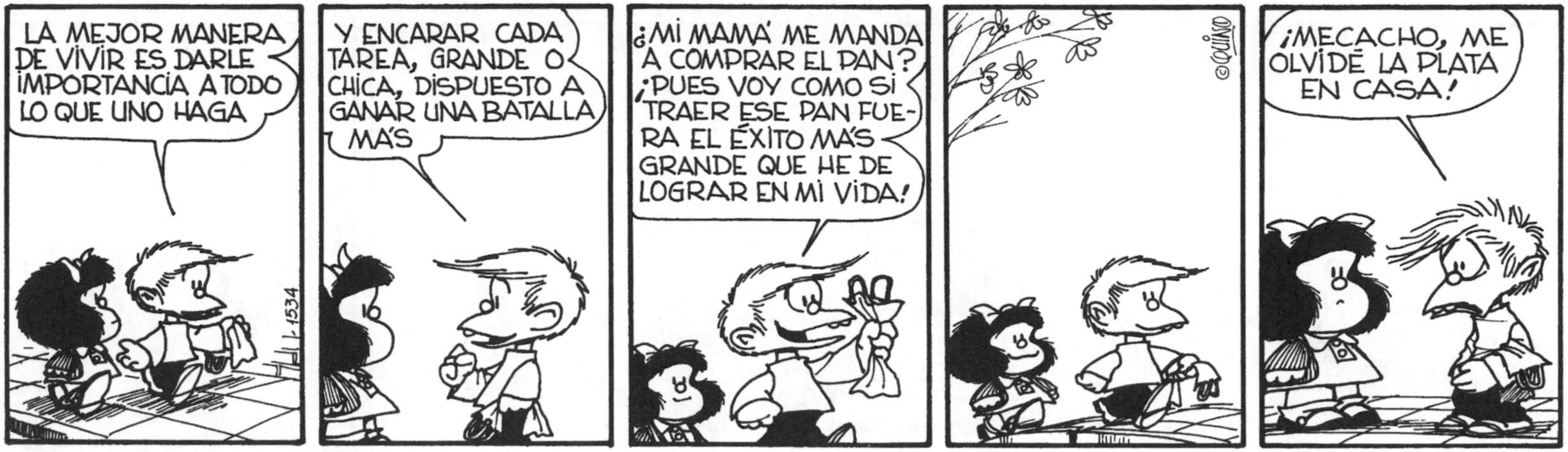
LA MEJOR MANERA DE VIVIR ES DARLE IMPORTANCIA A TODO LO QUE UNO HAGA
Y ENCARAR CADA TAREA, GRANDE O CHICA, DISPUESTO A GANAR UNA BATALLA MÁS
¿MI MAMÁ ME MANDA A COMPRAR EL PAN? ¡PUES VOY COMO SI TRAER ESE PAN FUERA EL ÉXITO MÁS GRANDE QUE HE DE LOGRAR EN MI VIDA!
©QUINO
¡MECACHO, ME OLVIDÉ LA PLATA EN CASA!

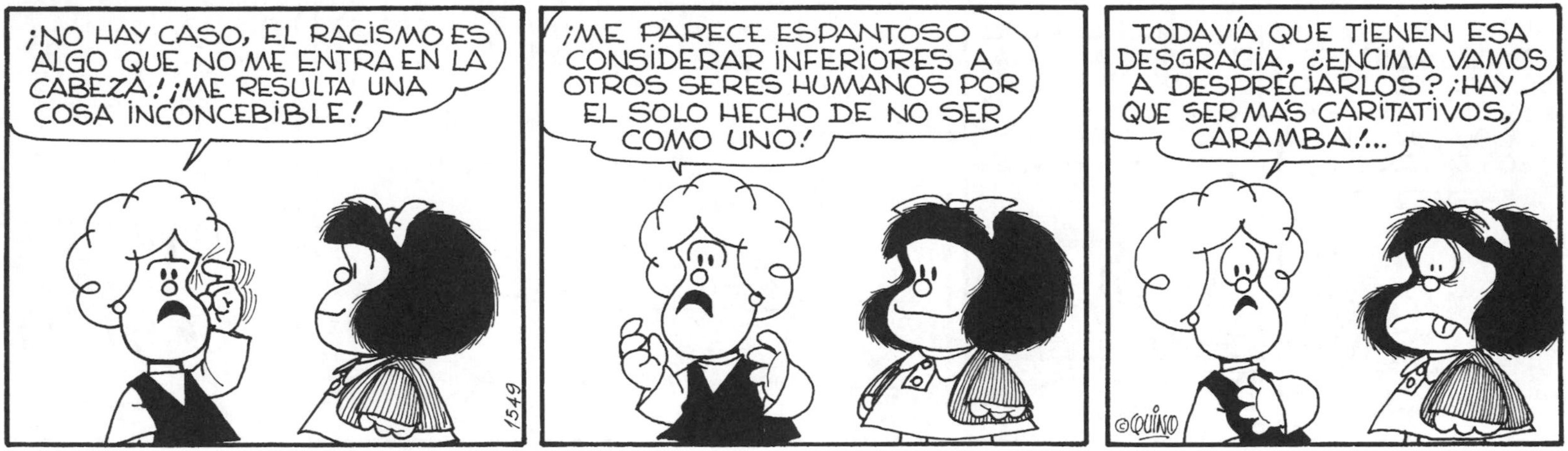
¡NO HAY CASO, EL RACISMO ES ALGO QUE NO ME ENTRA EN LA CABEZA! ¡ME RESULTA UNA COSA INCONCEBIBLE!
1549
¡ME PARECE ESPANTOSO CONSIDERAR INFERIORES A OTROS SERES HUMANOS POR EL SOLO HECHO DE NO SER COMO UNO!
TODAVÍA QUE TIENEN ESA DESGRACIA, ¿ENCIMA VAMOS A DESPRECIARLOS? ¡HAY QUE SER MÁS CARITATIVOS, CARAMBA!...
©QUINO

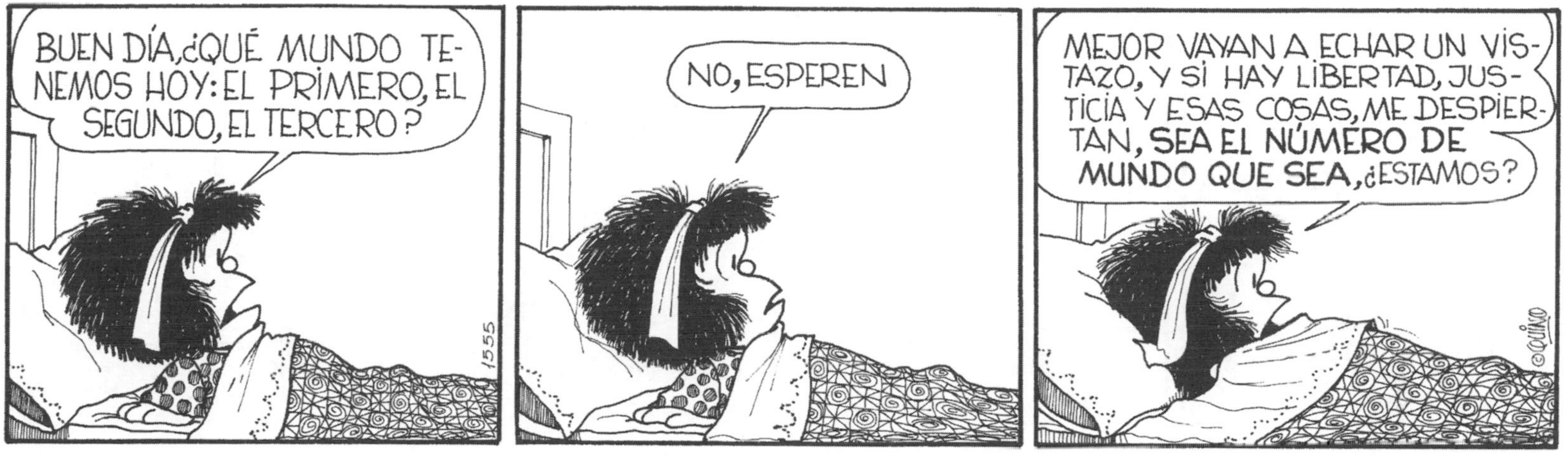
BUEN DÍA, ¿QUÉ MUNDO TENEMOS HOY: EL PRIMERO, EL SEGUNDO, EL TERCERO?
1555
NO, ESPEREN
MEJOR VAYAN A ECHAR UN VISTAZO, Y SI HAY LIBERTAD, JUSTICIA Y ESAS COSAS, ME DESPIERTAN, **SEA EL NÚMERO DE MUNDO QUE SEA**, ¿ESTAMOS?
©QUINO

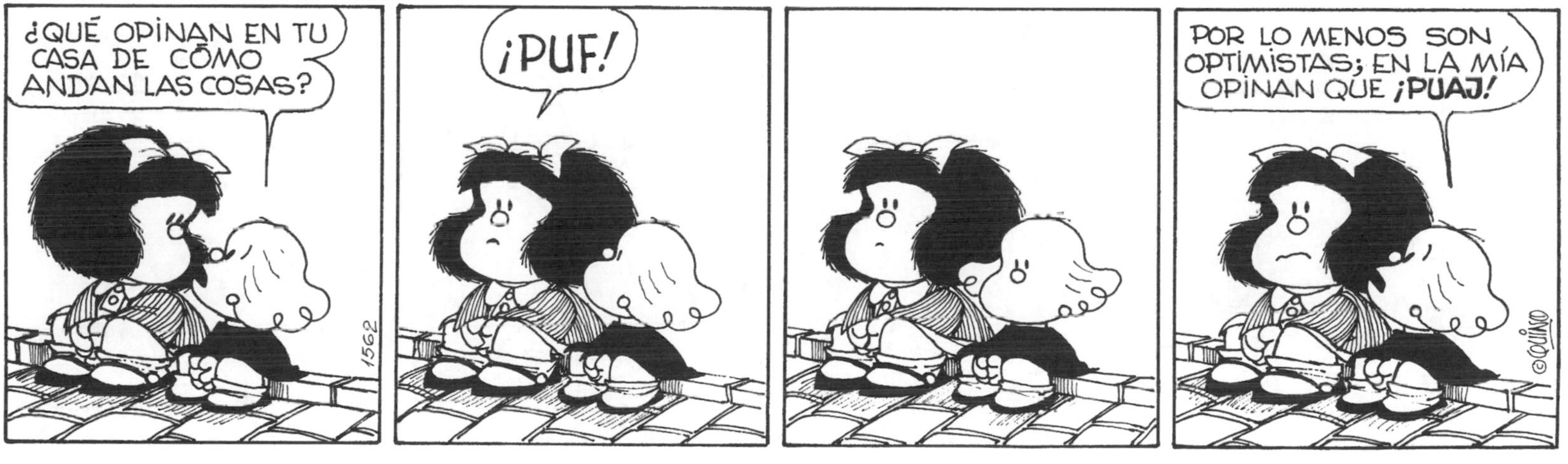
¿QUÉ OPINAN EN TU CASA DE CÓMO ANDAN LAS COSAS?
1562
¡PUF!
POR LO MENOS SON OPTIMISTAS; EN LA MÍA OPINAN QUE **¡PUAJ!**
©QUINO

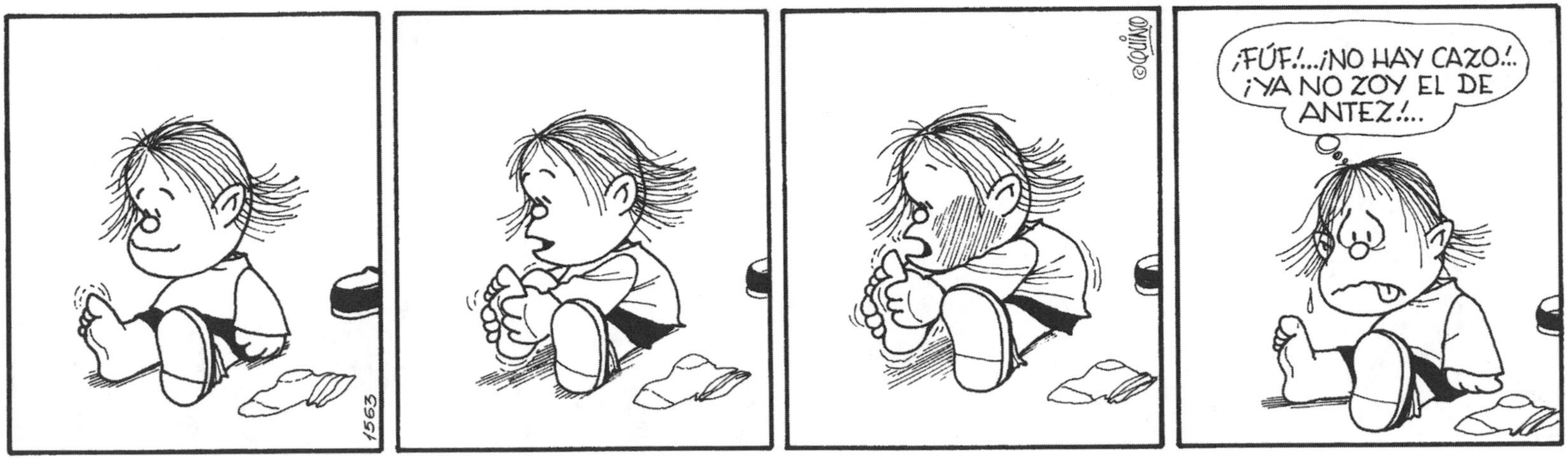
1563
©QUINO
¡FÚF!...¡NO HAY CAZO!.. ¡YA NO ZOY EL DE ANTEZ!...

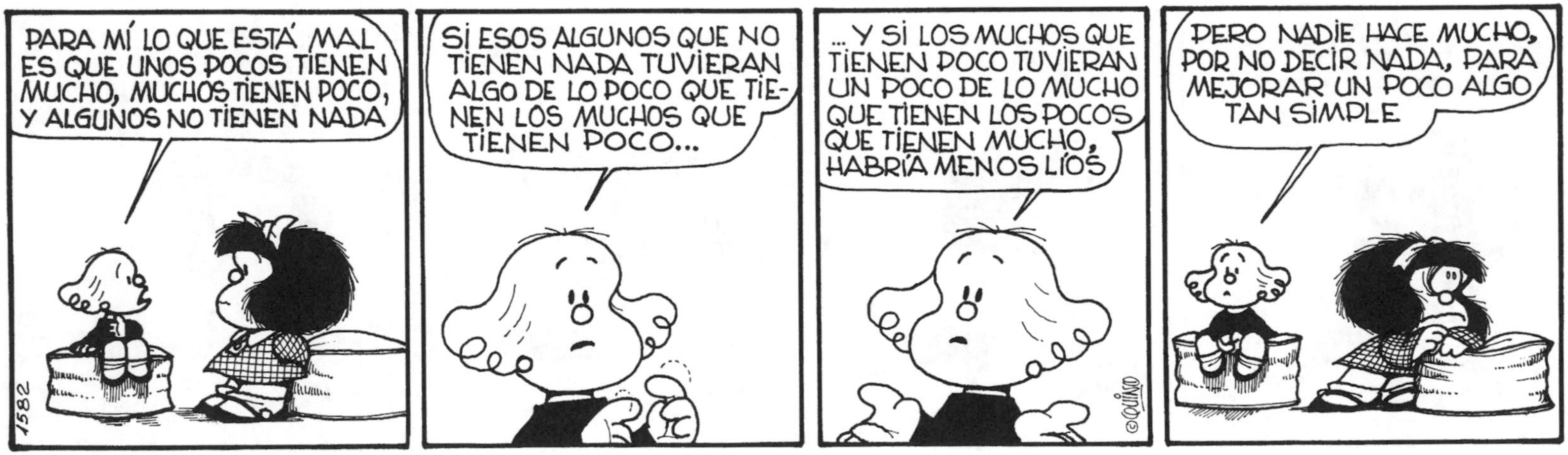
1582
PARA MÍ LO QUE ESTÁ MAL ES QUE UNOS POCOS TIENEN MUCHO, MUCHOS TIENEN POCO, Y ALGUNOS NO TIENEN NADA
SI ESOS ALGUNOS QUE NO TIENEN NADA TUVIERAN ALGO DE LO POCO QUE TIE-NEN LOS MUCHOS QUE TIENEN POCO...
... Y SI LOS MUCHOS QUE TIENEN POCO TUVIERAN UN POCO DE LO MUCHO QUE TIENEN LOS POCOS QUE TIENEN MUCHO, HABRÍA MENOS LÍOS
©QUINO
PERO NADIE HACE MUCHO, POR NO DECIR NADA, PARA MEJORAR UN POCO ALGO TAN SIMPLE

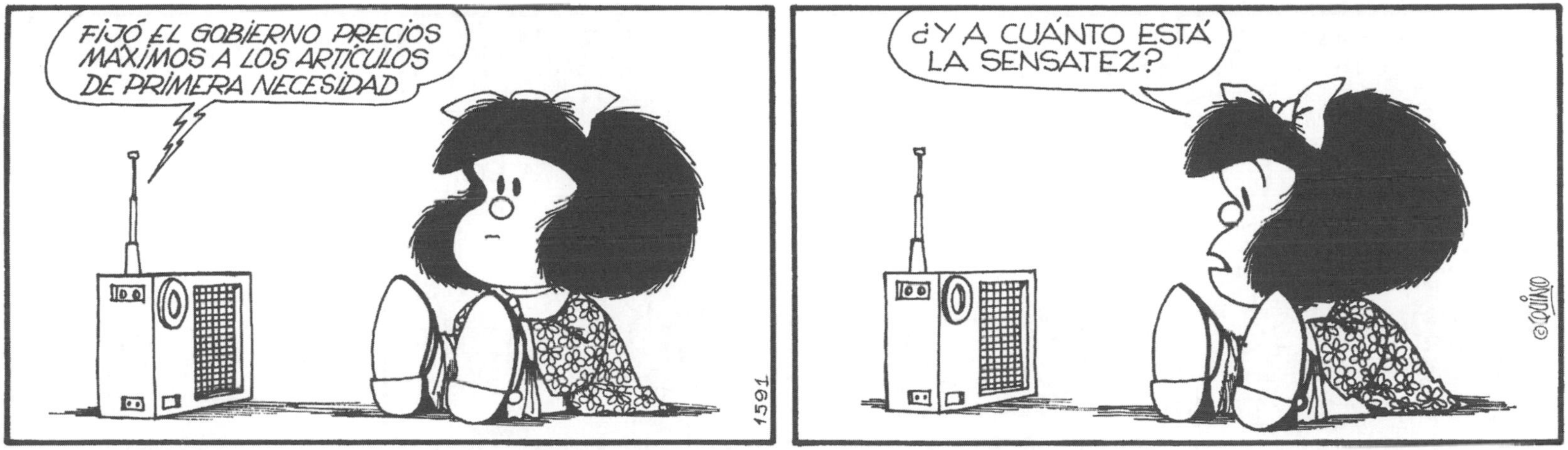
FIJÓ EL GOBIERNO PRECIOS MÁXIMOS A LOS ARTÍCULOS DE PRIMERA NECESIDAD
1591
¿Y A CUÁNTO ESTÁ LA SENSATEZ?
©QUINO

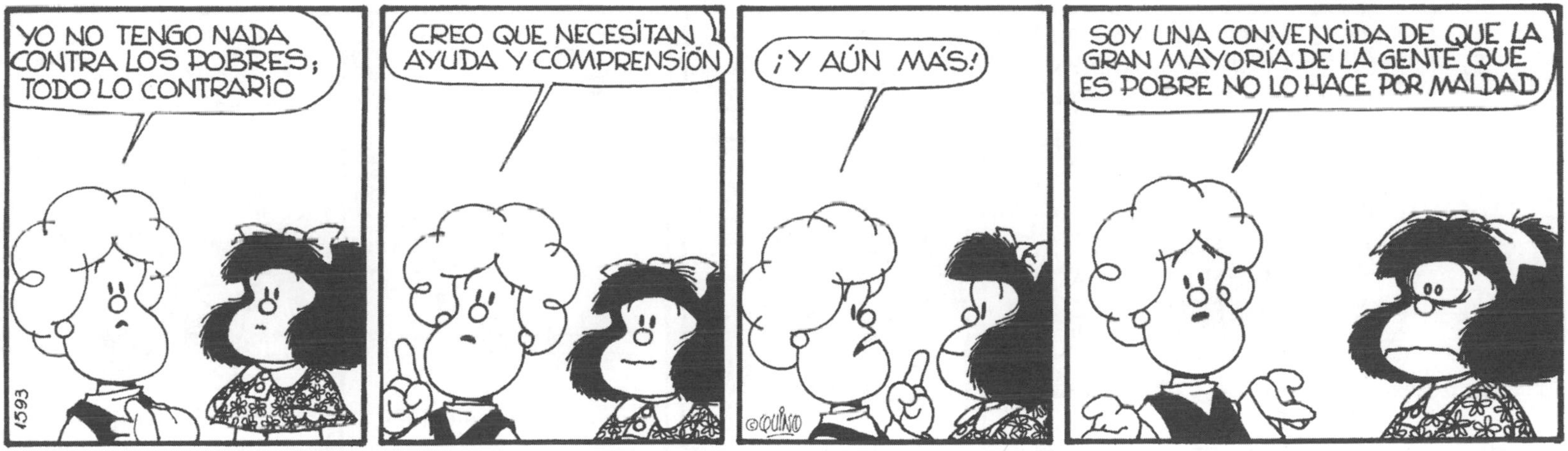
YO NO TENGO NADA CONTRA LOS POBRES; TODO LO CONTRARIO
1593
CREO QUE NECESITAN AYUDA Y COMPRENSIÓN
¡Y AÚN MÁS!
©QUINO
SOY UNA CONVENCIDA DE QUE LA GRAN MAYORÍA DE LA GENTE QUE ES POBRE NO LO HACE POR MALDAD

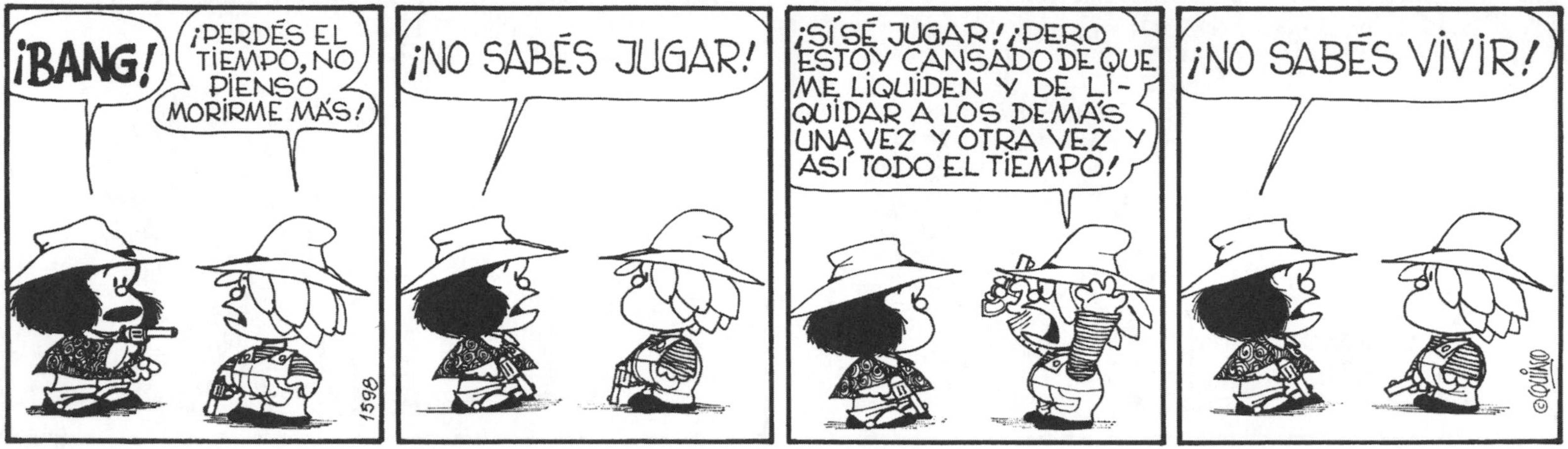
¡BANG!
¡PERDÉS EL TIEMPO, NO PIENSO MORIRME MÁS!
1598
¡NO SABÉS JUGAR!
¡SÍ SÉ JUGAR! ¡PERO ESTOY CANSADO DE QUE ME LIQUIDEN Y DE LIQUIDAR A LOS DEMÁS UNA VEZ Y OTRA VEZ Y ASÍ TODO EL TIEMPO!
¡NO SABÉS VIVIR!
© QUINO

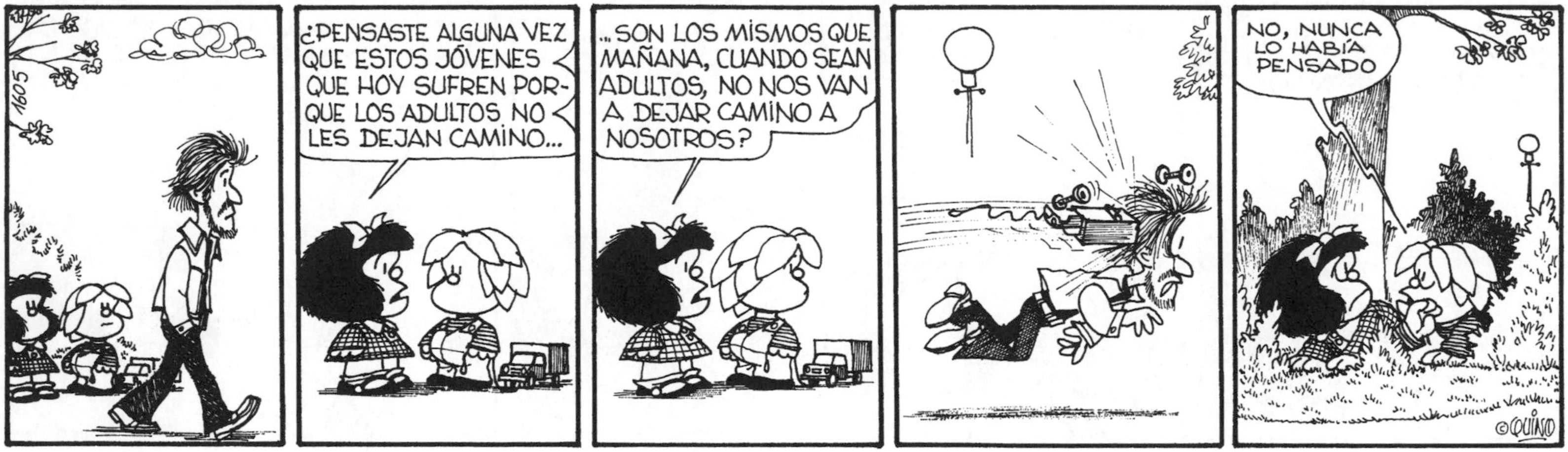
1605
¿PENSASTE ALGUNA VEZ QUE ESTOS JÓVENES QUE HOY SUFREN PORQUE LOS ADULTOS NO LES DEJAN CAMINO...
...SON LOS MISMOS QUE MAÑANA, CUANDO SEAN ADULTOS, NO NOS VAN A DEJAR CAMINO A NOSOTROS?
NO, NUNCA LO HABÍA PENSADO
© QUINO

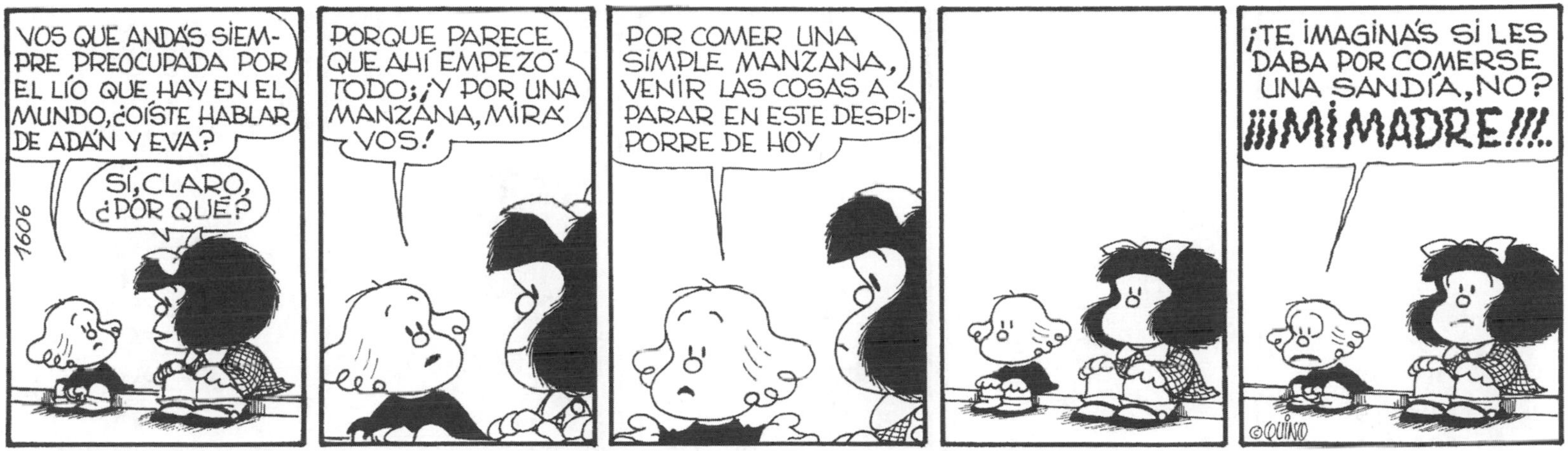
1606
VOS QUE ANDÁS SIEMPRE PREOCUPADA POR EL LÍO QUE HAY EN EL MUNDO, ¿OÍSTE HABLAR DE ADÁN Y EVA?
SÍ, CLARO, ¿POR QUÉ?
PORQUE PARECE QUE AHÍ EMPEZÓ TODO; ¡Y POR UNA MANZANA, MIRÁ VOS!
POR COMER UNA SIMPLE MANZANA, VENIR LAS COSAS A PARAR EN ESTE DESPIPORRE DE HOY
¡TE IMAGINÁS SI LES DABA POR COMERSE UNA SANDÍA, NO?
¡¡¡MI MADRE!!!..
©QUINO

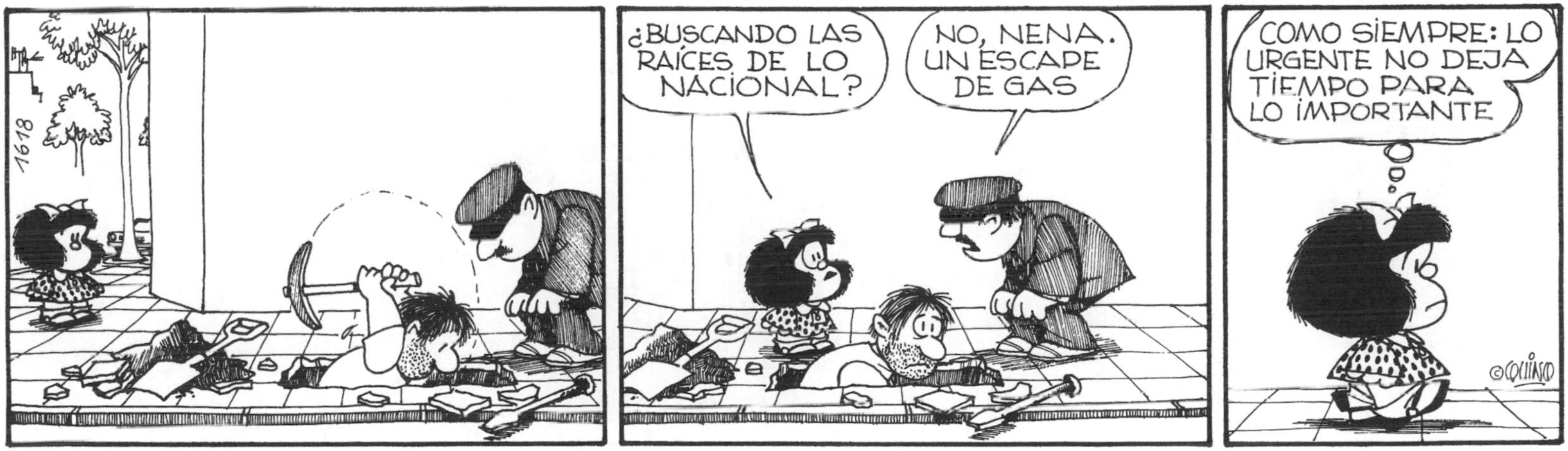
1618
¿BUSCANDO LAS RAÍCES DE LO NACIONAL?
NO, NENA. UN ESCAPE DE GAS
COMO SIEMPRE: LO URGENTE NO DEJA TIEMPO PARA LO IMPORTANTE
©QUINO

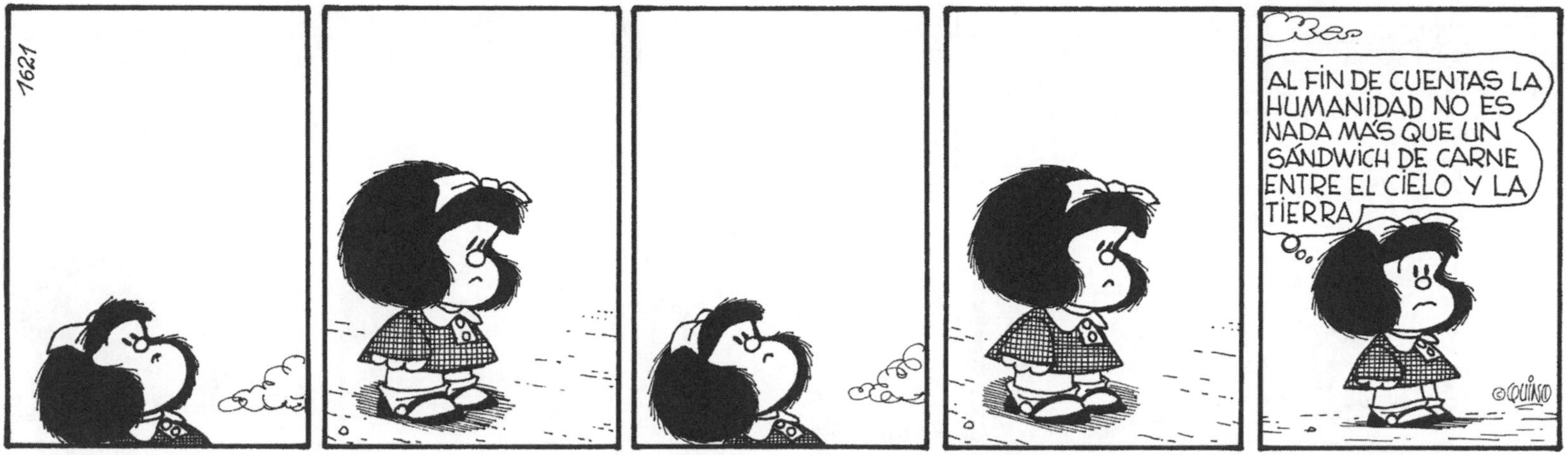
1621
AL FIN DE CUENTAS LA HUMANIDAD NO ES NADA MÁS QUE UN SÁNDWICH DE CARNE ENTRE EL CIELO Y LA TIERRA
©QUINO

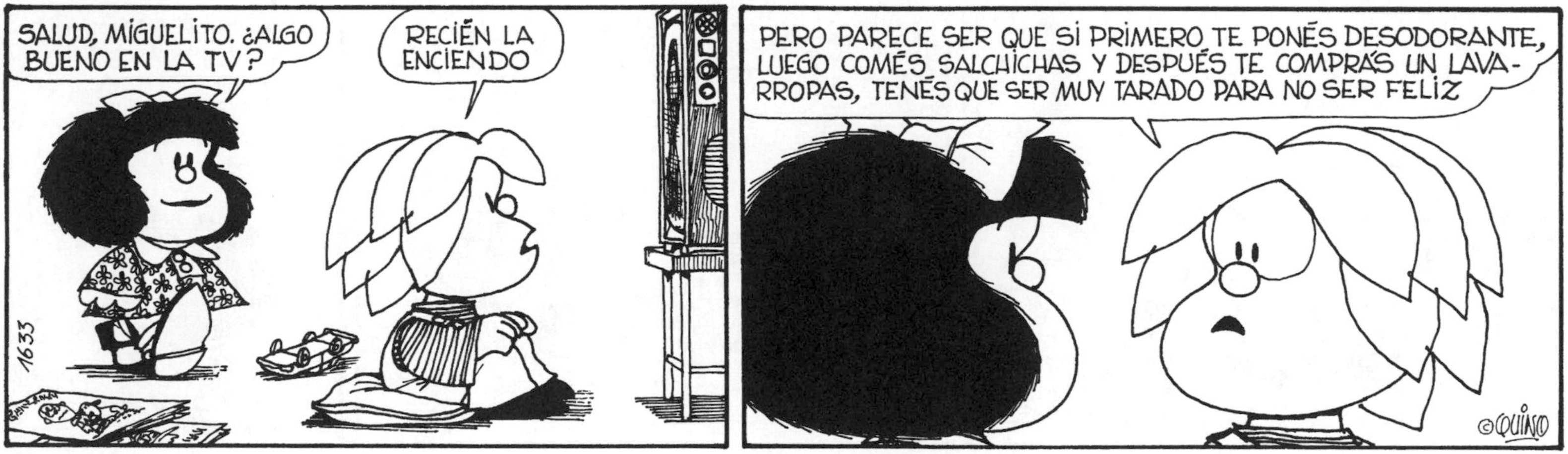
SALUD, MIGUELITO. ¿ALGO BUENO EN LA TV?
RECIÉN LA ENCIENDO
1633
PERO PARECE SER QUE SI PRIMERO TE PONÉS DESODORANTE, LUEGO COMÉS SALCHICHAS Y DESPUÉS TE COMPRÁS UN LAVA-RROPAS, TENÉS QUE SER MUY TARADO PARA NO SER FELIZ
©QUINO

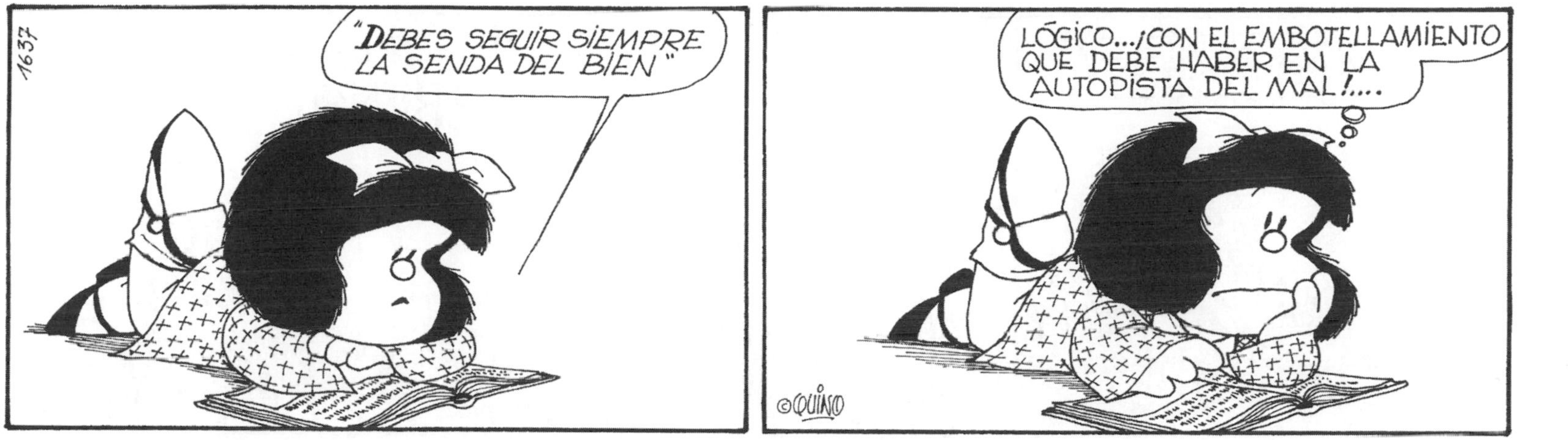
1637
"DEBES SEGUIR SIEMPRE LA SENDA DEL BIEN"
LÓGICO...¡CON EL EMBOTELLAMIENTO QUE DEBE HABER EN LA AUTOPISTA DEL MAL!....
©QUINO

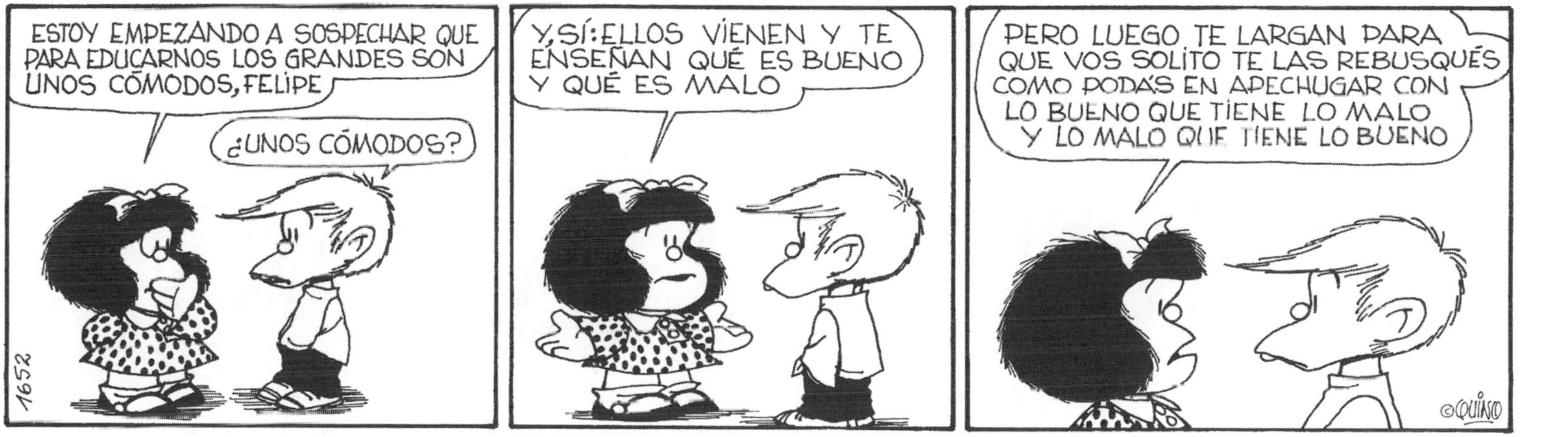
1652
ESTOY EMPEZANDO A SOSPECHAR QUE PARA EDUCARNOS LOS GRANDES SON UNOS CÓMODOS, FELIPE
¿UNOS CÓMODOS?
Y, SÍ: ELLOS VIENEN Y TE ENSEÑAN QUÉ ES BUENO Y QUÉ ES MALO
PERO LUEGO TE LARGAN PARA QUE VOS SOLITO TE LAS REBUSQUÉS COMO PODÁS EN APECHUGAR CON LO BUENO QUE TIENE LO MALO Y LO MALO QUE TIENE LO BUENO
©QUINO

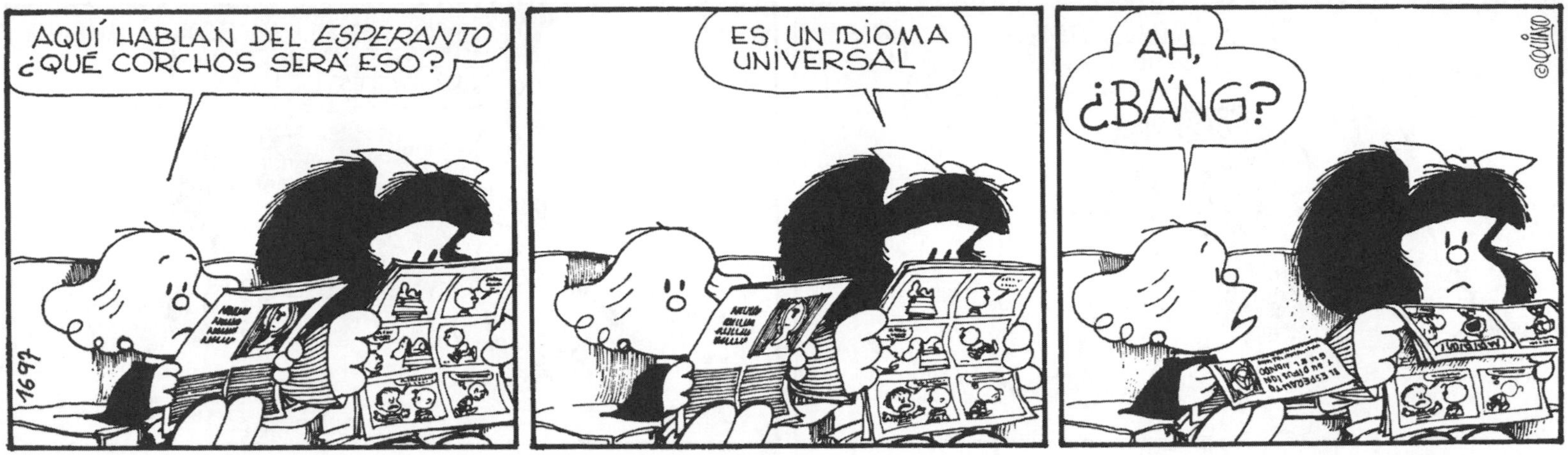
1697
AQUÍ HABLAN DEL *ESPERANTO* ¿QUÉ CORCHOS SERÁ ESO?
ES UN IDIOMA UNIVERSAL
AH, ¿BÁNG?
©QUINO

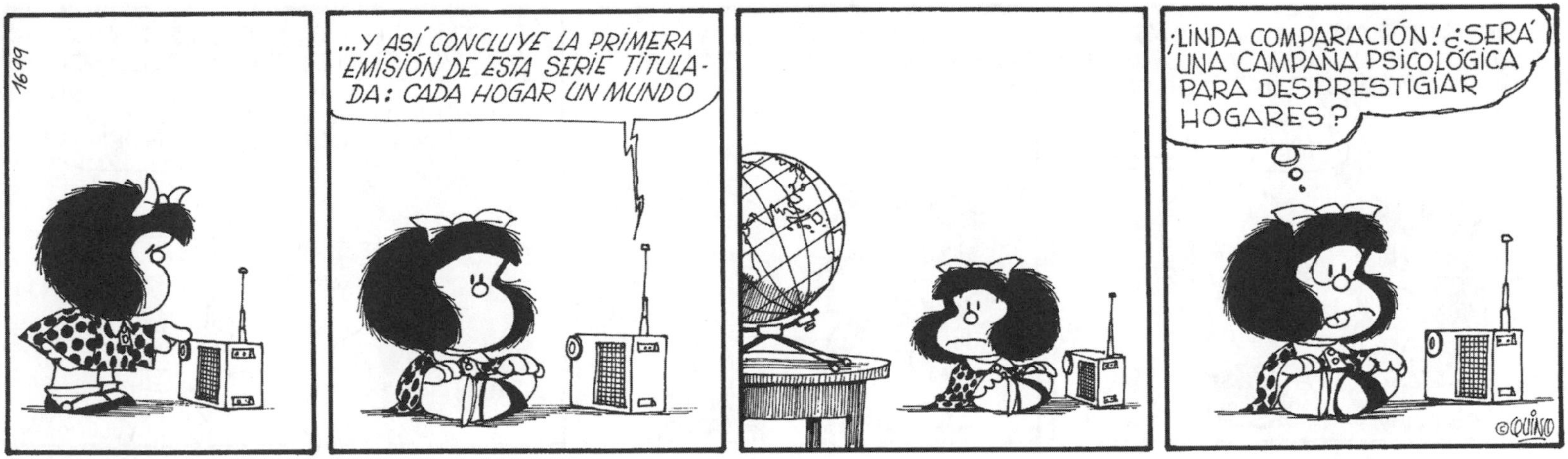
1699
...Y ASÍ CONCLUYE LA PRIMERA EMISIÓN DE ESTA SERIE TITULADA: CADA HOGAR UN MUNDO
¡LINDA COMPARACIÓN! ¿SERÁ UNA CAMPAÑA PSICOLÓGICA PARA DESPRESTIGIAR HOGARES?
©QUINO

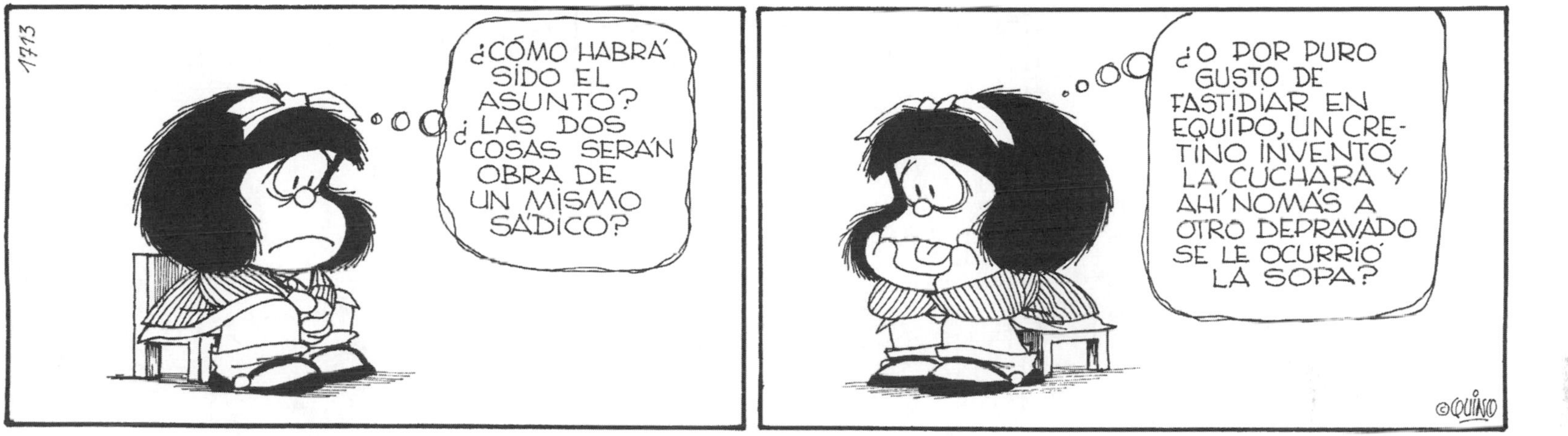
1713
¿CÓMO HABRÁ SIDO EL ASUNTO? ¿LAS DOS COSAS SERÁN OBRA DE UN MISMO SÁDICO?
¿O POR PURO GUSTO DE FASTIDIAR EN EQUIPO, UN CRETINO INVENTÓ LA CUCHARA Y AHÍ NOMÁS A OTRO DEPRAVADO SE LE OCURRIÓ LA SOPA?
©QUINO

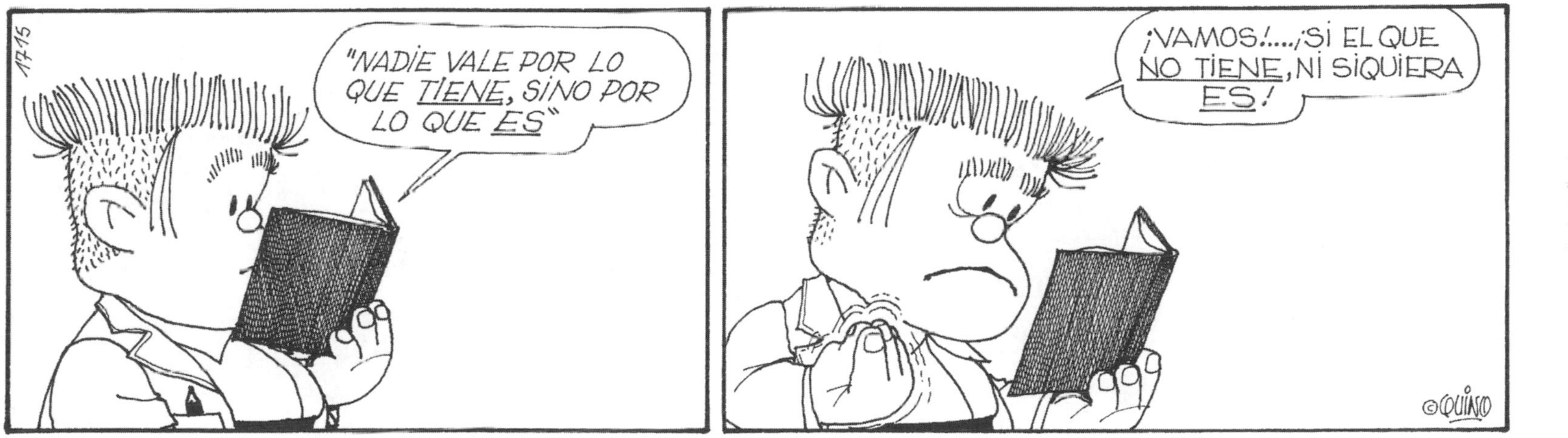
1715
"NADIE VALE POR LO QUE TIENE, SINO POR LO QUE ES"
¡VAMOS!....¡SI EL QUE NO TIENE, NI SIQUIERA ES!
©QUINO

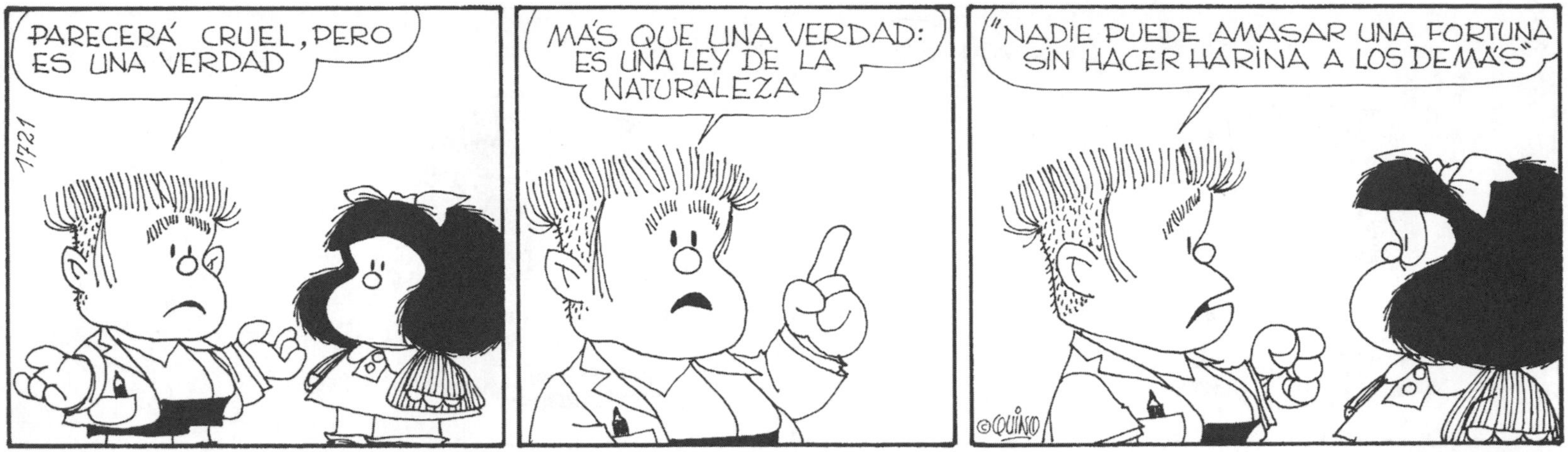
1721
PARECERÁ CRUEL, PERO ES UNA VERDAD
MÁS QUE UNA VERDAD: ES UNA LEY DE LA NATURALEZA
"NADIE PUEDE AMASAR UNA FORTUNA SIN HACER HARINA A LOS DEMÁS"

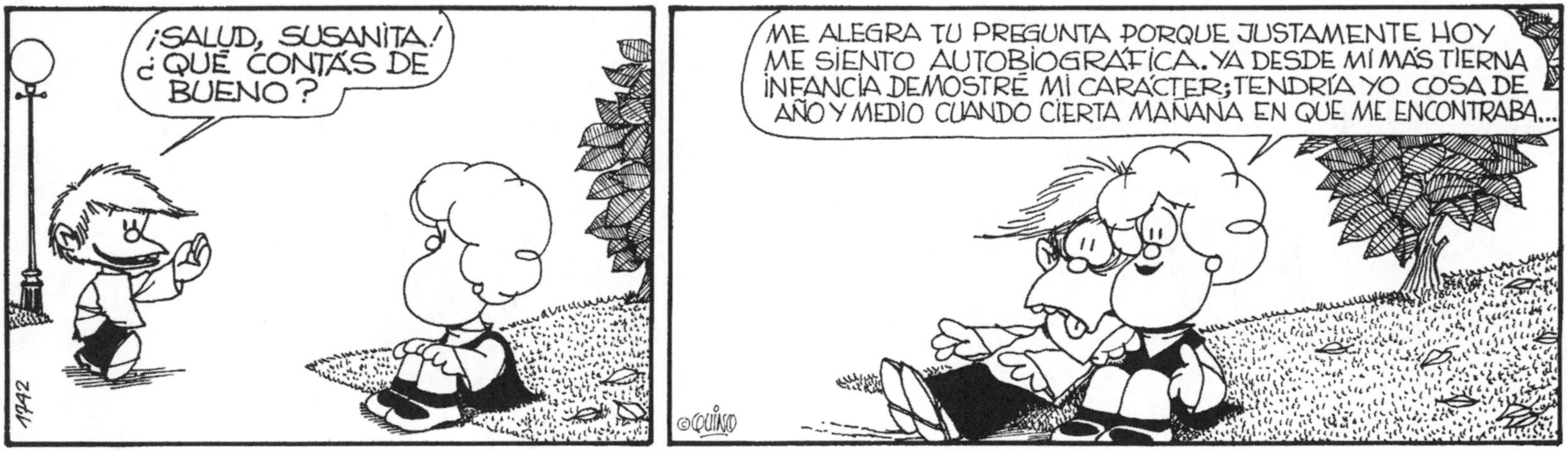
1942
¡SALUD, SUSANITA! ¿QUÉ CONTÁS DE BUENO?
ME ALEGRA TU PREGUNTA PORQUE JUSTAMENTE HOY ME SIENTO AUTOBIOGRÁFICA. YA DESDE MI MÁS TIERNA INFANCIA DEMOSTRÉ MI CARÁCTER; TENDRÍA YO COSA DE AÑO Y MEDIO CUANDO CIERTA MAÑANA EN QUE ME ENCONTRABA...

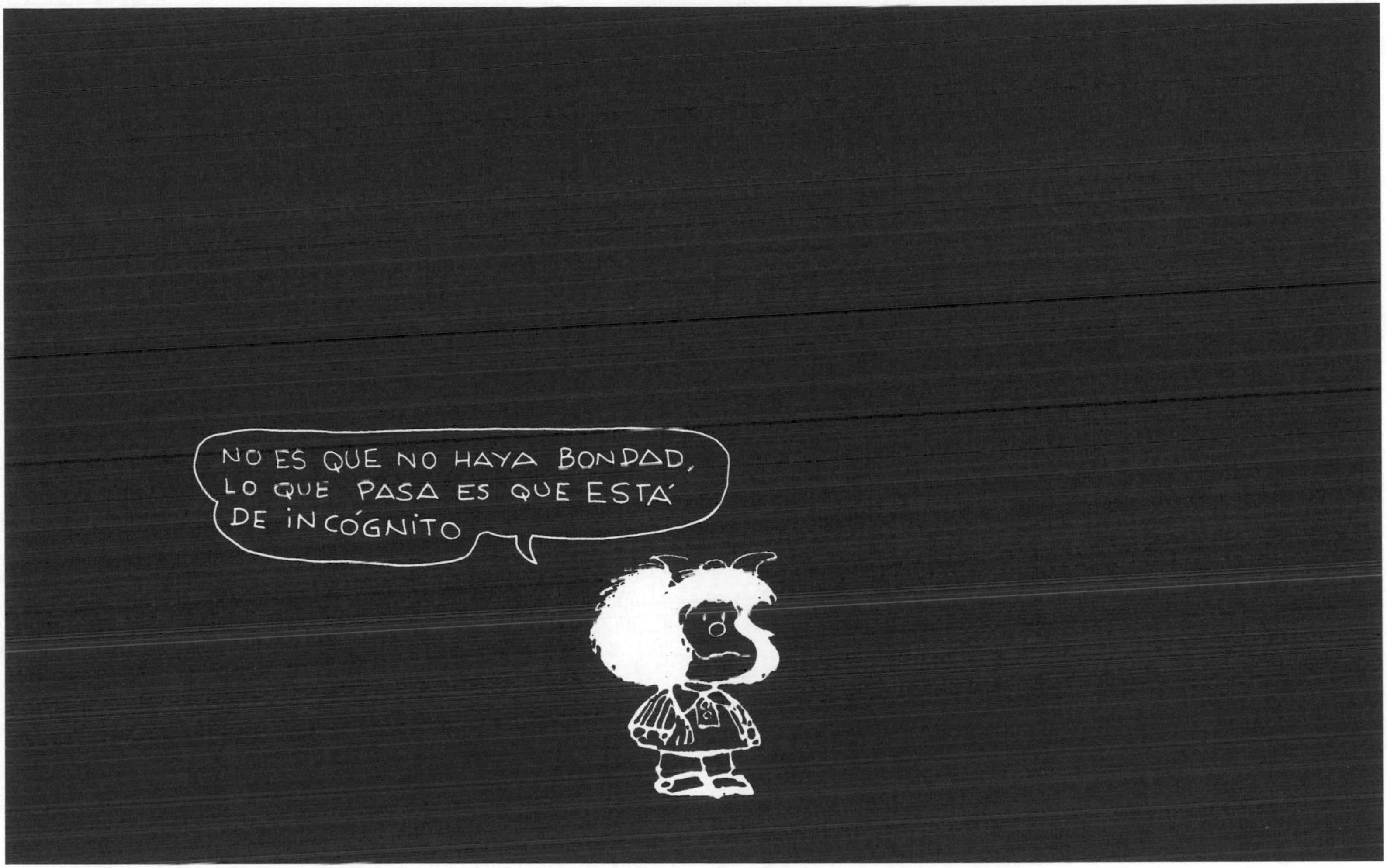
NO ES QUE NO HAYA BONDAD, LO QUE PASA ES QUE ESTÁ DE INCÓGNITO

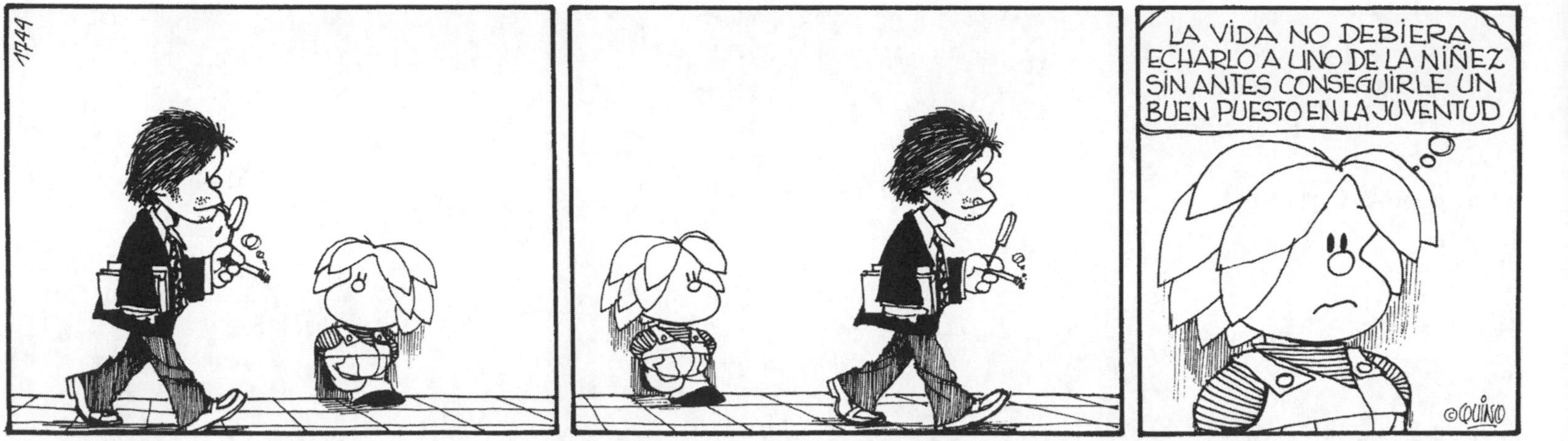
1744
LA VIDA NO DEBIERA ECHARLO A UNO DE LA NIÑEZ SIN ANTES CONSEGUIRLE UN BUEN PUESTO EN LA JUVENTUD
©QUINO

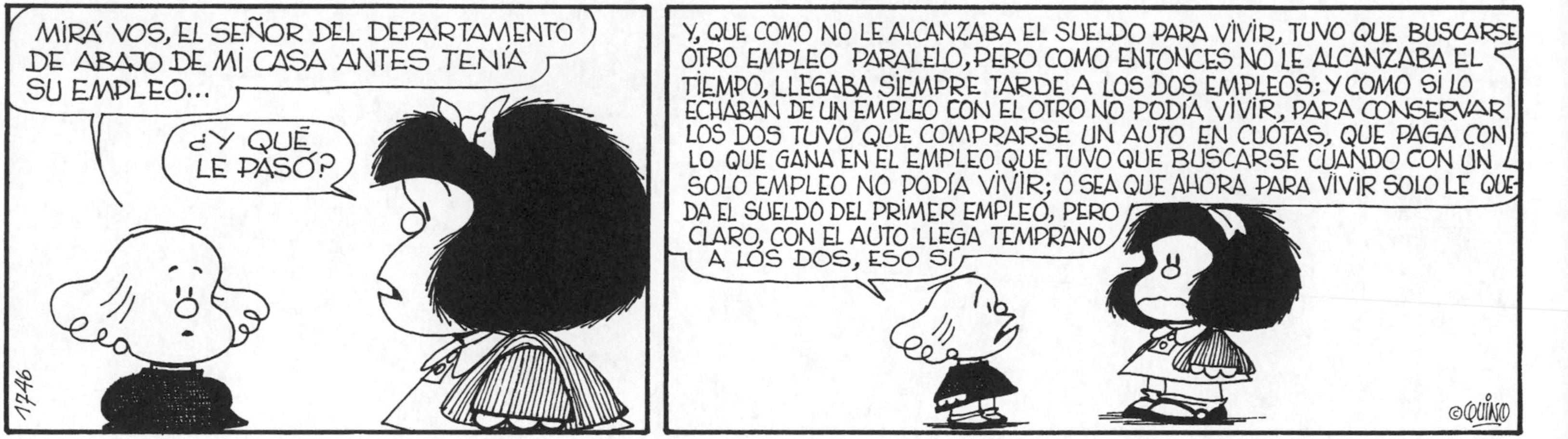
MIRÁ VOS, EL SEÑOR DEL DEPARTAMENTO DE ABAJO DE MI CASA ANTES TENÍA SU EMPLEO...
¿Y QUÉ LE PASÓ?
1746
Y, QUE COMO NO LE ALCANZABA EL SUELDO PARA VIVIR, TUVO QUE BUSCARSE OTRO EMPLEO PARALELO, PERO COMO ENTONCES NO LE ALCANZABA EL TIEMPO, LLEGABA SIEMPRE TARDE A LOS DOS EMPLEOS; Y COMO SI LO ECHABAN DE UN EMPLEO CON EL OTRO NO PODÍA VIVIR, PARA CONSERVAR LOS DOS TUVO QUE COMPRARSE UN AUTO EN CUOTAS, QUE PAGA CON LO QUE GANA EN EL EMPLEO QUE TUVO QUE BUSCARSE CUANDO CON UN SOLO EMPLEO NO PODÍA VIVIR; O SEA QUE AHORA PARA VIVIR SOLO LE QUEDA EL SUELDO DEL PRIMER EMPLEO, PERO CLARO, CON EL AUTO LLEGA TEMPRANO A LOS DOS, ESO SÍ
©QUINO

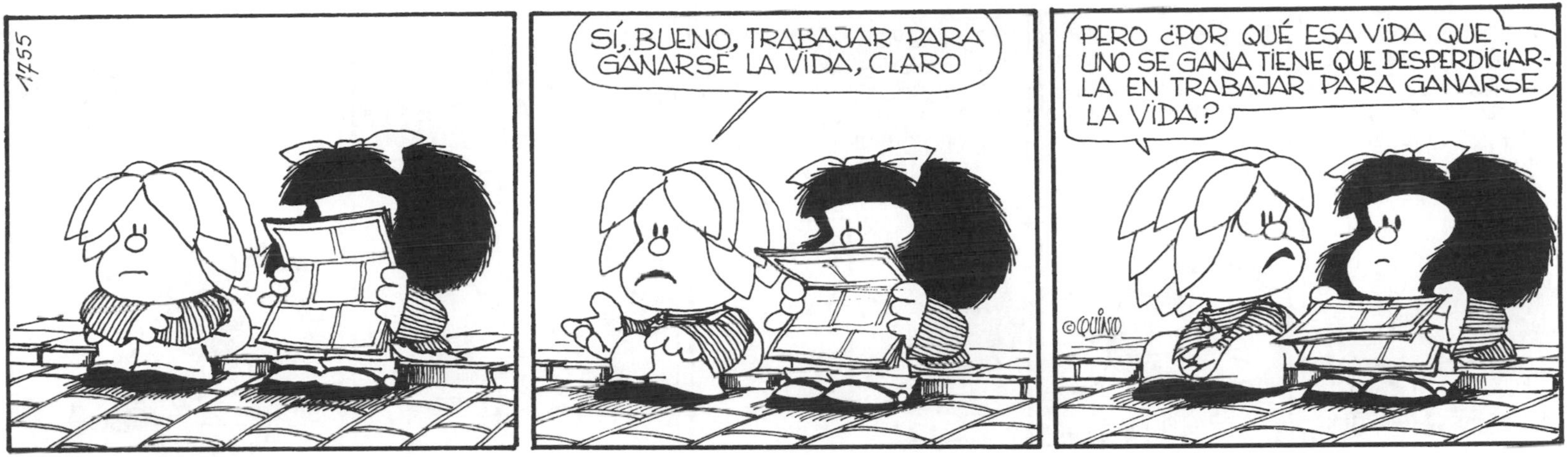
1755
SÍ, BUENO, TRABAJAR PARA GANARSE LA VIDA, CLARO
PERO ¿POR QUÉ ESA VIDA QUE UNO SE GANA TIENE QUE DESPERDICIARLA EN TRABAJAR PARA GANARSE LA VIDA?
©QUINO

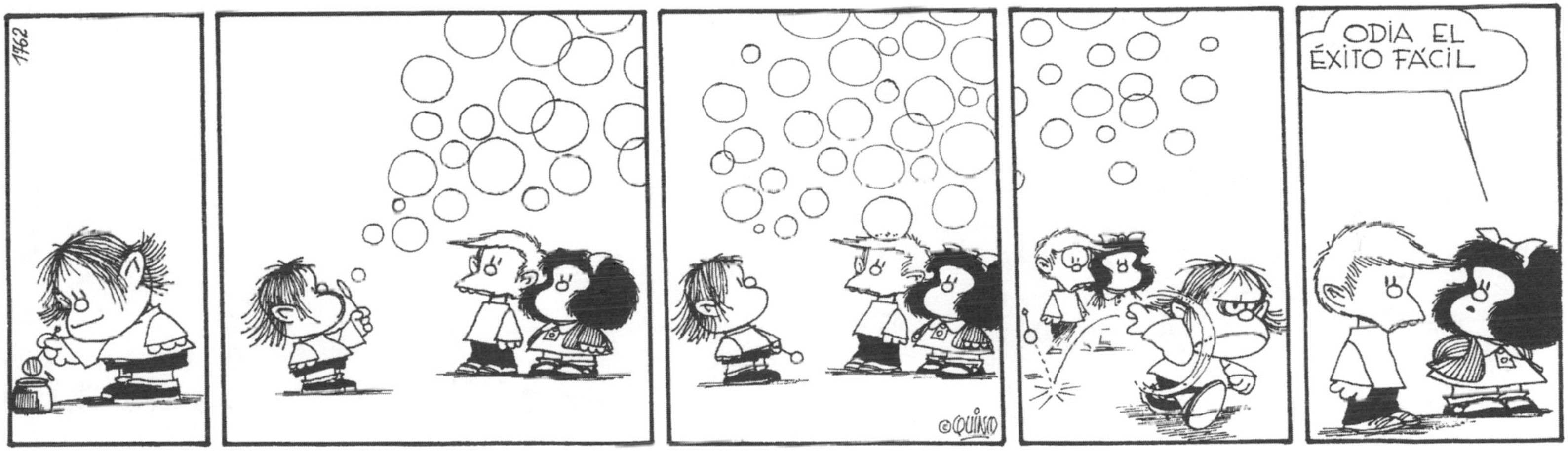
1762
©QUINO
ODIA EL ÉXITO FÁCIL

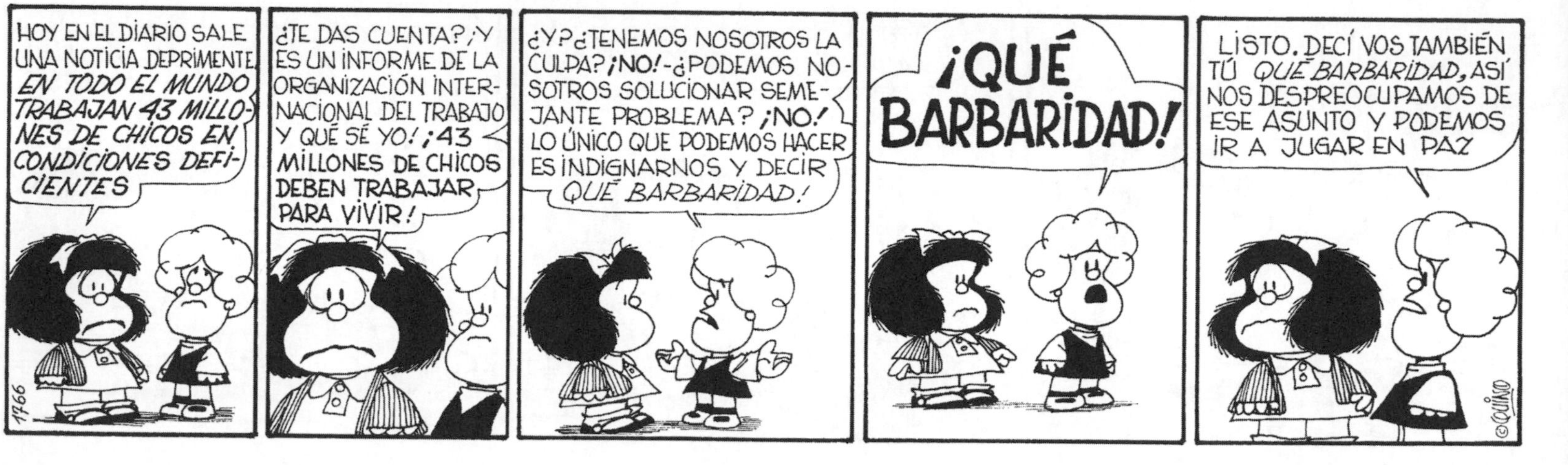
1766
HOY EN EL DIARIO SALE UNA NOTICIA DEPRIMENTE. *EN TODO EL MUNDO TRABAJAN 43 MILLONES DE CHICOS EN CONDICIONES DEFICIENTES*
¿TE DAS CUENTA? ¡Y ES UN INFORME DE LA ORGANIZACIÓN INTERNACIONAL DEL TRABAJO Y QUÉ SÉ YO! ¡43 MILLONES DE CHICOS DEBEN TRABAJAR PARA VIVIR!
¿Y? ¿TENEMOS NOSOTROS LA CULPA? ¡NO! - ¿PODEMOS NOSOTROS SOLUCIONAR SEMEJANTE PROBLEMA? ¡NO! LO ÚNICO QUE PODEMOS HACER ES INDIGNARNOS Y DECIR *QUÉ BARBARIDAD!*
¡QUÉ BARBARIDAD!
LISTO. DECÍ VOS TAMBIÉN TÚ *QUÉ BARBARIDAD*, ASÍ NOS DESPREOCUPAMOS DE ESE ASUNTO Y PODEMOS IR A JUGAR EN PAZ
© QUINO

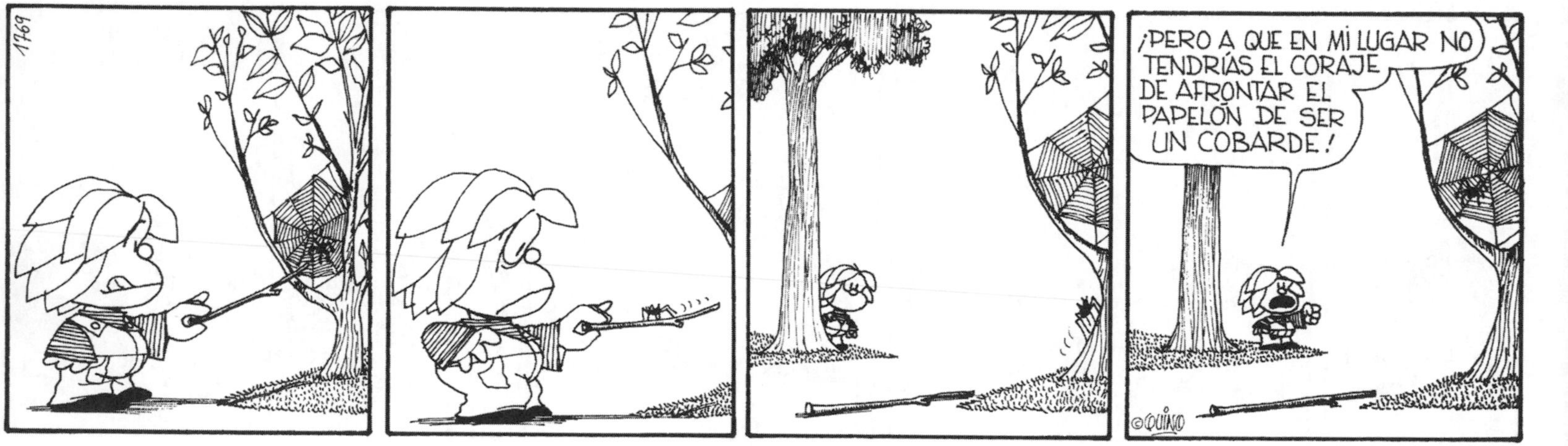
1769
¡PERO A QUE EN MI LUGAR NO TENDRÍAS EL CORAJE DE AFRONTAR EL PAPELÓN DE SER UN COBARDE!
© QUINO

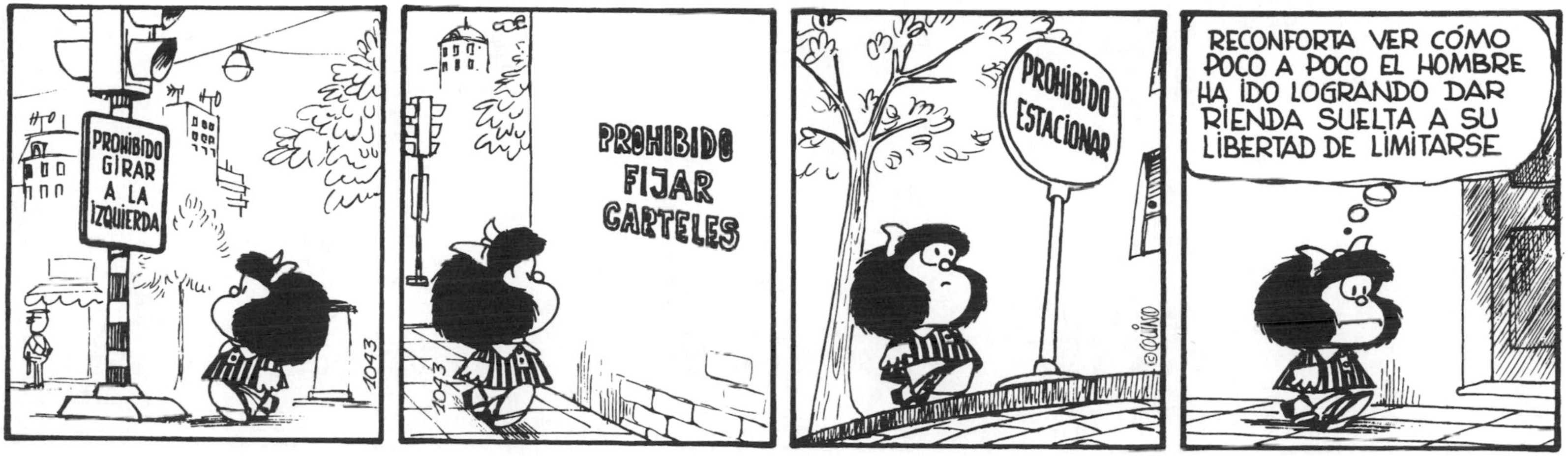
PROHIBIDO GIRAR A LA IZQUIERDA
1043
PROHIBIDO FIJAR CARTELES
1043
PROHIBIDO ESTACIONAR
© QUINO
RECONFORTA VER CÓMO POCO A POCO EL HOMBRE HA IDO LOGRANDO DAR RIENDA SUELTA A SU LIBERTAD DE LIMITARSE

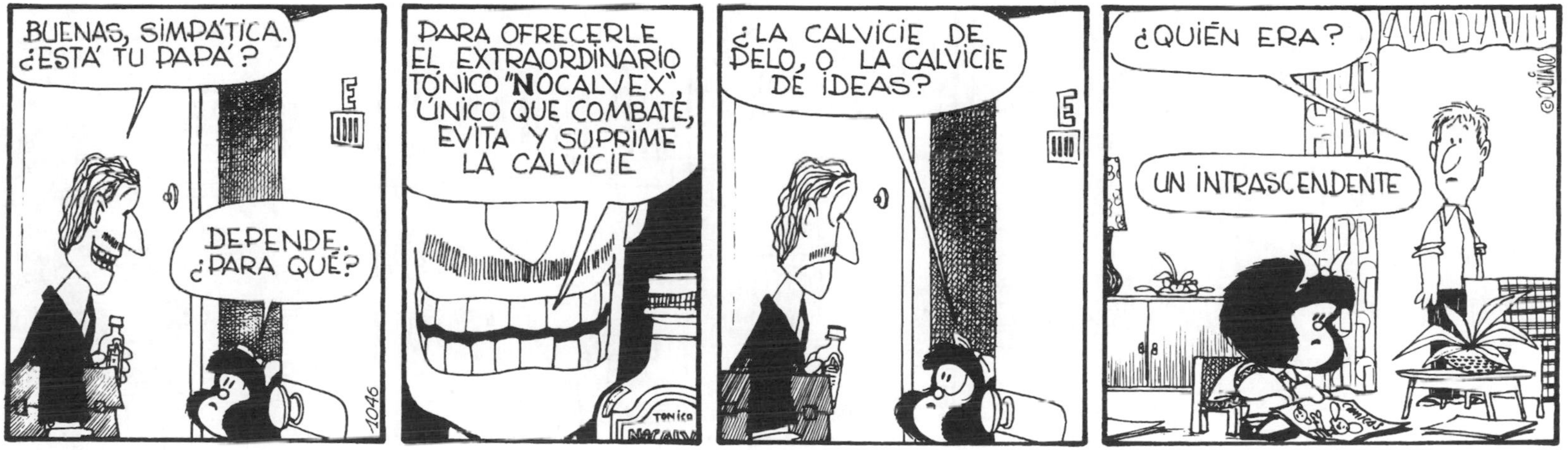
BUENAS, SIMPÁTICA. ¿ESTÁ TU PAPÁ?
DEPENDE. ¿PARA QUÉ?
1046
PARA OFRECERLE EL EXTRAORDINARIO TÓNICO "NOCALVEX", ÚNICO QUE COMBATE, EVITA Y SUPRIME LA CALVICIE
¿LA CALVICIE DE PELO, O LA CALVICIE DE IDEAS?
¿QUIÉN ERA?
UN INTRASCENDENTE
© QUINO

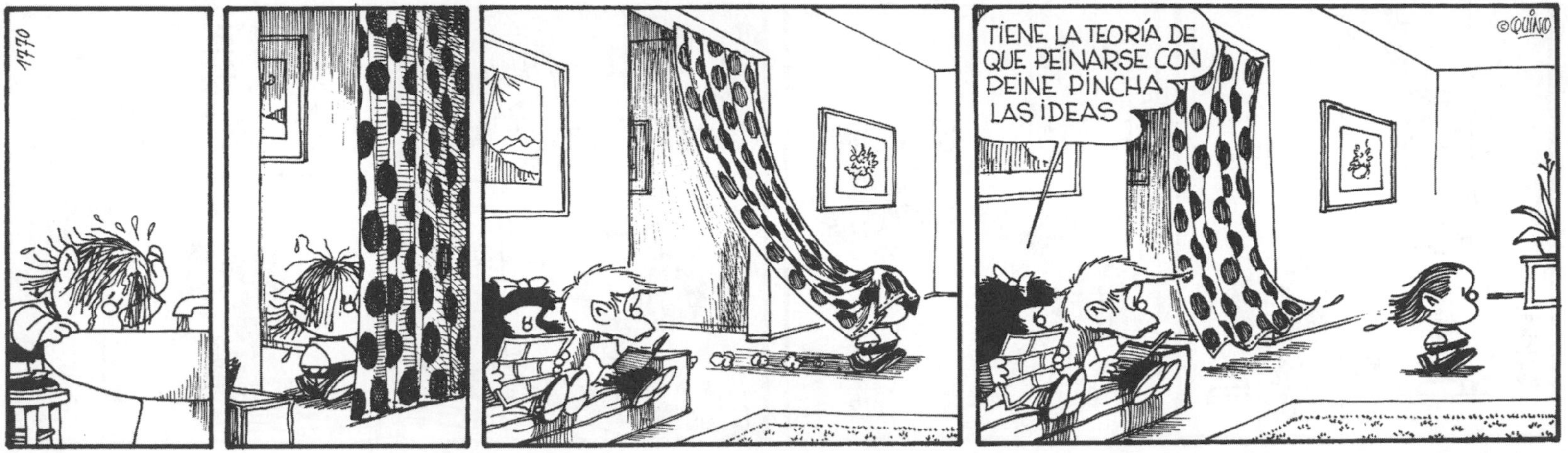
1770
TIENE LA TEORÍA DE QUE PEINARSE CON PEINE PINCHA LAS IDEAS
©QUINO

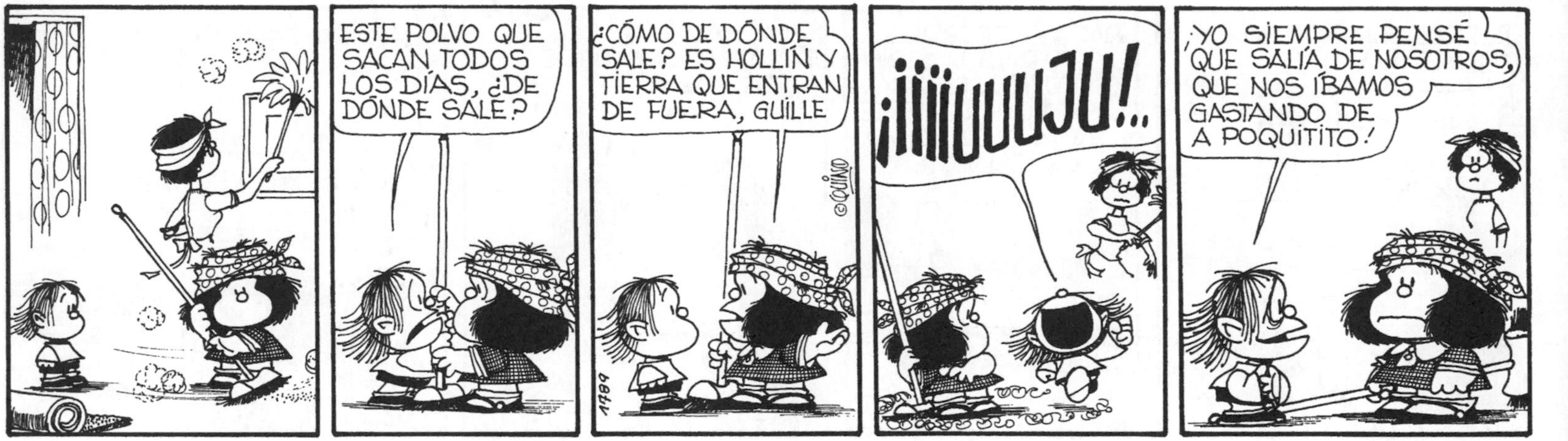
ESTE POLVO QUE SACAN TODOS LOS DÍAS, ¿DE DÓNDE SALE?
¿CÓMO DE DÓNDE SALE? ES HOLLÍN Y TIERRA QUE ENTRAN DE FUERA, GUILLE
1789
©QUINO
¡¡¡¡ÍUUUJU!..
¡YO SIEMPRE PENSÉ QUE SALÍA DE NOSOTROS, QUE NOS ÍBAMOS GASTANDO DE A POQUITITO!

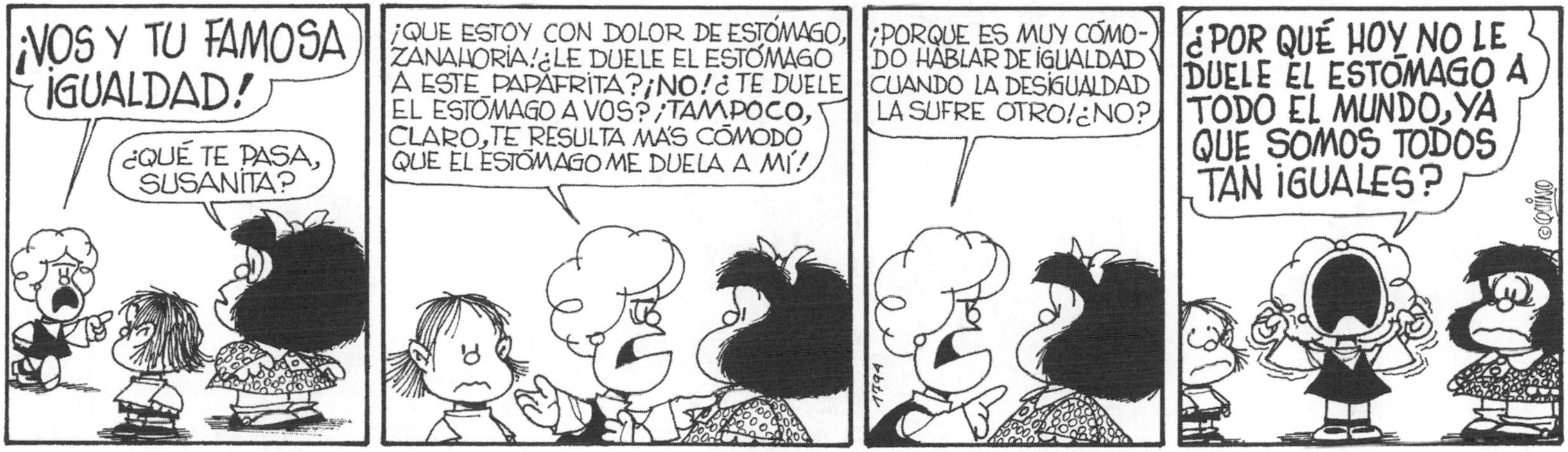
¡VOS Y TU FAMOSA IGUALDAD!
¿QUÉ TE PASA, SUSANITA?
¡QUE ESTOY CON DOLOR DE ESTÓMAGO, ZANAHORIA! ¿LE DUELE EL ESTÓMAGO A ESTE PAPAFRITA? ¡NO! ¿TE DUELE EL ESTÓMAGO A VOS? ¡TAMPOCO, CLARO, TE RESULTA MÁS CÓMODO QUE EL ESTÓMAGO ME DUELA A MÍ!
1794
¡PORQUE ES MUY CÓMODO HABLAR DE IGUALDAD CUANDO LA DESIGUALDAD LA SUFRE OTRO! ¿NO?
¿POR QUÉ HOY NO LE DUELE EL ESTÓMAGO A TODO EL MUNDO, YA QUE SOMOS TODOS TAN IGUALES?
©QUINO

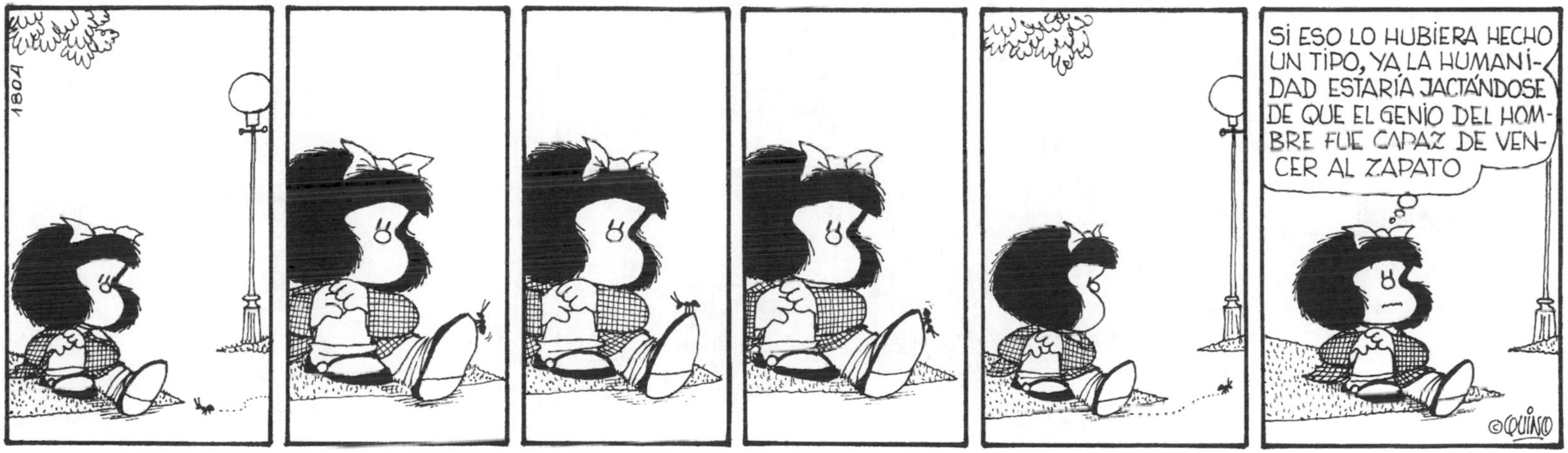
1804
SI ESO LO HUBIERA HECHO UN TIPO, YA LA HUMANIDAD ESTARÍA JACTÁNDOSE DE QUE EL GENIO DEL HOMBRE FUE CAPAZ DE VENCER AL ZAPATO
©QUINO

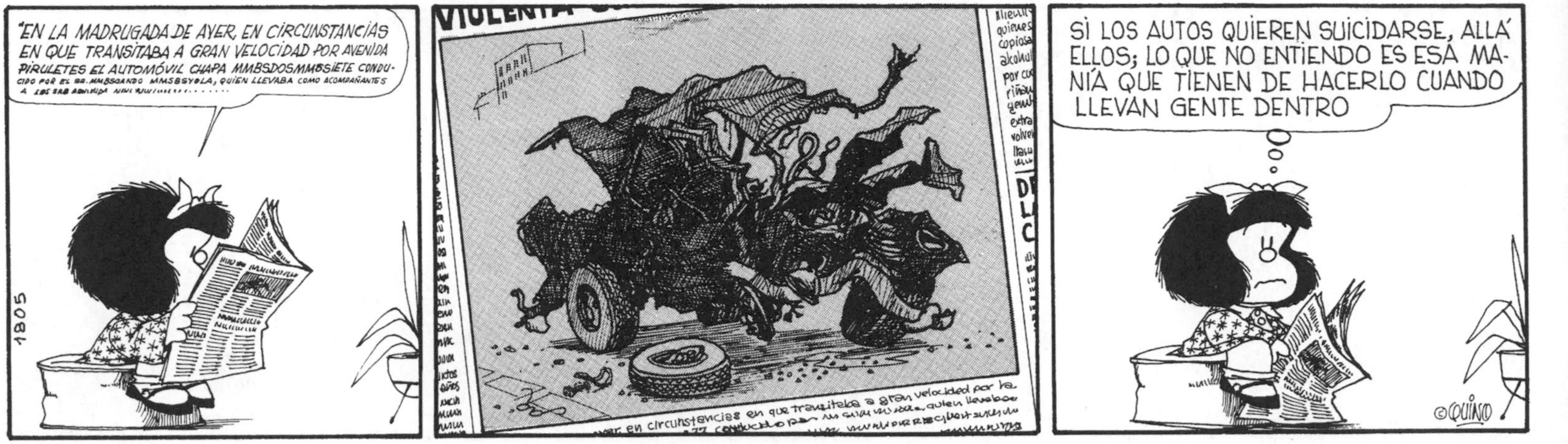
1805
"EN LA MADRUGADA DE AYER, EN CIRCUNSTANCIAS EN QUE TRANSITABA A GRAN VELOCIDAD POR AVENIDA PIRULETES EL AUTOMÓVIL CHAPA MMBSDOSMMBSIETE CONDU-CIDO POR EL SR. MMBSOANDO MMSBSYOLA, QUIÉN LLEVABA COMO ACOMPAÑANTES
VIOLENTA
SÍ LOS AUTOS QUIEREN SUICIDARSE, ALLÁ ELLOS; LO QUE NO ENTIENDO ES ESA MANÍA QUE TIENEN DE HACERLO CUANDO LLEVAN GENTE DENTRO
© QUINO

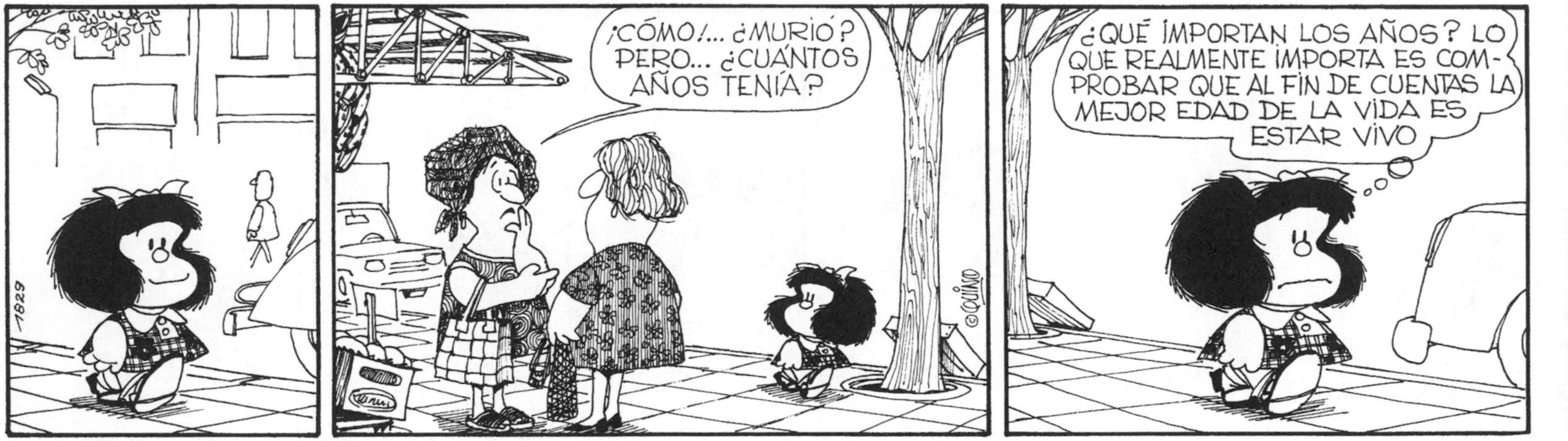
1829
¡CÓMO!... ¿MURIÓ? PERO... ¿CUÁNTOS AÑOS TENÍA?
© QUINO
¿QUÉ IMPORTAN LOS AÑOS? LO QUE REALMENTE IMPORTA ES COMPROBAR QUE AL FIN DE CUENTAS LA MEJOR EDAD DE LA VIDA ES ESTAR VIVO

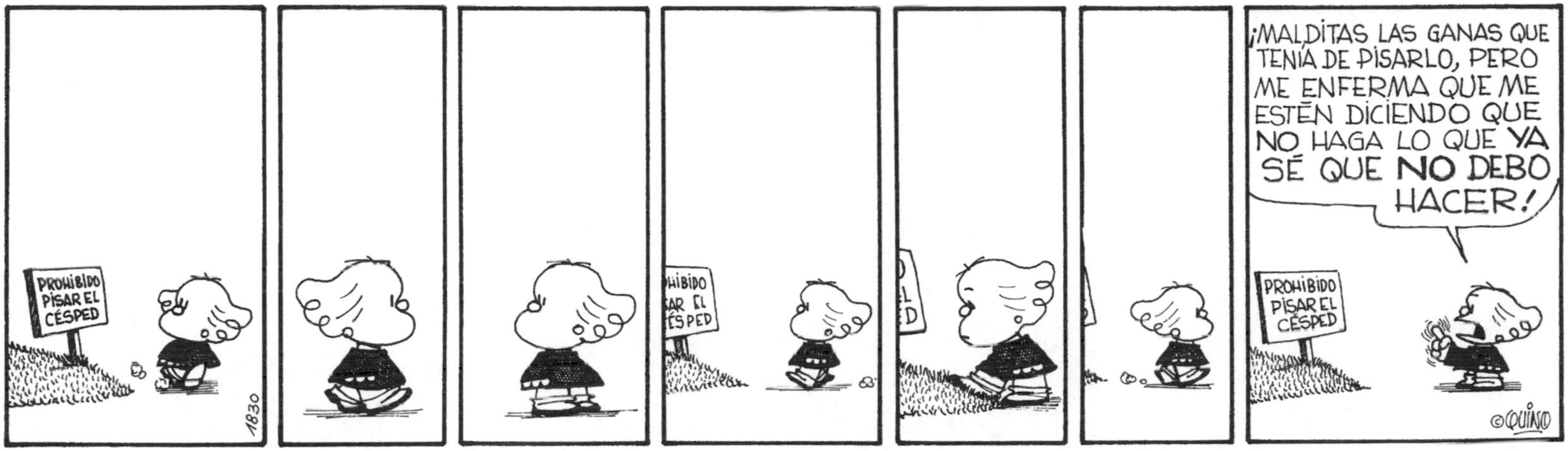
PROHIBIDO PISAR EL CÉSPED
1830
¡MALDITAS LAS GANAS QUE TENÍA DE PISARLO, PERO ME ENFERMA QUE ME ESTÉN DICIENDO QUE NO HAGA LO QUE YA SÉ QUE NO DEBO HACER!
© QUINO

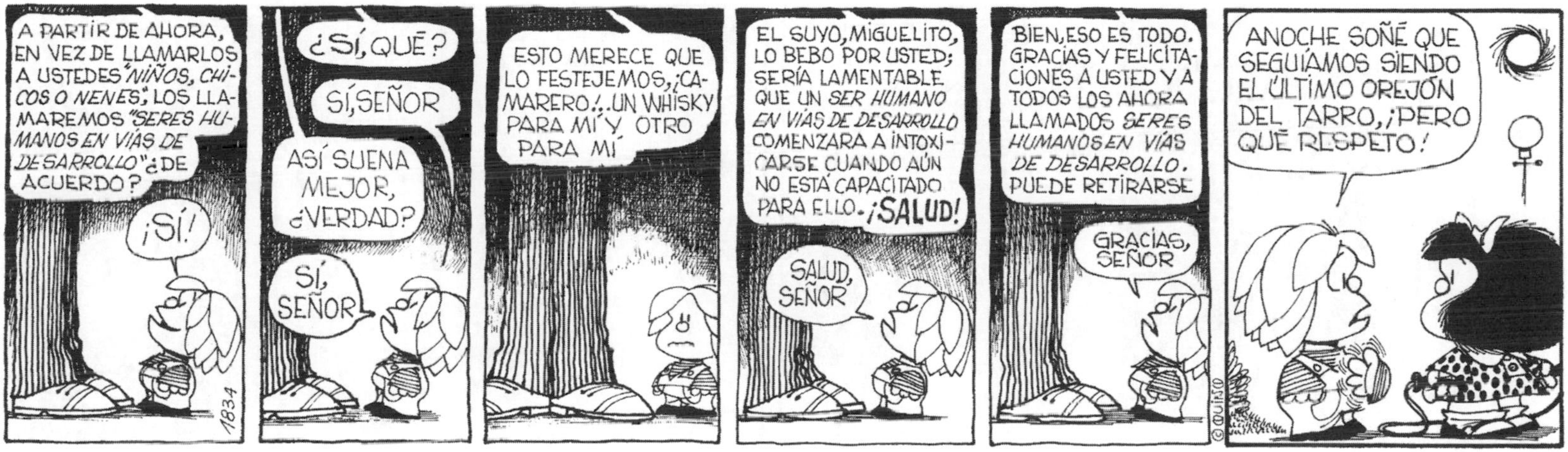
A PARTIR DE AHORA, EN VEZ DE LLAMARLOS A USTEDES "NIÑOS, CHICOS O NENES", LOS LLAMAREMOS "SERES HUMANOS EN VÍAS DE DESARROLLO" ¿DE ACUERDO?
¡SÍ!
1834
¿SÍ, QUÉ?
SÍ, SEÑOR
ASÍ SUENA MEJOR, ¿VERDAD?
SÍ, SEÑOR
ESTO MERECE QUE LO FESTEJEMOS, ¡CAMARERO!.. UN WHISKY PARA MÍ Y OTRO PARA MÍ
EL SUYO, MIGUELITO, LO BEBO POR USTED; SERÍA LAMENTABLE QUE UN SER HUMANO EN VÍAS DE DESARROLLO COMENZARA A INTOXICARSE CUANDO AÚN NO ESTÁ CAPACITADO PARA ELLO. ¡SALUD!
SALUD, SEÑOR
BIEN, ESO ES TODO. GRACIAS Y FELICITACIONES A USTED Y A TODOS LOS AHORA LLAMADOS SERES HUMANOS EN VÍAS DE DESARROLLO. PUEDE RETIRARSE
GRACIAS, SEÑOR
© QUINO
ANOCHE SOÑÉ QUE SEGUÍAMOS SIENDO EL ÚLTIMO OREJÓN DEL TARRO, ¡PERO QUÉ RESPETO!

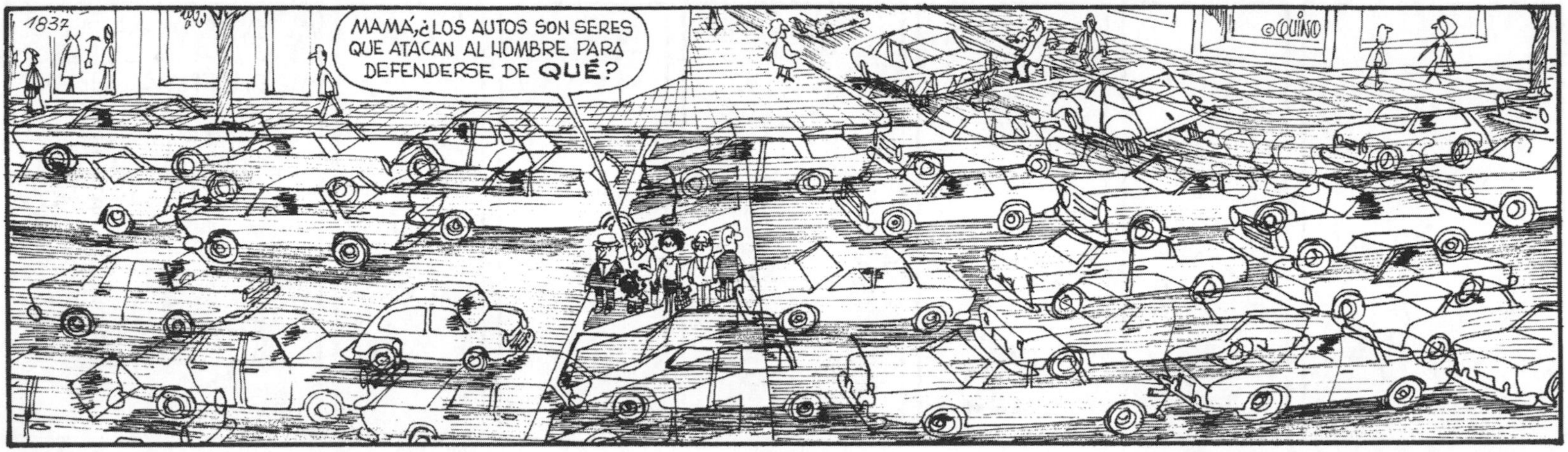
1837
MAMÁ, ¿LOS AUTOS SON SERES QUE ATACAN AL HOMBRE PARA DEFENDERSE DE **QUÉ**?
©QUINO

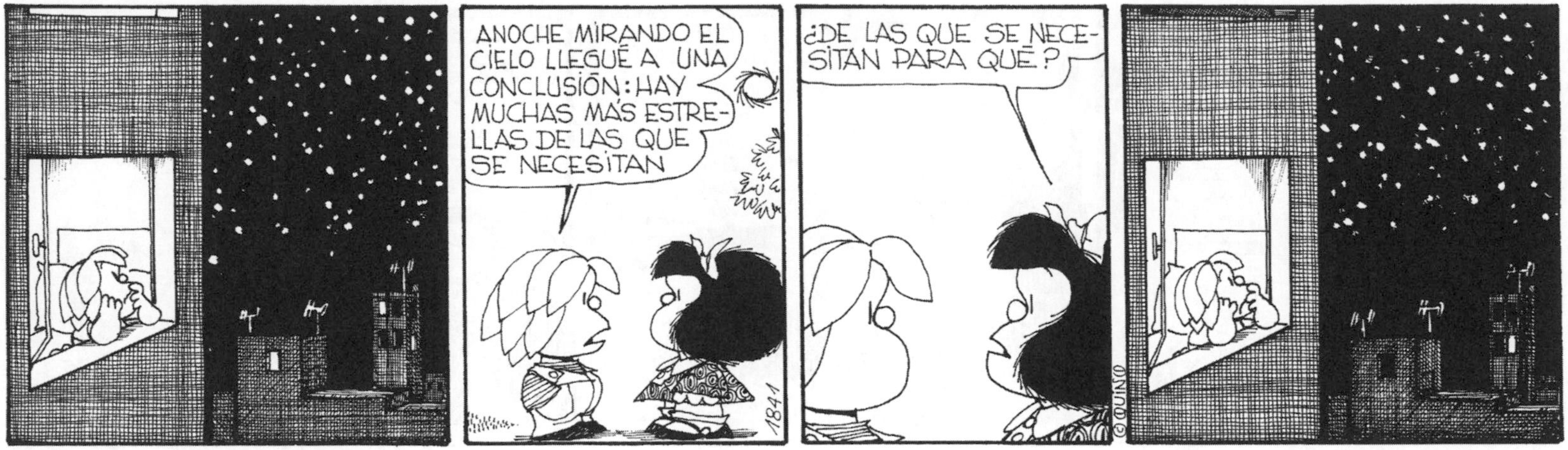
ANOCHE MIRANDO EL CIELO LLEGUÉ A UNA CONCLUSIÓN: HAY MUCHAS MÁS ESTRELLAS DE LAS QUE SE NECESITAN
1841
¿DE LAS QUE SE NECESITAN PARA QUÉ?
©QUINO

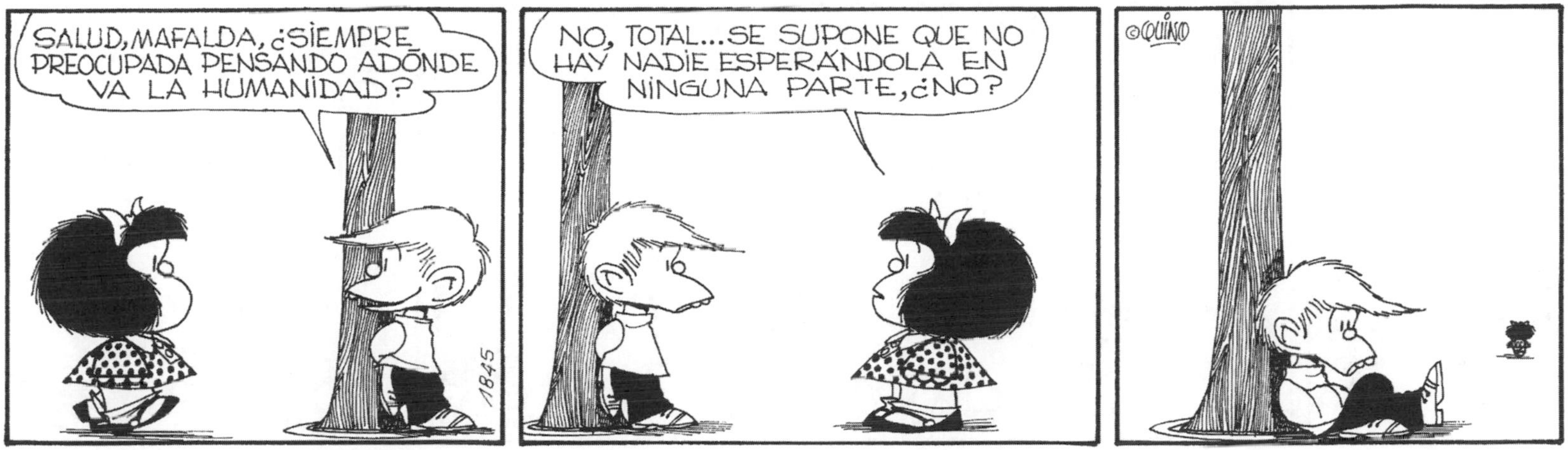
SALUD, MAFALDA, ¿SIEMPRE PREOCUPADA PENSANDO ADÓNDE VA LA HUMANIDAD?
1845
NO, TOTAL... SE SUPONE QUE NO HAY NADIE ESPERÁNDOLA EN NINGUNA PARTE, ¿NO?
©QUINO

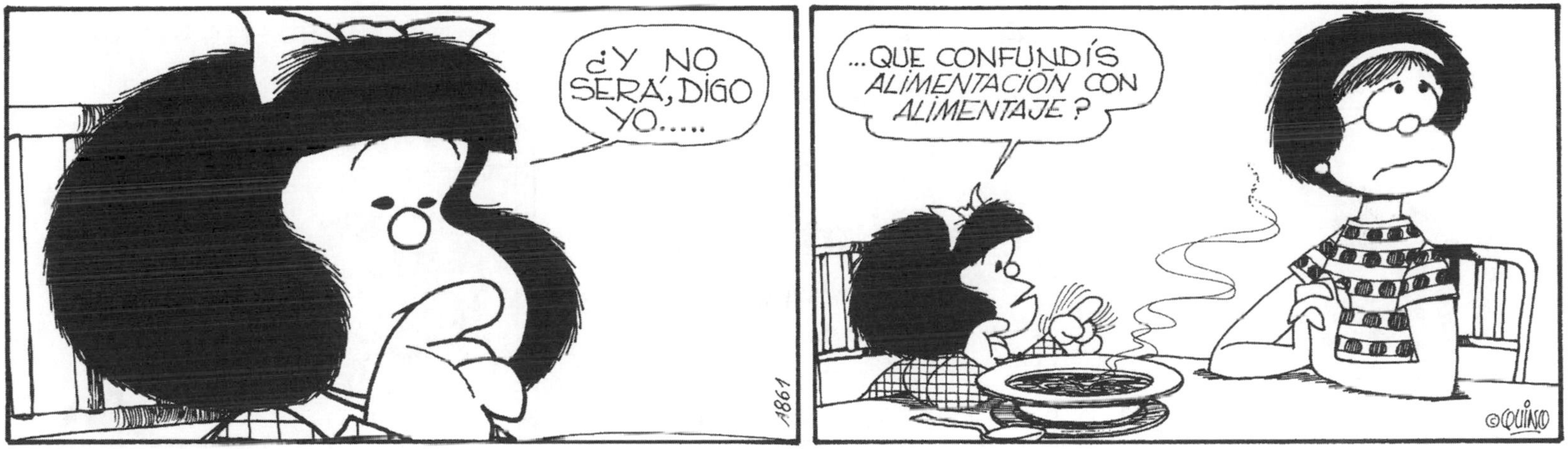
¿Y NO SERÁ, DIGO YO.....
1861
...QUE CONFUNDÍS *ALIMENTACIÓN* CON *ALIMENTAJE*?
©QUINO

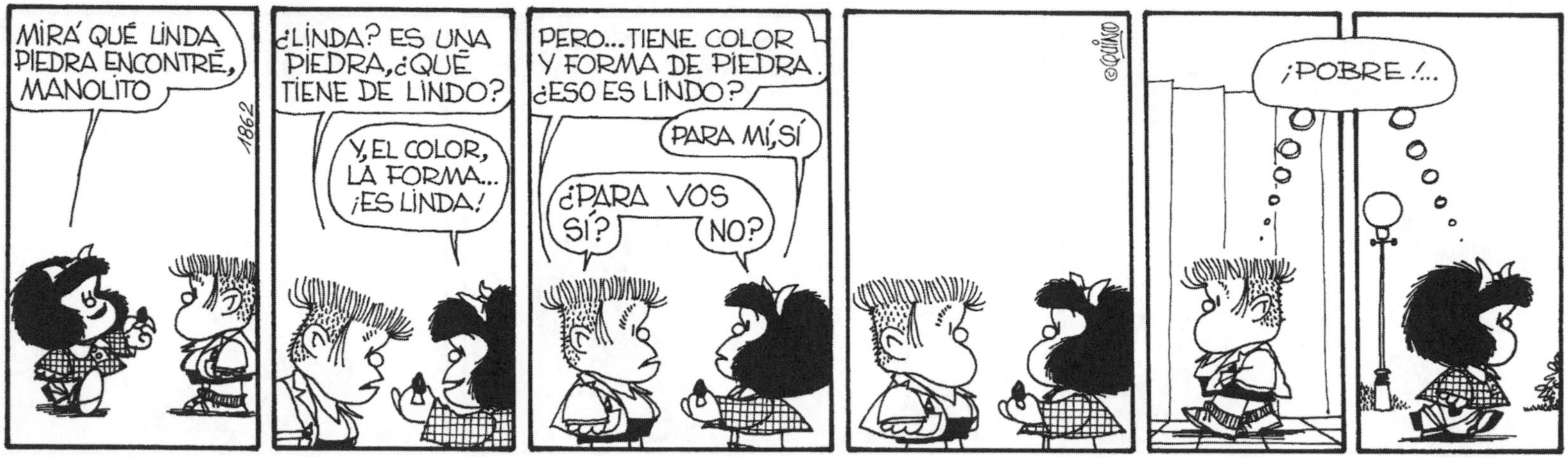
MIRÁ QUÉ LINDA PIEDRA ENCONTRÉ, MANOLITO
1862
¿LINDA? ES UNA PIEDRA, ¿QUÉ TIENE DE LINDO?
Y, EL COLOR, LA FORMA... ¡ES LINDA!
PERO... TIENE COLOR Y FORMA DE PIEDRA. ¿ESO ES LINDO?
PARA MÍ, SÍ
¿PARA VOS SÍ?
NO?
© QUINO
¡POBRE!...

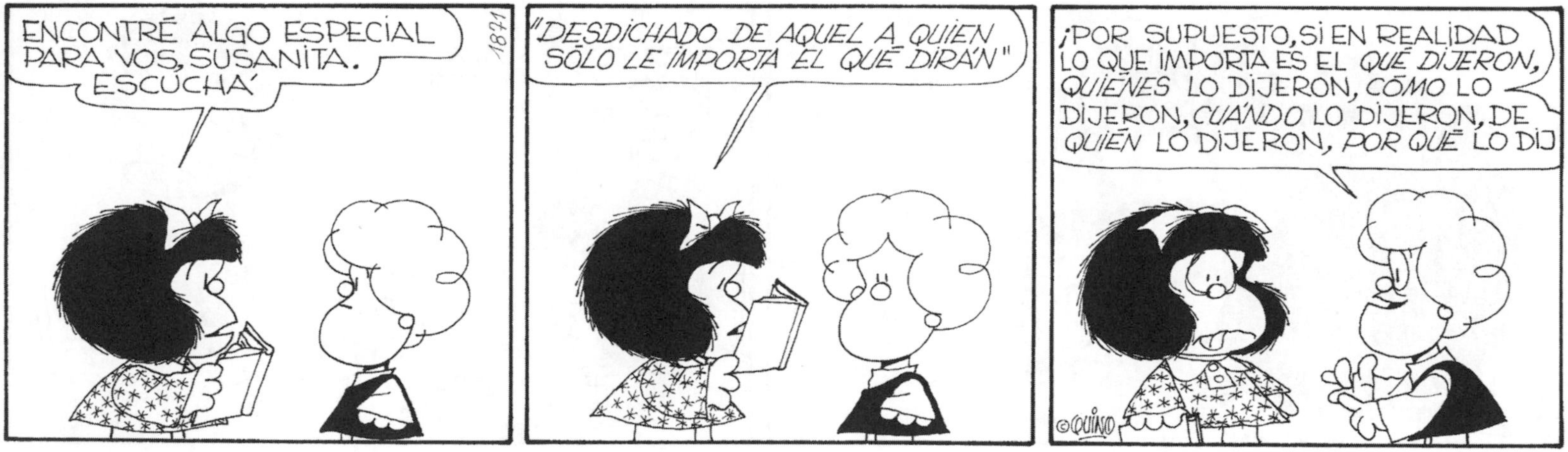
ENCONTRÉ ALGO ESPECIAL PARA VOS, SUSANITA. ESCUCHÁ
1871
"DESDICHADO DE AQUEL A QUIEN SÓLO LE IMPORTA EL QUÉ DIRÁN"
¡POR SUPUESTO, SI EN REALIDAD LO QUE IMPORTA ES EL *QUÉ DIJERON*, *QUIÉNES* LO DIJERON, *CÓMO* LO DIJERON, *CUÁNDO* LO DIJERON, DE *QUIÉN* LO DIJERON, *POR QUÉ* LO DIJ
© QUINO

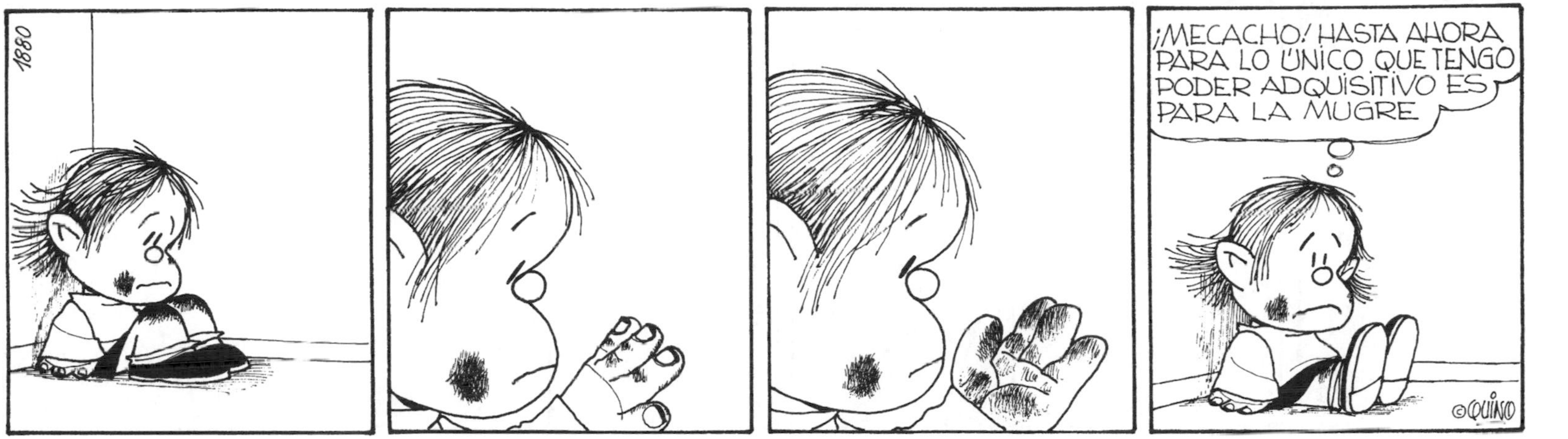
1880
¡MECACHO! HASTA AHORA PARA LO ÚNICO QUE TENGO PODER ADQUISITIVO ES PARA LA MUGRE
©QUINO

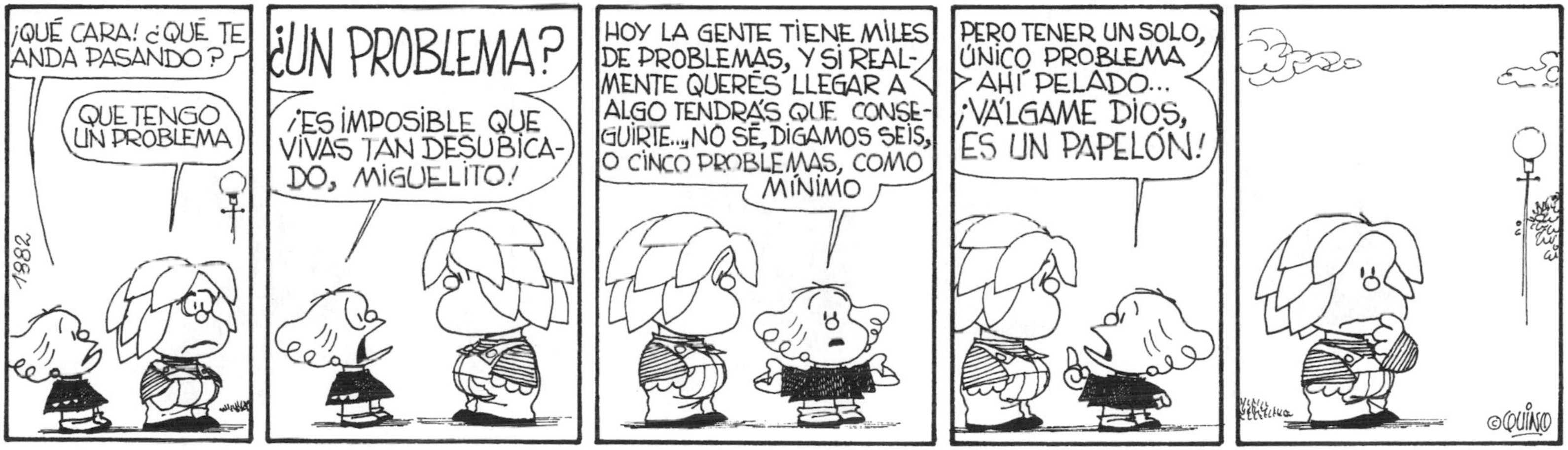
1882
¡QUÉ CARA! ¿QUÉ TE ANDA PASANDO?
QUE TENGO UN PROBLEMA
¿UN PROBLEMA?
¡ES IMPOSIBLE QUE VIVAS TAN DESUBICADO, MIGUELITO!
HOY LA GENTE TIENE MILES DE PROBLEMAS, Y SI REALMENTE QUERÉS LLEGAR A ALGO TENDRÁS QUE CONSEGUIRTE..., NO SÉ, DIGAMOS SEIS, O CINCO PROBLEMAS, COMO MÍNIMO
PERO TENER UN SOLO, ÚNICO PROBLEMA AHÍ PELADO... ¡VÁLGAME DIOS, ES UN PAPELÓN!
©QUINO

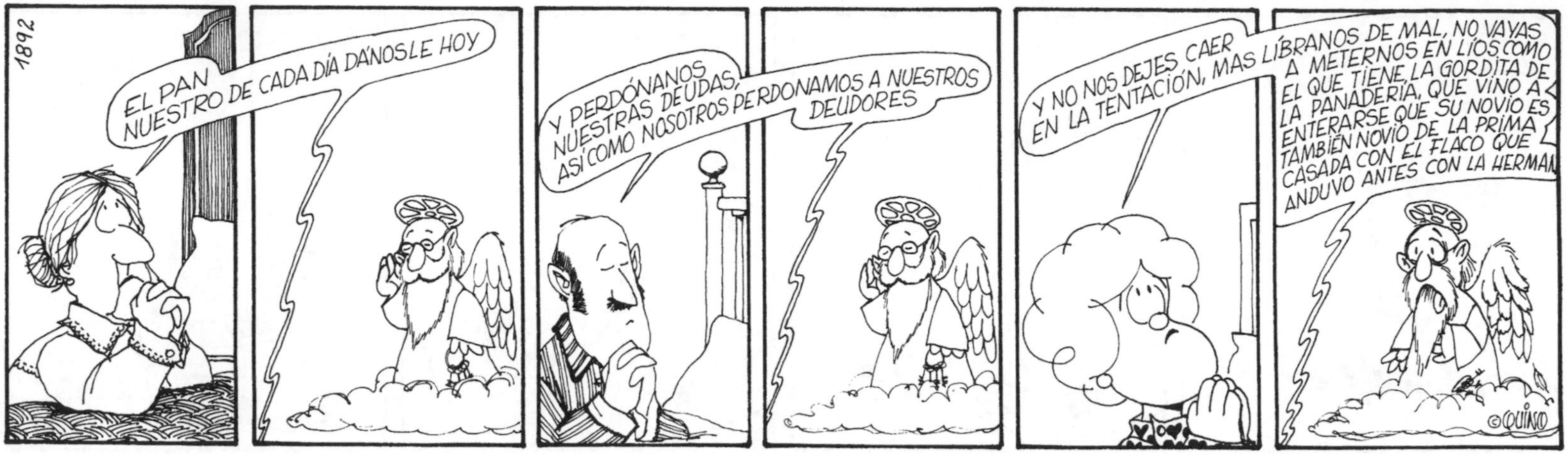
1892
EL PAN NUESTRO DE CADA DÍA DÁNOSLE HOY
Y PERDÓNANOS NUESTRAS DEUDAS, ASÍ COMO NOSOTROS PERDONAMOS A NUESTROS DEUDORES
Y NO NOS DEJES CAER EN LA TENTACIÓN, MAS LÍBRANOS DE MAL, NO VAYAS A METERNOS EN LÍOS COMO EL QUE TIENE, LA GORDITA DE LA PANADERÍA, QUE VINO A ENTERARSE QUE SU NOVIO ES TAMBIÉN NOVIO DE LA PRIMA CASADA CON EL FLACO QUE ANDUVO ANTES CON LA HERMAN
©QUINO

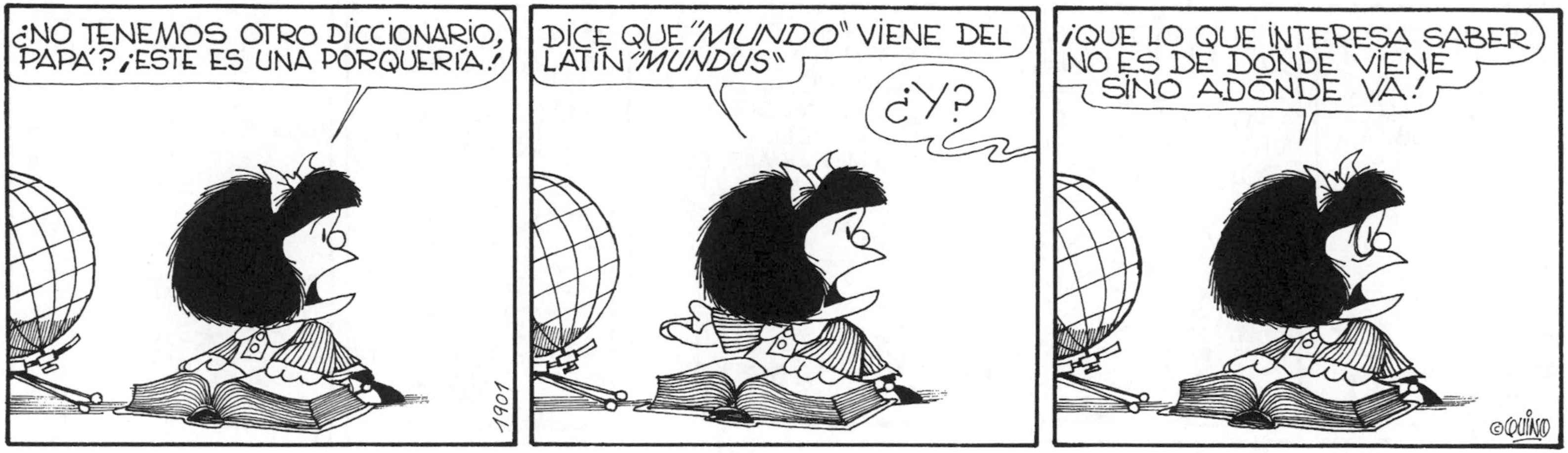
¿NO TENEMOS OTRO DICCIONARIO, PAPÁ? ¡ESTE ES UNA PORQUERÍA!
1901
DICE QUE "MUNDO" VIENE DEL LATÍN "MUNDUS"
¿Y?
¡QUE LO QUE INTERESA SABER NO ES DE DÓNDE VIENE SINO ADÓNDE VA!
©QUINO

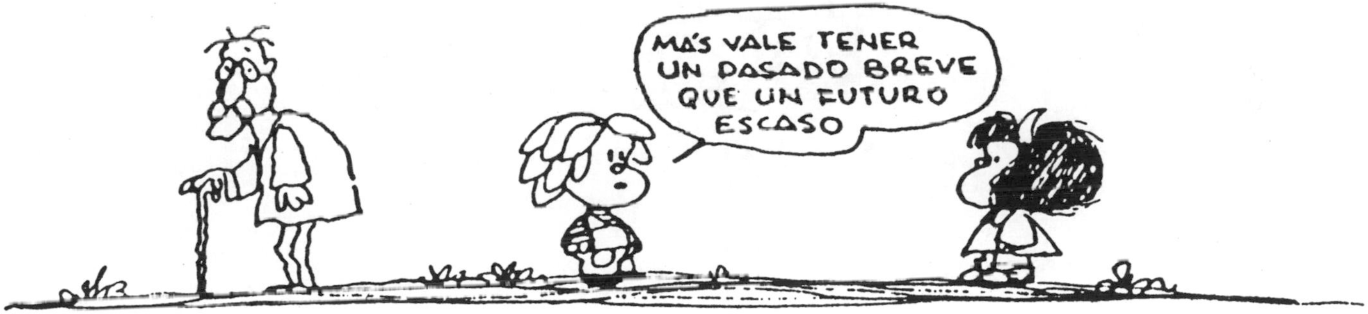
MÁS VALE TENER UN PASADO BREVE QUE UN FUTURO ESCASO

Joaquín Lavado nació el 17 de julio de 1932 en Mendoza (Argentina) en el seno de una familia de emigrantes andaluces. Descubrió su vocación como dibujante a los tres años. Por esas fechas ya lo empezaron a llamar **Quino**. En 1954 publica su primera página de chistes en el semanario bonaerense *Esto Es*. En 1964, su personaje Mafalda comienza a aparecer con regularidad en el semanario *Primera Plana*. El éxito de sus historietas le brinda la oportunidad de publicar en el diario nacional *El Mundo* y será el detonante del boom editorial que se extenderá por todos los países de lengua castellana. Tras la desaparición de *El Mundo* y un año de ausencia, Mafalda regresa a la prensa en 1968 gracias al semanario *Siete Días* y en 1970 llega a España de la mano de Esther Tusquets y de la editorial Lumen. En 1973, Mafalda y sus amigos se despiden para siempre de sus lectores. Lumen ha publicado los once tomos recopilatorios de viñetas de *Mafalda*, numerados de 0 a 10, y también en un único volumen —*Mafalda. Todas las tiras* (2011)—, así como las viñetas que permanecían inéditas y que integran junto con el resto el libro *Todo Mafalda*, publicado con ocasión del cincuenta aniversario del personaje. En 2018 vio la luz la recopilación en torno al feminismo *Mafalda. Femenino singular*; en 2019, *Mafalda. En esta familia no hay jefes*; en 2020, *El amor según Mafalda*, y en 2021, *La filosofía de Mafalda*. También han aparecido en Lumen los dieciséis libros de viñetas humorísticas del dibujante, entre los que destacan *Mundo Quino* (2008), *Quinoterapia* (2008), *Simplemente Quino* (2016), y el volumen recopilatorio *Esto no es todo* (2008).

Quino ha logrado tener una gran repercusión en todo el mundo, se han instalado esculturas de Mafalda en Buenos Aires, Oviedo y Mendoza, sus libros han sido traducidos a más de veinte lenguas y dialectos (los más recientes son el armenio, el búlgaro, el hebreo, el polaco y el guaraní), y ha sido galardonado con premios tan prestigiosos como el Príncipe de Asturias de Comunicación y Humanidades y el B'nai B'rith de Derechos Humanos. Quino murió en Mendoza el 30 de septiembre de 2020.

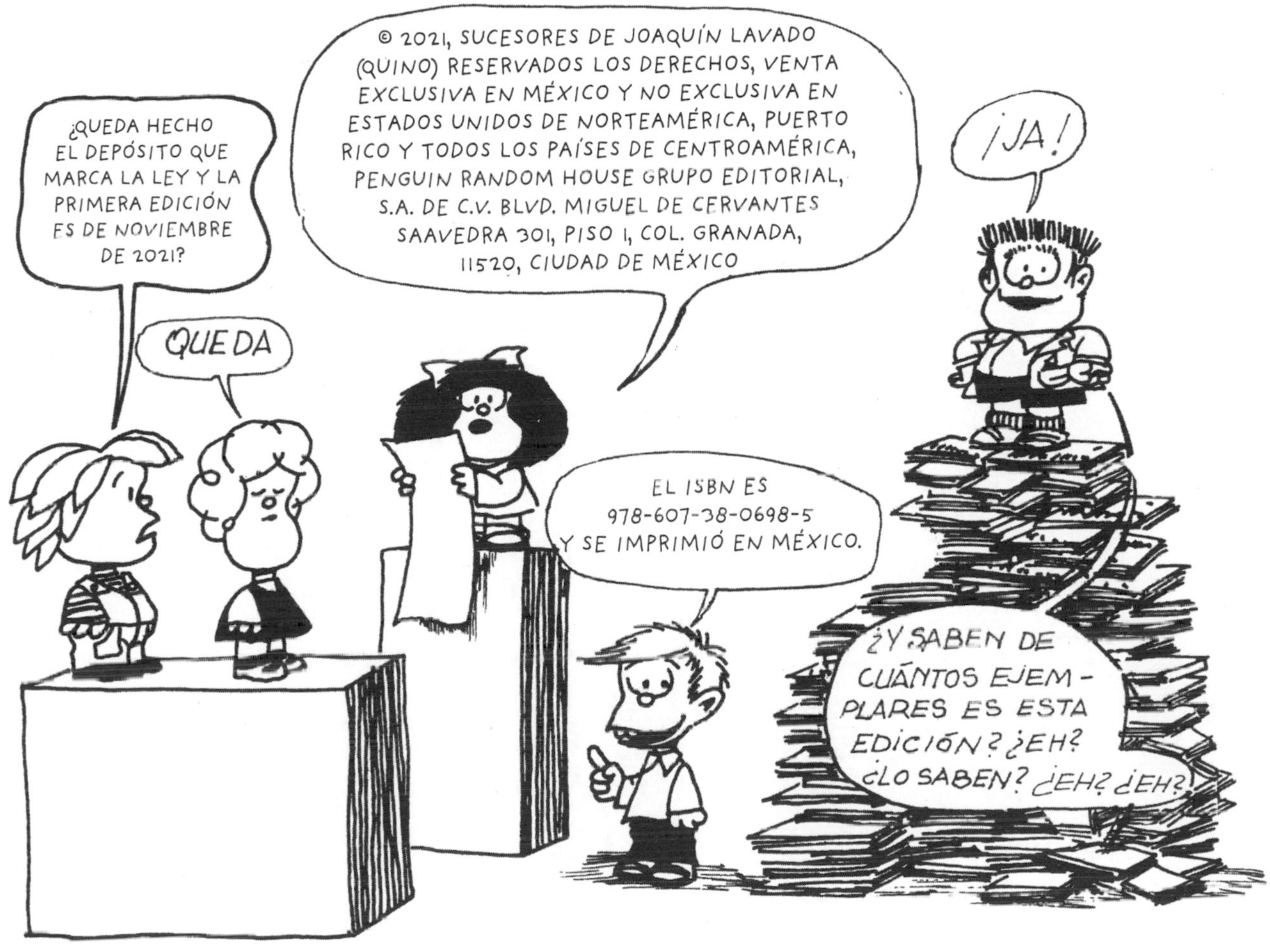
¿QUEDA HECHO EL DEPÓSITO QUE MARCA LA LEY Y LA PRIMERA EDICIÓN ES DE NOVIEMBRE DE 2021?
QUEDA
© 2021, SUCESORES DE JOAQUÍN LAVADO (QUINO) RESERVADOS LOS DERECHOS, VENTA EXCLUSIVA EN MÉXICO Y NO EXCLUSIVA EN ESTADOS UNIDOS DE NORTEAMÉRICA, PUERTO RICO Y TODOS LOS PAÍSES DE CENTROAMÉRICA, PENGUIN RANDOM HOUSE GRUPO EDITORIAL, S.A. DE C.V. BLVD. MIGUEL DE CERVANTES SAAVEDRA 301, PISO 1, COL. GRANADA, 11520, CIUDAD DE MÉXICO
EL ISBN ES 978-607-38-0698-5 Y SE IMPRIMIÓ EN MÉXICO.
¡JA!
¿Y SABEN DE CUÁNTOS EJEMPLARES ES ESTA EDICIÓN? ¿EH? ¿LO SABEN? ¿EH? ¿EH?

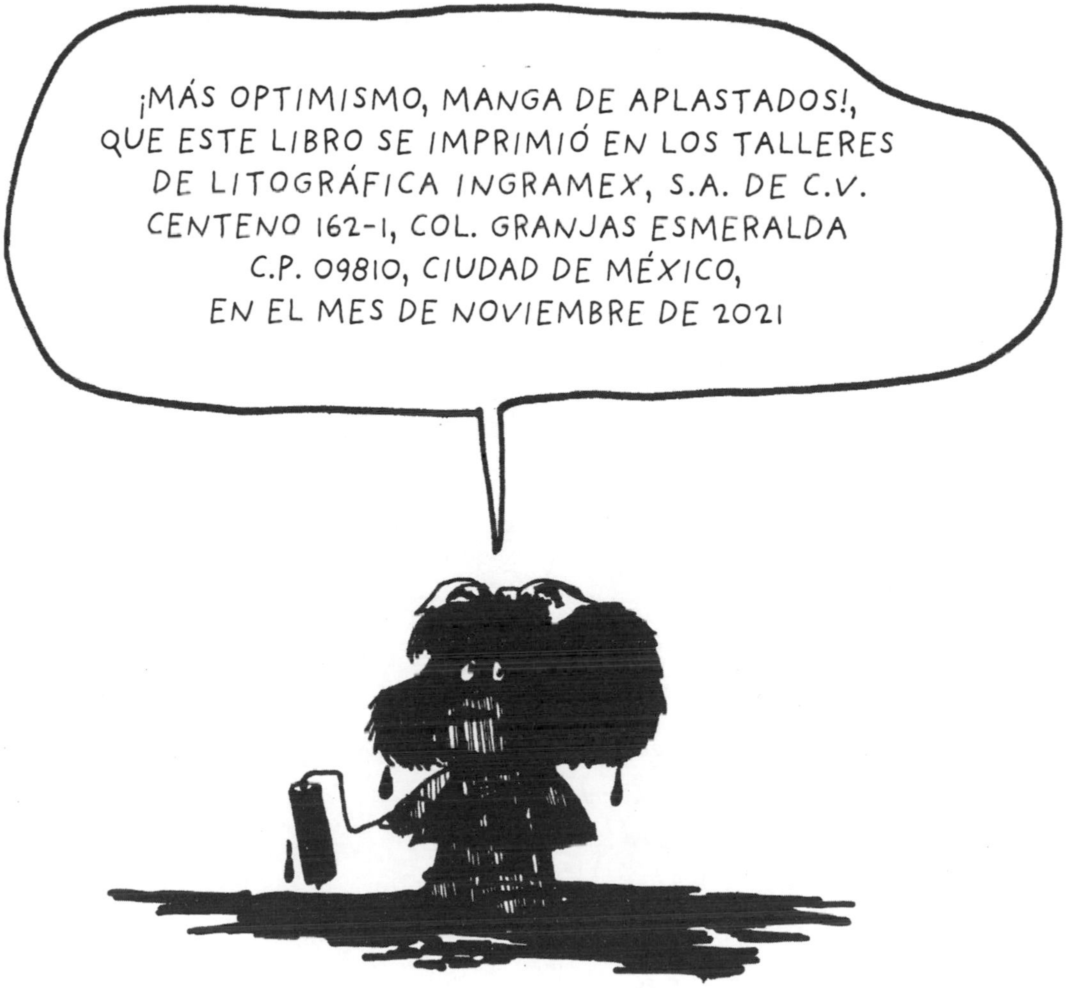
¡MÁS OPTIMISMO, MANGA DE APLASTADOS!,
QUE ESTE LIBRO SE IMPRIMIÓ EN LOS TALLERES
DE LITOGRÁFICA INGRAMEX, S.A. DE C.V.
CENTENO 162-1, COL. GRANJAS ESMERALDA
C.P. 09810, CIUDAD DE MÉXICO,
EN EL MES DE NOVIEMBRE DE 2021